絕版袁世凱

二百幅罕見歷史圖片
六十段百年前西方史料
親見親聞還原洹上村
活靈活現細說袁世凱

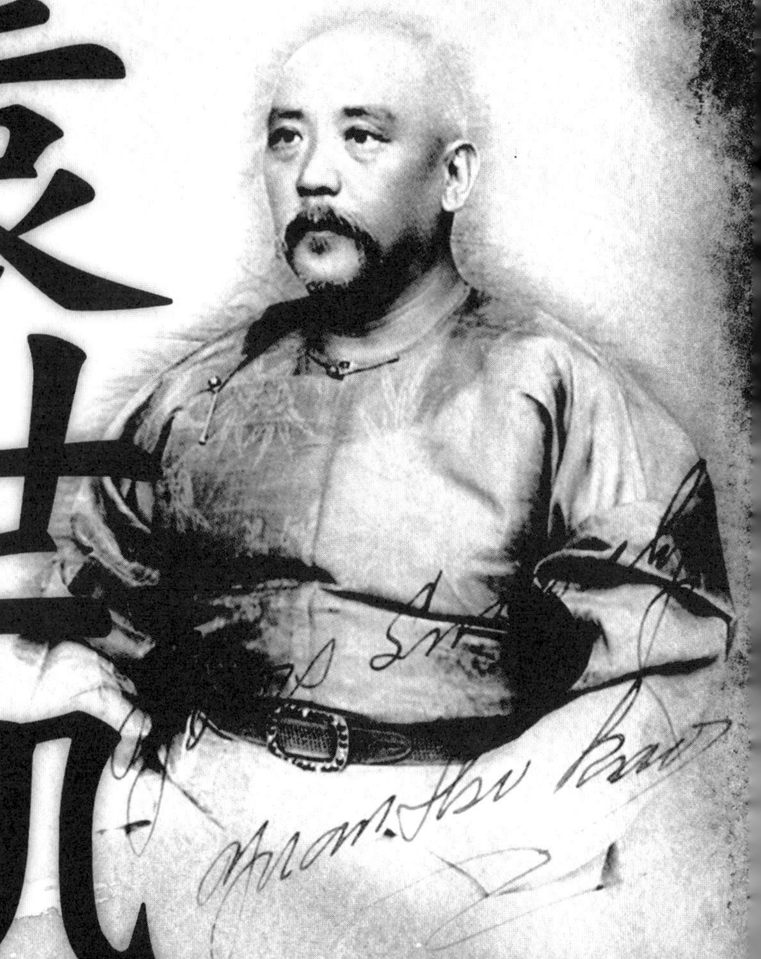

張士王著

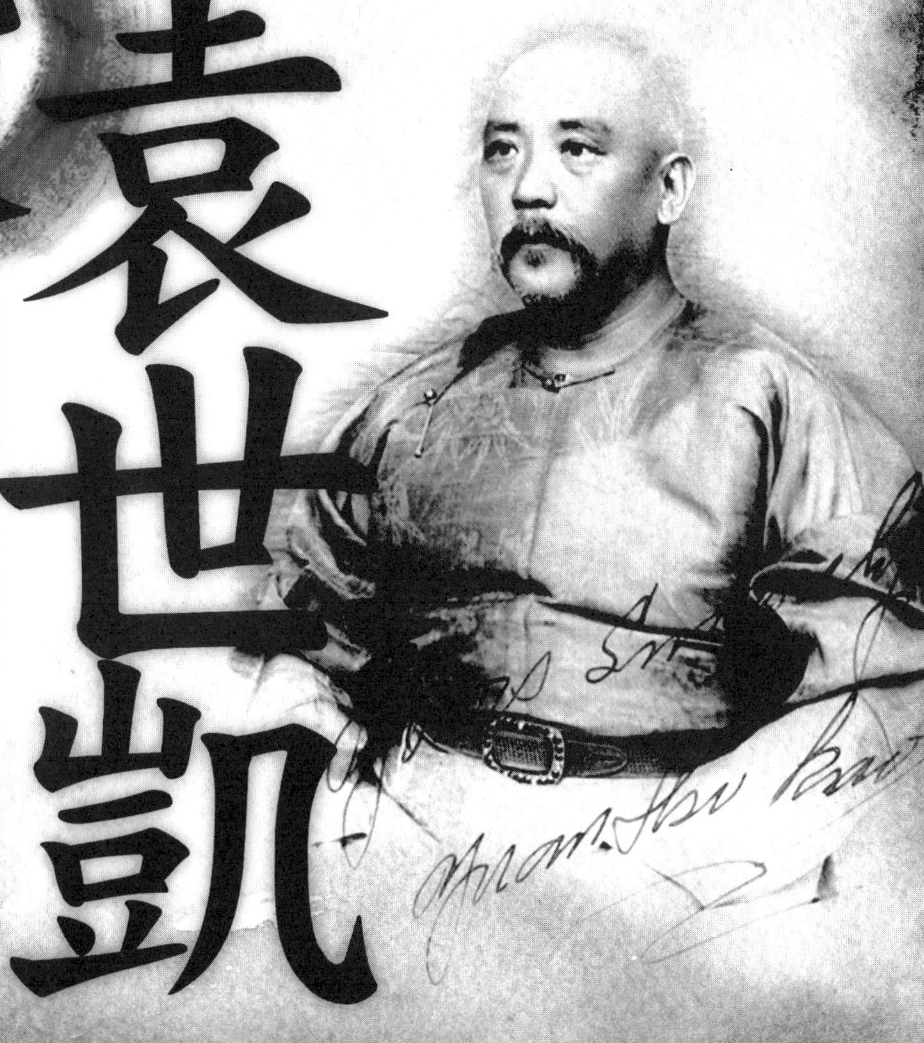

目錄

第一章　袁世凱素描

作為男人的袁世凱／017
袁世凱的女人緣／020
袁世凱的那雙眼睛／024
袁世凱體壯如牛／028
不明大勢卻能辦好差／032
「視黃金直如土塊」／038
辦事嘎嘣脆，什麼人都敢用／042
耐得罵　死豬不怕開水燙／044
從喜歡侃大山到謹言慎行／046
開會喜歡慷慨陳詞／049
和孫中山比袁世凱的演講差一個檔次／050

第二章　北洋袁世凱

小站練兵前的「買辦袁世凱」／058
軍人袁世凱／062
《三大紀律八項注意》的前世今緣／068
袁世凱手下的龍虎豹／071
山東巡撫任上，義和團發不了功／077
直隸總督袁世凱，全國勞動模範／082
袁世凱和慈禧太后／088
袁捲入了後慈禧時代的權力鬥爭／094
袁世凱這次真給嚇著了／099
袁世凱與攝政王載灃／102
紐約時報記者訪問袁世凱／107

第三章　尋找消失的洹上村

洹上村，中國第一村／114
洹上村是怎樣消失的／115
洹上村消失算什麼？／116
袁世凱為何對洹上村一見鍾情／118
再現洹上村／121
「城堡」來自於一個一世的惡夢／122
住宅院玄機重重／128
外中內西，老袁也時尚／129
誰說袁世凱不會寫詩／130
「養壽園」有點中南海／132
洹上村循環經濟搞得好／138
袁世凱用錢的秘密／140

目錄

洹上村其實有點怪／142
自己沒墨水，孩子身上補回來／144
袁世凱在洹上村的日子怎麼過／150
潛伏在洹上村裏的「電報房」／155
袁世凱也怕「拆遷釘子戶」／158
洹上村裏住了多少人／159
親歷者揭秘袁家人生活起居／163

第四章　袁世凱出山
袁世凱出山／191
大總統沒有安全感／198
想當年「竊國大盜」是「救世主」／204
媒體惡炒袁世凱／207
半新半舊最受歡迎／209
袁大總統演的三場「老戲」／212
倒是袁世凱磨磨蹭蹭／214
徐世昌說袁世凱／215
袁世凱剪辮子／218
和革命黨人短暫的「愛情」／220

第五章　最後的袁世凱
袁世凱和日本／231
一蟹不如一蟹／240
中南海裏的袁世凱／242
終究想當皇帝／246
敗在沒做好新老幹部交替／253
帝制輸在臨門一腳的日本人／260
袁世凱最後的日子／266
歸去來兮　袁林／271

前言

張社生

革命啦，運動啦！

每次來時都是轟轟烈烈，

每次都以十二級以上的破壞力橫掃千軍如捲席。

而且每次鼓吹者都向國人保證，這次將徹底開創一個全新的時代。

我們總是一次次相信，

一次次地湊熱鬧，

一次次地賠上老命。

誰叫我們這個民族就好一驚一乍的熱鬧。誰叫我們相信不需要長期努力，羅馬可以在一天之內建造成功的神話。

這不？突一日，有人登高一呼：革命啦！馬上漢口街頭風起雲湧。熱鬧過後，只是沒了辮子。月亮還是那個月亮，趙莊還是那個趙莊。

查「革命」二字，老祖宗的字典裏沒有，據說是東洋貨。但是「革命」二字一經傳入，立刻成了咱們使用頻率最高的詞。也難怪，中國以前雖沒有這個詞，但是這些個事兒已經幹了三五十回了。

「革命」是什麼，其本意是有話不好好說，「我手拿鋼鞭將你打」。

可是中國人後來所說的革命，已經和剛傳入的本意大不一樣，從一個中性偏貶的詞變成了褒義詞。政客往往用之標榜自己，給政敵於「革命」二字前再贈送一個「反」字。我納悶了，不是都說咱們是浸泡在儒教文化中的「化民」？曾幾何時，「中庸」二字被走極端的「革命」二字給換了？

多想想就能想通：中國人多，擠得很。特別自乾隆後，人口上了四億！一位十八世紀在北京工作的傳教士明確指出：「人口過多，迫使中國人不養牛羊，因為供養牛羊的土地必須用來養活人。」

人多地少，慢慢地養成了潛意識裏的一種極端的自我保護能力：非排擠打擊隔壁的王二，否則不能得那一畝二分地。

所以我們這個民族有一種劣根性叫做「窩裏鬥」。

血淋淋的「革命」二字傳入中國，於「漢奸」、「賣國賊」外，咱們又多了一種打壓別人的手段。

我以前很少看民國歷史，大學期間最不喜中國現代文學史。為甚？因為咱們的先人動不動就給人貼標籤，戴帽子。

歷史，管他好人壞人，把人家幹過的那些個事兒原原本本地都端將上來，我等自有評斷。不是說：「人民群眾是最偉大的，而我們往往是幼稚可笑的」嗎？到了節骨眼上就不這麼想了。

晚清民初，梁啟超提出「只問政體 ，不問國體」，以為堅持這條就能救中國。這百年來的歷史多次證明，只問上層建築不問基層「群體」是最大的書呆子氣。曾幾何時起，世界上的制度條文或多或少地都被引入中國。熱鬧後，留下什麼？

你不能說引入者動機不純，只是這些個舶來品實踐下來，不是水土不服就是被稀釋、被同化，最後被扭曲了。

強勢者如我們的偉大領袖，窮晚年精力發動「文革」，還引經據典說：「馬克思主義的道理千頭萬緒，歸根到底就是一句話，造反有理。」最後也不得不對尼克森感歎道：他「沒有改變世界，只改變了北京附近的幾個地方」。

為什麼？

這就引出一個中國特有的「群體」現狀。

大清國和別的主要大國比，不在經濟的高低，人口的多少。最大的不同就是「群體」沒有「被近代」過，整個國家不是人家所說的近代意義上的國家。

咱們大清國基本分兩塊，一個是皇家，一個是「臣民」。用袁世凱的話說：清只是一個朝代，不是一個國家。

清國就像一個大村子，皇家是村中的大東家，皇上是大東家掌櫃的。圍繞著這家大戶，有一批稱之為一品、二品……跑腿的和幫閒的，剩下的絕大多數人家都是日出而耕、日落而息的小散戶。

平時大東家居高牆深宅裏，吟詩作畫，和大家老死不相往來，只在秋後收租子時才打下照面。

010

所以咱們這個大清國，和歷代王朝一樣，歷來是「東家的事兒東家管」，「百姓的事兒百姓管」，是個比較極端的二元社會。

因此別指望，有什麼事兒老百姓會拿命來捍衛。「群體」沒有「國家」概念，不會和你同生死共患難。

用眼下一句文縐縐的話說叫「沒有公民意識」。生活的艱難和社會的排他性，讓每個個體都將防衛的底線畫到自家門口。

這才是問題所在。這些問題百年來也沒有徹底解決。

君不見，為了一個公用面積裏的醬油瓶位置，筒子樓裏的知識份子可以大打出手；打後當事人還能回到斗室，鎮定自若地寫出一篇「主旋律」的好文。

君不見，走遍中國，公路旁的樹上到處掛著丟棄的白塑膠袋，在風中嘩啦啦作響，不禁使你想到拜倫的詩：「……你的旗幟雖破，而仍飄揚天空；招展著，就像雷雨似地迎接狂風。」

可是政客不管這些，人家都喜歡自上而下入手，關起門來定幾項制度，容易而且政績看得見。好樣兒的如光緒皇帝，數千年的舊制度，人家103天裏發了數十條手諭就想改變，後來一個上午就讓人給廢了。事後發現除了康有為們憤怒外，國人大多事不關己，高高掛起。百姓鬧不明白「變法」，大夥兒最多把它看成是大東家的老媽和兒子吵嘴。出於數千年頂禮膜拜的「孝」，大夥兒指不定還認為老媽有理呢！

再說，政客也沒有這個能耐，他們有的只在位子上三五年，多則十多年，最極端如康熙同志幹「革命工作」60年，能根本上解決什麼問題？

啟超同志，說到底，從來沒有「被近代」過的國人是消受不起你這個「政體」、「國體」的。所以我的觀點是「不問政體，不問國體，只問群體」。

有什麼樣的人民就有什麼樣的政府。別怪東怪西的，問題就出在「群體」自己。

根本的還是要從一個個個體做起，「群體」好才是真的好！

群體是「半野蠻人」狀況，制度裝扮得再漂亮，標榜得再先進也會露餡兒。

「群體」如果是優秀的，「被近代」過的，不二元社會的，再爛的制度也能發揮到美的極致。

只問「群體」，其實最難！因為要從娃娃抓起，要全民識字；培養公民意識，消除「患不均」之感。

這類事兒聽起來語不驚人，做起來沒轟動效應，而且十年八年看不出效果來。所以任何政客都喜歡奢談短平快的「政體」和「國體」，他也知道這是治標不治本的事兒。

不要相信羅馬是可以一天建造出來的。

也不要相信民初的悲劇是有一個特別「孬」的人直接造成的，以為歷史上沒這個人就一切OK了。

袁世凱何人？不過一政客也，最多是偉大的政客（政客稱偉大的大有人在）。

政客的專業就是看風使舵，投人所好。如果這手不會就不是專業政客。

試想，如果20世紀最初幾年，「群體」沒有立憲的思潮，袁世凱不會貿然去充當那個「立憲派領袖」。

如果1911年，大半個中國的「群體」都不想試試共和，他也不會說：「世凱深願竭其能力，發揚共和精神，滌蕩專制之瑕穢。」

如果1915年秋，「群體」沒有厭倦了共和的吵吵鬧鬧，想「老主子」了，袁大總統也不會去打造那把龍椅，「洪憲」一回。

說得明白點兒，民初的那些事兒和任何個人都沒多大關係，全在那時的社會。

後人看這段歷史，別忙著貼標籤。

特別要注意的是，那會兒大夥兒的想法老在變，絕不能拿1909年上半年的民意去套下半年的事兒，到了1911年更是一天一個「民意」。也難怪，三千年未有之大變局，睡了三千年，一覺醒來，發現烏龜要跑到終點了，這下急啊！正所謂「清朝的突然滅亡，現代的東西被嫁接在了幾千年的樹上」。（紐約時報語）

了解這些，你再來看袁世凱，就不會說他一會兒忠於大清，一會兒出賣大清了。

所以本書特別在意袁世凱當國那段時期的社會「時文」和同代人、身邊人的回憶，在意歷史的原汁原味；特別在意國外報紙在這方面給我們留下的諸多細節。這也算是一絕吧！

為市場計，本想演義一下袁世凱。後來一想，自己從不看武俠，也不翻演義，做不來！所以本書將不會模仿《明朝那些事兒》，以強烈的個人情感，近似武俠的筆調，去「英雄」、「狗熊」主人公。這裏沒有結論，結論由您自己給。

張社生於北京朗琴園

二〇一〇年三月二十四日

第一章
袁世凱素描

袁世凱其實一身的矛盾：生就一副莊稼漢的面孔卻有「國之能人」的肚腸；人不足五尺卻是中國歷史上第一個「現代職業軍人」；倡言改革，卻一妻九妾，相信風水和宿命；一生為國事無數，卻留下「竊國」之名。（圖為當年荷蘭畫家胡博所繪袁世凱像）

袁世凱大事記（1859～1893）

1859年		9月16日，袁世凱出生於河南省項城縣袁寨村。字慰庭（或慰亭、慰廷），別號容庵。
1876年	17歲	應考舉人落榜。10月，和陳州的于氏在家鄉結婚。
1878年	19歲	在陳州辦起了「麗澤山房」和「勿欺山房」兩個文社，同時捐「中書科中書」。
1879年	20歲	在陳州結識了來此地當塾師的天津孝廉徐世昌。
1881年	22歲	在上海的妓院結識了妓女沈氏。後去山東登州，投靠吳長慶門下，任幫辦文案。
1882年	23歲	袁隨吳長慶赴朝平亂，負責前敵營務處。10月，清廷賞以同知補用，並賞戴花翎。
1883年	24歲	為朝鮮王訓練新建親軍。
1885年	26歲	李鴻章奏派袁為「駐紮朝鮮總理交涉通商大臣」，以知府分發，補缺後以道員升用，賞加三品銜。
1891年	32歲	嗣母牛氏病故，袁奉旨在家鄉服喪百天。
1893年	34歲	5月，補授袁為浙江溫處道員，仍然留在朝鮮署事。

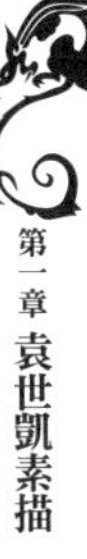

作為男人的袁世凱

作為男人的袁世凱，身材短小，體態臃腫；讀書不多，屢試不中，自難風雅。在女性的眼裏，既無「高度」又少「風度」，顯然魅力不夠。

哪像人家李鴻章，1米83的高度，早年進士出身，翰林院養就的文章氣質，外加「洋務運動」歷練出來的外交官風度，往哪兒一站都帥氣奪人。斯人如此，擱在現代，也稱得上是魅力不減的「老帥哥」。

1980年代中國女性擇偶的流行標準曰：「身體要像運動員，面孔要像演員，風度要像司令員，工資要像國際海員。」人家李鴻章樣樣具備。

袁世凱繼承了李鴻章北洋大臣的政治衣缽，卻無法繼承李氏的男人風度。

倘若以貌取人，袁世凱的確有點色不如人，至少不養女人的眼：個頭不到1米60，身軀臃腫，圓頭短頸，在一襲晚清特製「武警」軍大衣的襯托下，不免示人粗鄙。三女兒袁靜雪說：

「我父親生就一副五短身材。我們曾看到過他做直隸總督時的一張照

1896年，身高1米83的李鴻章正和英國首相走進宴會廳。李鴻章儀表堂堂，風度翩翩，外表上很有大國宰輔的風範。

青壯年的袁世凱（中），一副莊稼漢面孔，個頭不到1米60，跟兩個並不高大的下屬相比，更顯得不起眼，沒絲毫氣勢可言。

片，從照片可以看出那個時候他已經比較胖了，到了中南海，比以前更胖了些。」

法國人用恭維代替尋開心：他的身材、面部表情、頭部的外形、面貌的輪廓以及鬍鬚的式樣與他們的老虎總理克萊蒙梭非常相像。

實話實說，克萊蒙梭長得不咋地，算是法國人眼中的次品。

《紐約時報》直截了當地說他：「矮小結實，有著粗脖子，身形微胖。」（1915年12月12日）

美國駐華公使芮恩施（Paul Samuel Reinsch，1869—1923）用外交辭令修飾了一下自己的評語：「他身材矮胖，但臉部表情豐富，舉止敏捷。」

眾口一詞，個矮腰圓，體壯脖粗，袁世凱一亮相，在架勢上就矮了李鴻章三分。

這還是遠瞧。走近看，袁世凱皮糙肉厚，面如蒙塵，暗無光亮，比不得人家李鴻章氣血充盈，滿面紅光。得，在膚色上又吃了一虧。

相貌上，袁世凱先天不足。所以老袁一生什麼都被人編排，就一點沒人詬病，即從未有過桃色緋聞。說來還得歸功於長得不帥。

儘管相貌不佳，讀書不多，既無高度又遜風度，但袁世凱久處市井，歷練江湖，深諳市井風俗，為人處世上，既不違人情，又頗合事理，加之機心綿密，善於權變，所以官場上，巧於應付，拿捏尺度，自顯英雄風采；情場上，體貼人意，不乏溫度，一點不缺女人緣。

身著新設計的洪憲皇帝戎裝的袁世凱，簡直就是一副盔甲包著個肉團子。

著晚清制式「武警」大衣的袁世凱 這是袁世凱送給《泰晤士報》駐華記者莫理循的照片，莫理循在1912年受聘擔任袁世凱的政治顧問。民國四年（1915年），袁世凱還將王府井大街改名為「莫理循大街」，以嘉獎莫理循為其做出的貢獻。

袁世凱的女人緣

袁世凱生命中的女人，明裏暗裏，大大小小，前前後後，十多位如夫人，可謂豔福不淺。只是這些女人沒有一個是因為袁世凱的帥而對其一見鍾情的。

袁世凱的九位小妾中有三位來自妓院（大姨太、六姨太、八姨太）。

對於中國文人、官吏的娶妓為妾，林語堂解釋說：「大多數著名的學者像詩人蘇東坡、秦少游、杜牧、白居易之輩，都曾逛過妓院，或將妓女娶歸，納為小妾，故堂而皇之，無容諱言。事實上，做了官吏的人，侍妓宥酒之宴飲，無法避免，也無慮乎誹謗羞辱。」

袁世凱的妾更多的來源於自家的女婢，是在長期主僕生活中慢慢建立感情的。

從女婢走入老袁個人生活的有五位（二姨太、三姨太、四姨太，這三位是朝鮮族的。這三位朝鮮姑娘，袁世凱自己說是抗日援朝間，他家的三位女婢。七姨太是大姨太的女婢，九姨太是五姨太的女婢）。

儘管袁世凱長得不帥，這些女人與他結緣都是「先結婚，後戀愛」，但老袁自有老袁的魅力，女人們大都念著他的好而在情感上臣服於他。

查老袁的一妻九妾。四姨太還為他殉節呢（吞金立死），三、七姨太沒殉成。（三姨太吞金後，傷身，三個月後死；七姨太因為懷孕，有孕乃大，被勸下，沒死成。）一個女人肯為一個男人拋棄生命，你能說這裏只是金錢的關係？說明老袁在她們心裏是有分量的。

老袁管理妻妾隊伍是有一套的，最主要的一點是一碗水端平。不似光緒皇帝那樣偏心眼，專寵珍妃一個。到最後怎麼著，就那麼三個后妃還分成三撥，和載湉哥離心離德。

老袁不，他從不搞滿人那套翻牌子勾當，每個女人給一周，七天時間滿打滿算，朝九晚五，風雨無阻，雷打不動。

錢財利益方面，七子袁克齊說：

我父親對待她們，都一例看待。無論分物或給錢，沒有偏輕偏重的情

正夫人于氏（中）和幾位姨太太在中南海「新華宮」與女兒們合影 一個成功的男人後面總有一個女人，而一個成功的袁世凱後面有十個女人。此圖中八位穿「公主服」的是袁世凱女兒，其他為姨太太們和兒媳孫女們，後排大女伯禎已嫁前清兩江總督張人駿兒，故「公主服」兩樣。

這張照片有三女袁靜雪（估計于氏後左那位）。她有一個段子可做此照注解：「在我父親『洪憲稱帝』的時候，我們家庭中對此也有不同的反應。我娘最高興，她說她要當『娘娘』了。有一天，『大典籌備處』把做成的『皇女服』送了進來，二姐和我是經我父親口頭上封為『公主』的，但是「公主服」還沒有做好，我娘便叫二姐一起都穿上『皇女服』，陪著她一起照相。這天，五、六、七、八、九妹，還有大哥的兩個女兒，共七個人，都穿上了新裝；惟有我是不贊成帝制的，偏偏不肯穿著照相。很多人勸我，我母親還嚇唬我，我不聽，最後只得由我穿了便服了事。拍照的時候，我娘居中穩坐，眾『皇女』左右簇擁著，看起來，花團錦簇，好不得意。」

晚清民初，西風吹拂下，女裝款式發生了明顯變化。右圖中女子的服裝與上圖世凱女兒們穿的「公主服」何其相似。旗袍由寬大改為了小腰身，外加短小的繡花坎肩。女子手中還持有帶西式花邊的陽傘，愈發顯得亭亭玉立。

況。因此一家向稱平安，爭吵的事情，我一次也沒見過。

我記得三庶母想買一付金鐲子，父親說，好！每人一付，一個人買是不行的。月錢數目，各房一律，誰也不能多拿。

家中存款摺子向由我母親保管，父親的圖章由五庶母存著。家中用錢，我母親向父親報告數目後，就拿去請五庶母蓋章，到銀行去取。取出後交帳房按月錢數目發放。

如果庶母們誰要犯了錯誤，父親除當面訓斥外，還要看情節輕重，停發一月或數月月錢。有一次九庶母與人賭博，就被停發兩月月錢。

這就對了，按規則辦事，走程序，不偏不倚，這就消除了妻妾隊伍中「患不均」、嫉妒可能造成的不穩定因素。

其二是老袁讓這些女人有事幹。女人沒事幹，三個女人就是一台戲，東家長西家短地整天搬弄是非。

老袁採棉裏藏針法，讓大姨太場面上出風頭，二姨太管錢財（前期）和燒菜。三姨太發揚朝鮮族能歌善舞的特點，彈琴（七弦琴）唱歌，五姨太管隊伍建設。

不同於前面幾位過了更年期的姨太太，六、七、八、九姨太太此時因為正值「虎狼之期」，故白天讓其學文化，栽桑養蠶繅絲織綢，晚上值班伺候，巫山雲雨。

大家都在忙。忙就好，閒事兒就少。

袁世凱對待妻妾特別鬼的地方就是投其所好，對症下藥。

不知是真是假，據說袁世凱好上了二姨太的熏魚，二姨太美得什麼似的，每天用高粱米和芝麻養蟹，變著法子改善伙食。

五姨太楊氏從小跟爹做小買賣，擅長理財，老袁就讓其管錢。還假裝糊塗讓五姨太每天從預算裏扣點兒小錢，自得其樂。

什麼都拿不出手的那幾位，就讓她們學ENGLISH，學填詞，酬酢唱和，吟風弄月。

其實，讀懂人心、善解人意的男人，從來都不缺魅力。何況袁世凱並非一般的男人，而是手握重權、足夠「偉大」的將相人物。

英俊的袁世凱 這張相片應該是袁最滿意的，因為此照將世凱拍成了1米80的感覺，威嚴又不失英俊。袁拿著它到處送人。

袁世凱的那雙眼睛

袁世凱讀透人心，全靠一雙黑如點漆的眼睛。

大雙眼皮，屬於重疊式太和殿風格的那一種，兩個黑烏烏的眸子占掉整個眼簾的百分之八十。如果有人印刷袁世凱標準像，油墨老師傅必須選擇純黑的那種，一點兒雜質都不許有。

更有甚者，這對黑眸子還水汪汪的，帶點兒晶瑩剔透。

看著這對黑眸子我就納悶了，袁世凱大半輩子待在降雨量低於600毫米的北方乾旱地區，怎麼就養就他這麼對一泓秋水？

袁世凱認為他的這雙眼睛不是先天具有的，是其後天練就出來的。他還偷偷地將這技術教給二兒子袁克文：「余薄暮時行之，兼養目力。」

這雙烏黑閃亮的眸子，不知鎮住多少英雄豪傑。

山西「土皇帝」閻錫山，1915年4月間被袁3次召見，其中第一次召見給他留下了終生難忘的印象，並為此談虎色變。他後來回憶道：

我一生見過了多少位咱國家的元首，如孫中山、黎元洪、徐世昌、馮國璋、曹錕，甚至張勳、段祺瑞以至蔣介石等，沒有哪一個像袁世凱的兩道目光那樣虎視眈眈地逼人，使人不敢仰視。

美國駐華公使芮恩施1913年第一次向袁世凱遞交國書後，回去對袁世凱卻做了如下描述：

他的兩隻眼睛長得優雅而明亮，敏捷而靈活，經常帶著機警的神情。他銳利地盯著來訪的客人，但並不顯露敵意，而老是那樣充滿著強烈的興趣。他的兩隻眼睛顯示他多麼敏捷地領悟（或者通常是料到）談話的趨向，他總是聚精會神地聽著，似乎對每一個新的細節都能作出判斷。

人說眼睛是心靈的窗戶，老袁知道自己這雙眼睛抵得上日本的一個師團，所以在外交場合充分發揮之。

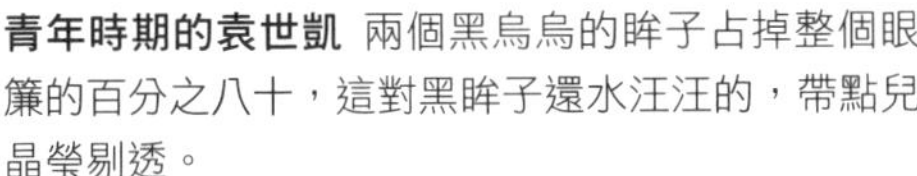

青年時期的袁世凱 兩個黑烏烏的眸子占掉整個眼簾的百分之八十，這對黑眸子還水汪汪的，帶點兒晶瑩剔透。

袁克文（1889－1931），字豹岑，又名抱存、抱公，號寒雲。袁世凱次子，由其三姨太金氏（朝鮮人）所生，從小便被過繼給大姨太收養。大姨太對這個兒子十分疼愛，他提出任何要求都會得到滿足。自幼聰明過人，長大後不喜政治，長於詩文，工書法，能演唱昆曲，愛好藏書和古玩，被稱為民國四公子之一。

袁家騮和吳健雄結婚紀念照 袁家騮（1912年生於河南安陽）是袁世凱次子袁克文的三子，妻子吳健雄素有「東方居里夫人」之稱。

袁家騮1942年5月30日與不滿30歲的吳健雄小姐結婚。婚禮由加州理工學院院長、諾貝爾物理學獎獲得者密立根教授及其夫人主持，並在院長的花園進行。

老袁的眼睛贏得了芮恩施的好感，以致到後來，康有為想藉美國勢力反袁世凱，這位美國當時著名的遠東事務權威，威斯康新大學政治學赫赫有名的教授，時任美國駐華公使，以三篇絕密「內參」把康有為的動議給「參」掉了。

第一次見面，連「國父」孫中山也被這雙眼睛給矇了，孫說他的眼神是那種至誠至真的樣子，「眼光四射」。所以才有了200天左右的孫袁蜜月期。

袁世凱的三十多位子女對老爸這雙眼也印象深刻。

如果（孩子們）得了壞分數，他那種嚴肅的面孔，不留情的申斥，是誰也受不了的。（袁克齊語）

他的雙眼，如果圓睜起來，確實令人感到有些「殺氣」，這大概是人們對他心懷恐懼的道理吧！（袁靜雪語）

袁克齊和袁靜雪說的是他們這些做兒女的感覺，其實袁大總統對人的態度是分對象的。

對子女，他擺出嚴父面孔，是嚴肅有餘、慈愛沒有的那一種。「我父親性情剛烈，態度嚴肅，寡言笑。有時他叫我們兄弟陪他吃飯，大家都很受拘束。」（袁克齊語）

對洋公使、洋訪客是專注傾聽，熱情洋溢，一口一個中國人民老朋友之類的外交辭令。

至於他的僚屬或部下，他對待他們都很客氣，很少看到他厲聲厲色的神氣。但凡和他接觸過的人，沒有一個不對他抱著恐懼的心理。可以說，我父親是有著「不怒而威」的神態的。（袁靜雪語）

好個「不怒而威」，天下大權在手的人，都給人以「不怒而威」之感。嗚呼，卻原來權是力量的源泉。權力，權力，中國人造詞真是絕了！

對政敵他是先施誘惑，再施迷惑，如不奏效，話不投機半句多，老袁便閉目養神，絕不睜眼看你一下。回到辦公桌前，雙眼露出凶光，在判決書上金眼御閱，「金口御斷」。

他手下的大紅人唐在禮回憶說：

處理革命黨人的案件，向例先由軍政執法處總辦陸建章親自向袁世凱請示決定發落。這裏面有個最大的難題，就是袁世凱對這些案件的處理很注意輿論的反應，他有時很用心思，但畢竟還必須隨著他個人的旨意作出決定，並且事實上一直是憑他「金口御斷」的，話一經說出口來，就幾乎沒有斟酌的餘地。

……袁對這些案件，處理得很嚴酷，對批文措辭決不隨便放過，要求「合法合理」。在這一點上他很用心思，有時還親找陸建章進去研究。有時也找我進去當面囑咐，說「再交給周肇祥看看」。就是這樣，多少反袁人士就在袁的「合法合理」之下被處決了。

看了這段，明白了，原來那會兒的執法處是擺擺樣子的，生殺大權都在袁大總統一人手裏。難怪袁世凱從不對政敵怒目而視，最多只盯著你，不說話。

英文原注「袁世凱總統，1915年12月11日。」（此照國內第一次發表）由此推斷，應該是在中南海辦公室裏辦公時拍的照片。手上拿的別又是軍政執法處總辦陸建章送來的處決名單吧。但是英國人顯然搞錯了時間，這應該是1912年，袁在石大人胡同的總統府辦公室裏拍的。

袁世凱體壯如牛

眸如點漆，說明袁世凱精力充沛，氣血充足。這點紐約時報特派記者湯瑪斯·米勒德看得最清，他在1908年專訪袁世凱時說：「他目光炯炯，敏銳的眼神顯示出了他身體的健康和心情的安定。」

是的，袁世凱壯得像頭牛，寬寬的額頭油光鋥亮。說話大嗓門，聲如洪鐘，中氣十足，給人以身體健碩之感。

除此之外，袁世凱還特別注意包裝自己的軍人形象。

由於他好武，所以無論是站著或坐著，總是挺直了腰的，就是坐在沙發上和人談話的時候，也直著腰。靠著沙發背坐著的時候是有的，但也是直著腰在靠著，從來沒有看到他斜歪在那裏的時候。他在坐下的時候，總是一邊由鼻子裏發出「嗯」的一聲，一邊用手摸著鬍子，然後慢慢地就坐。他坐下以後，總是兩腿叉開，兩隻手經常放在膝蓋上。由於他腿比較短，所以在坐的時候，總是兩腿垂直，彷彿「蹲襠騎馬」的姿勢，從來沒有看到他架「二郎腿」的時候。（袁靜雪語）

為了刻意增加自己的軍人威嚴，袁世凱又在如下四點上做足了工夫：

1. 蓄威廉鬚。人到中年，特別是小站練兵後，袁世凱留起了德國軍人的威廉鬚。兩邊翹翹的，似張飛的武將風格，又與時俱進，跟上了歐美潮流。

其實當時的中國，一切唯德日為美。特別是德國，那種說一不二的硬朗作風，專制加民主的政體，對中國政軍界，特別是對袁世凱很有吸引力。民國時出版的《世載堂雜憶》裏說：

當時歐洲大戰起，德國挾疾風掃落葉之勢，……世凱乃一切師承德制。其練兵也，軍中步法，令改用德御林軍步伐。其訓將也，選將皆用留德陸軍學生。其選制服也，先由家庭改革，諸子皆著德國親王陸軍制服，照相頒示。其教子也，圈出蔭昌為諸子德語教師。其每日呈進居仁日覽，亦譯奉《德皇威廉本紀》一紙。乃至於蓄鬚，府中文武軍官，咸模仿世凱嗜好，蓄威廉二世八字牛角鬚。

大總統袁世凱留了，北洋系的一大批高級軍官就得留。一時間中國軍政界威廉鬚氾濫。

2. 紮一根軍用皮帶。袁世凱晚年留下的立照，大多紮一根寬寬的軍用皮帶。這是老袁最失敗的形象。

袁世凱著總統服 威廉鬚兩頭翹，給人以威嚴的感覺。瞧袁世凱這水桶腰，和上身快呈金字塔型了。加上腰間一根皮帶，更將水桶腰暴露無遺。

◀**威廉二世** 末代德意志第二帝國皇帝和普魯士國王，1888年到1918年在位。

你想，老袁的腰圍最起碼四尺，屬於熊腰族。他不思遮掩，還用一根皮帶大咧咧的一箍，把個水桶巨腰明碼實價地暴露無遺。

3. 手握一根藤手杖。袁靜雪說：

他走路的時候，有一些左右輕微地搖擺，手裏一定拿著一根下端鑲有鐵包頭的藤手杖。這根藤手杖，彷彿不是我父親藉它來支撐自己的身體，而是故意用它來敲地似的，隨著他走路的聲音，總是另外聽得見這根藤手杖梆、梆……敲地的聲音。我們知道，我父親所以要隨身帶著這根下端鑲有鐵包頭的藤手杖，是有防身之意的。

女兒不知道的是，這還是一根權杖，同樣是歐洲傳來的新玩意。這說明五千年的古老帝國，精神崩潰後，整個社會都以西為美。把自己定位為西式練兵鼻祖的袁世凱，當然需要一根藤手杖來充當一支新式軍隊的圖騰。

4. 雪茄煙。袁世凱沒有煙癮，深惡痛絕鴉片。為了讓人對新軍耳目一新，這傢伙居然連雪茄煙也用來包裝自己。女兒袁靜雪說：「他和人交談的時候，嘴裏總離不開雪茄煙，走路的時候也是如此。」

住洋房，抽洋煙，著洋裝，夾雜些許洋詞兒，1911年，中國精英的這幾個畫面已經在在告訴我們，清末民初那十多年並不是死水一潭。

這時的老大帝國在每個細節處都發生突變。連廢除科舉都成了讀書人的共識，這在李鴻章時代是不可想像的。更有甚者，南方數省民意開始求變。變什麼？滿清貴族知道，所以他們急就了些改革開放的條條綱綱。可是歷史吊詭得很，恰恰這些改革動作，為「辛亥革命」的爆發創造了條件。

法國歷史學家托克維爾說：

一個國家發生革命，並非總是因為人民的處境越來越壞。……經驗證明，對於一個壞的政府來說，最危險的時刻，通常是它開始改革的時候到來的。

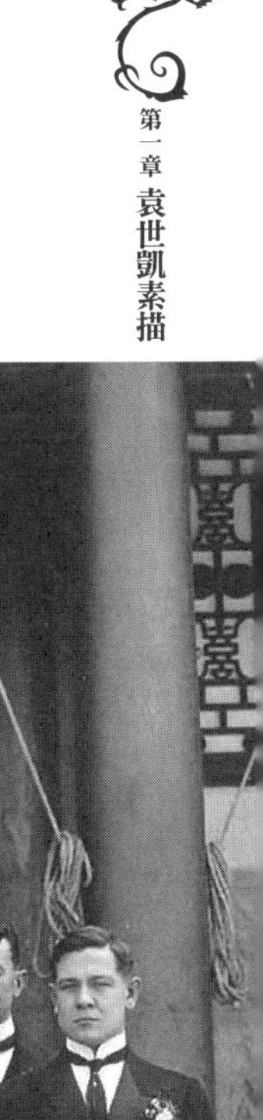

袁世凱和部分政府官員與美國公使嘉樂恒（袁右側）等合影

1912年3月10日下午3時，袁世凱宣誓就職中華民國臨時大總統。1913年5月2日美國率先承認袁世凱政府，這是袁世凱在總統府與美國公使等合影。他身著的仍為前清陸軍上將軍常服。左前第一人為孫寶琦，孫右後方為蔭昌，前右二為陸徵祥，蔭昌之右為梁士詒，第三排右一為顧維鈞。

武昌起義後，美國駐華公使嘉樂恒一直在洋人圈子中為袁世凱重新出山搖旗吶喊，並得到駐京公使團的一致同意，正式建議清政府起用袁世凱。1912年2月15日袁世凱當選臨時總統後，嘉樂恒稱許袁說：「還沒有比袁世凱更強的人出現」，「未來的所有希望都集中於袁世凱一人」。

不明大勢卻能辦好差

袁世凱一生行事，渾闊機巧有餘，明智聰慧不足。

袁氏懶讀經書，不識聖賢，卻混跡市井，玩弄人情，加之生於富貴豪門，叔祖父袁甲三官居總督，所以弱冠之年，即得機緣，先隨堂叔袁保恒、袁保齡赴京辦差，後隨父輩好友吳長慶歷練行伍，經營朝鮮駐軍事務，所以「趁時就勢、精於世務」的應變能力，遠非同時代書生之輩可比。

不讀聖賢書有時未嘗不是幸事。因為少些道德羈縻，沒有條條框框的限制，偶遇機緣，碰上歷史緊要關頭，滄海橫流之際，彼輩才能不管不顧，豁得出去，幹出驚天動地的英雄偉業來。劉邦便是先例，袁世凱緊隨其後，算是後例。

行走市井、浮沉江湖，而不讀聖賢經書，做英雄事業，自不妨展露雄才，巧於應付；但做帝王事業則不免缺乏大略，看不清歷史方向。所以站在歷史的高度上看，袁世凱一生，就是個有雄才無大略的主，因此不難遂青雲之志，立身雲端，但卻昧於大勢，無法撥雲見日，看清未來的出路，最終跌落在歷史的迷霧中。

袁世凱一生，能辦好差，卻不明大勢，所以處事多能，治國無綱，缺乏引領改革、洞見未來的治國方略。

如此說來，叱吒中國政壇26年，做過中華民國首任正式大總統的袁世凱倒是缺少政治理論的功夫，多少有點不學無術的意味。

說不學無術是過了點兒，其實，清末那幾位名人，早就有人評論過：「岑春煊不學無術，張之洞有學無術，袁世凱不學有術，端方有學有術。」（鄭孝胥語）

「不學」可以理解成沒學問，無思想，「有術」就是能力強。這話準！

袁世凱說到底是個官僚體系裏的工程師，此公既不風雅，也不著書立說，混跡在官場，練就了十八般武藝。

最讓人吃驚的是，剛出茅廬，當了個五品的直隸按察使，便讓滿朝廷裏的文官武將一邊罵他小人，一邊保薦他。哥倫比亞大學歷史學教授唐德剛說：

岑春煊不學無術（左上圖） 岑春煊（1861－1933），壯族，其父岑毓英曾任雲貴總督。八國聯軍攻陷北京的時候，岑春煊帶兵勤王，因護駕有功，升陝西巡撫。後歷任山西巡撫、四川總督（三次）、兩廣總督（兩次）、雲貴總督加兵部尚書、郵傳部尚書銜等職。

張之洞有學無術（右上圖） 張之洞（1837－1909），洋務派，直隸南皮人。1863年一甲三名進士。後任湖廣總督、軍機大臣。

端方有學有術（左下圖） 端方（1861－1911），滿洲正白旗人，托活洛氏。歷任工部主事、陸軍部尚書、湖廣總督、兩江總督等職。曾赴歐美考察政治，興辦新政，並為清政府開辦警察、新式陸軍等事宜，還以侍郎銜督辦川漢、粵漢鐵路。宣統三年（1911）為鎮壓四川保路運動入川，在資州兵變中被殺。

袁那時頗享有知兵之名；更有治事的才名。他之任職小站是恭親王奕訢、慶親王奕劻、兵部尚書榮祿、軍機大臣李鴻藻、翁同龢，和後來有名的「東南三督」劉坤一、張之洞和李鴻章，眾口交讚，一致掬誠推薦的。而且這些大臣之中像李鴻章和翁同龢，像恭王和慶王等彼此之間矛盾極深，甚至是終生的政敵。要他們一致讚譽，一致推薦袁老四這位小小的前駐韓商務委員，直隸總督的一個小下屬，他本身沒兩手，不成的呢！——所以我們執簡作史的人，因為「袁世凱」三個字有成見，便硬說他出任要職是出於個人吹牛拍馬、攀援權貴而來，是有欠公平的呢。

袁世凱最大的優點就是「肯做事」。

有人說，拿了薪水當然要幹事兒。不盡然！

滿朝文武不幹事兒的多著呢。清貴們大多「不士、不農、不工、不商、不兵、不民」，遇事兒喜說：「知道了」或者「照例」，然後交於下屬，下屬再承包給別人。三包，四包，最後不知道誰拿了這百分之十的回扣，了斷了「國家大事」。

袁世凱辦事是出了名的頂真，有時頂真到了婆婆媽媽的地步。中國外交之父顧維鈞領教過：

每天早晨我們將日文、德文、法文及英文報章擇其重要條目譯成中文，下午譯完，供袁總統次日閱讀。

某日晚約九時半，我在外有飯局，總統府來緊急電話找我。我接過電話，原來是總統府一位秘書打聽新聞的譯稿為何尚未送到。他說打攪我很感抱歉，但總統每天早起穿衣後必要索閱，因此他急於替總統準備好，供他閱讀。

此事表明袁總統是如何重視我們的翻譯，雖然總統的副官處也在翻譯路透社的報導。

1915年1月該處未能認出一份實係來自日本天皇的賀年電報，總統對其工作失去信心。自此以後即下令不願再看副官處的翻譯檔，而只看外交部的材料，並要外交部送呈每份電報的譯文。

這些情況說明，袁總統是如何地注意國外輿論和外國報紙有關中國的評論，以及各國所推行的對華外交政策。

文字囉嗦，下面我們拿一些袁世凱訓練新軍的照片來說明袁辦事的那股子認真勁兒。

整潔的軍營（北洋第三鎮） 上圖中整齊的被褥我們看著怎麼有點似曾相識？下圖中的羊毛大衣被清一色地翻晒在外屋，以便於汗水的蒸發。從這兩張圖可以看到袁管理的到位。

訓練後必須開總結評比會（北洋第三鎮） 這一條被袁世凱堅持下來，沒有走過場。袁世凱的武術右軍沒有和八國聯軍正面交手過，為什麼？傻瓜才喜歡和這種訓練有素的職業軍人交手呢！

新軍軍營裡的步兵刺殺訓練 袁世凱規定每次士兵訓練，軍官都要在現場觀看、講評。當年袁世凱經常下連隊，參加此類的講評。

北洋新軍野戰演習場景 新編成的北洋新軍舉行過兩次野戰演習：第一次於1905年10月在直隸河間舉行；第二次於1906年在河南彰德舉行。

新軍的現代化編制 袁世凱的新軍編制其實已與西方軍隊編制類似。此時新軍已配備工兵營，其包括雷電隊、測繪隊等，而且新軍裝備也實現了現代化，槍械一律改用奧國裝備，大大提高了單兵的作戰能力。

「視黃金直如土塊」

我一直納悶，清代總督年薪才一百八十兩，雍正朝後總督的養廉銀是一年一萬八千兩。袁世凱兼著八個大臣，最多合法收入是二十萬左右。可是袁世凱花起錢來卻大手大腳。

《大盜竊國記》說他「敢於用財，視黃金直如土塊」。

這裏所說的「視黃金直如土塊」不是指的他自己亂花錢，相反，他不太注意自身的生活品質，邋裏邋遢，連塊像樣的手絹都沒有，吃完飯用袖管當手絹抹嘴。

他的錢大多到了別人口袋裏，上至太后、王公大臣，下至部屬、下人。

送長輩，送親友，送同事，人家宮保不看廣告，不送腦白金，不送黃金酒，人家送的是真金白銀。

隨便找幾條宮保幹的「好人好事」：

一次見段祺瑞成無房戶，袁世凱臨回籍前將北京私宅贈與段；

一日為自己的幕僚阮忠樞娶小妾，他全額贊助，全程陪同；

有一回給即將走上軍機首輔領導崗位的慶親王奕劻送去銀票10萬兩。

而他自己的正太太于氏卻抱怨他不給家鄉的母子定期寄錢。

您可別以為袁世凱純粹因為性格豪爽，講義氣，重情義，其實他滿腦子都是「捨不得三升米，交不到好鄰居」的功利主義，算是劉備一類的舊式英雄。

送要送得自然，發自內心的一百個情願，而且要旁敲側擊，於無聲處響驚雷。1962年，北京旗人老大爺察存者給我們說了一個57年前的故事：

新入都的京官照例都有一次普遍拜客的習俗。可能就是袁世凱從直隸總督調京內用為外務部尚書的那一年，有一天，他來拜會我父親（增崇，字壽臣）。我父親喚我去見他。我聽說是袁世凱，非常高興。因為我曾西聽一言東聽一語，在報上也曾見過不少關於袁宮保的故事。今天遇到這樣一個機會，我正好看看他是怎樣的與眾不同。

一進門，我走了幾步，隨即又向前搶行到袁世凱跟前，認認真真地給袁世凱請了一個安，叫了一聲「大爺」。轉瞬間，只見袁世凱閃電似地離了他的客位，也照樣搶前對我還安如禮，口中還連說「不敢，不敢」。袁世凱雙手緊緊拉著我的雙手，連說：「老弟好！老弟好！」半側著臉用炯炯的目光看著我，同時又半側著臉對著我父親說：「老弟真英俊，真英俊。」

這時袁世凱便問我：「經書都讀過了吧？」我說：「現在才讀《周禮》，《易經》還未讀。」袁世凱說：「易經是要慢慢地讀的，不可太快。」又說：「老弟需要些什麼書，我可以給送過來。」

我想，袁世凱張口老弟，閉口老弟，給我還安。這可一點也不像我所見過的那些漢員如王文韶（大學士）、鹿傳霖（尚書）那樣的神氣。我見王文韶時，我給他一揖到地，他連座位都不離，手裏的水煙袋也未放下，只是半起半坐、歪歪扭扭地拱一拱手就算還禮。我對王文韶那種倚老賣老的傲慢神

1903年袁世凱（前排正中）視察京師大學堂譯學館，和張百熙（前排左四）、朱啟鈐（前排右四）及管理人員、中外教師合影。二排右三為蔡元培，時為譯學館教師。

氣很不高興。

我對老師陳述了方才見袁世凱的情況。老師是旗人，聽了之後，也連說：「瞧瞧人家，這才真正是幹才。要是多有幾個袁世凱，中國何愁不強！」老師停了一下，接著又說：「可是外邊都說袁世凱居心叵測，也許和曹操一樣，治世之能臣，亂世之奸雄，可也真說不定啊。」

第三天的中午，我剛下早學，就看見門房的院子裏擺著五個木板箱子（可能即「五車」之意）。門房的人對我說：「袁大人差片給少爺送書。」我一看那張大紅名帖上的「袁世凱」三個字上，又加了用墨筆寫的「世愚弟」三個小字。打開書箱一看，其中有天文、地理、經濟、政治、音樂、教育，以及兵法、軍事、哲學、法律、國際公法、倫理等各種東、西洋學說的譯本，還有多種教科書，真是種類繁多，不勝枚舉，而且都是京師大學堂所編輯，直隸或湖北官書局出版的。

察存者哪知道，袁世凱一口一個「老弟」，是因為他爹是內務府大臣，「慈禧辦」主任。40出頭的袁世凱對他熱情，是因為老袁有年齡優勢，想更上一層樓。不像王文韶一行將就木的老頭，行將退休，老無所求，對他擺架子。

袁世凱知道這世上還沒見著送禮讓人恨，說好話讓人生氣的事兒。袁還知道，這不僅是豪爽，更是一種投資，中國官場屬它性價比最高。

袁大總統在中南海那會兒，張作霖還是個雜牌的27師師長，由東北來京謁見袁。

鬍子出身的張師長，畢竟沒見過宮裏的好東西，和總統大人談著談著，兩隻眼睛死死地盯住辦公室的4塊打簧金錶。這金錶每個邊上都環繞著一圈珠子，錶的背面是琺瑯燒的小人，樣子是極其精緻的。

袁是多麼善解人意的上級領導啊！看到這種情況後，曉得他是愛上這幾塊錶了，當時就送給了他。女兒回憶：

我父親在送走張作霖以後，一路笑著上樓，說明了贈錶的經過，並笑著對我們說：「他真是沒見過世面。他既然看著喜歡，我就送給他了。」說完了，接著又哈哈大笑起來。

天下真有這類人，送人東西還哈哈大笑。細細一想，也只有袁世凱有好性情這麼送，有實力這麼送。

「煙酒不分家」，「朋友是手足，老婆是衣裳」，這套市井吃得開的道理，袁世凱是研究得很透徹的。果然張作霖投桃報李，在袁世凱稱帝前信誓旦旦地效忠：

關外有異樣，唯我張作霖一人是問。作霖一身當關，關內若有人反對，作霖願率本部以平內亂……

張作霖甚至用四噸上等好玉為袁登基趕製了一架龍床。

能從一個浪蕩小子搖身一變成一品大員，成總統，成帝王，袁世凱的成功有送的一半。

張作霖送給袁世凱登基稱帝的禮物 該玉床淨重1.5噸，是由碧綠色岫岩玉製成，由二十餘件大塊玉和數百件小塊玉構成，共用玉料4噸多。據說由張作霖密友張景惠委託手下劉某人承辦。由於工程量大，還沒等到玉床做成，袁世凱便死去了。

年輕時的張作霖 1912年為第27師中將師長，袁稱帝後，被封為子爵，盛武將軍，督理奉天軍務兼巡按使；袁死後，張被任命為奉天督軍兼省長，1918年9月被任命為東三省巡閱使。後成為北洋軍奉系首領，號稱「東北王」。1928年6月4日被日本關東軍預埋的炸藥炸成重傷，當日送回瀋陽官邸後即死去。

辦事嘎嘣脆，什麼人都敢用

《戰爭讓女人走開》，好像是個電影的名字。

部隊裏男人紮堆，男人在一起要的就是一個嘎嘣乾脆。直隸省五品按察使袁世凱管部隊訓練，就必須像個「純爺們」。

有人說，廢話，在部隊裏，哪個不陽剛？

我說有，袁之前管部隊的大多都是王倫式的「陰柔」書生。因為中國的皇帝最自私，武將不統兵，由進士出身的翰林去統，怕的是政變。

袁世凱不算真正的武將，但人家那會兒，吃住在部隊，就差和戰士們睡一條炕了。為了戰士的賣命錢，每次發餉他都親自監督營官，把軍餉足額透明地發到士兵手中。

他經常深入各營，下到小小的棚頭，他都能叫出名字，並了解他們的性格和優缺點。

為了刻意強調同甘苦，共命運。下雨了，別人給打傘，他猛的一推說：大夥兒都在淋雨，為什麼我不能？問得好，這一問，問得全軍將士淚流滿面，這一問問出個針插不進、水潑不進的「北洋集團」來。

發餉時袁世凱在現場盯著 袁世凱知道，歷代當官的都敢克扣士兵賣命的錢，所以每次他都在現場盯著，讓餉金在眾目睽睽下陽光發放。

對其軍人性格，《紐約時報》是這樣評論的：

中國人在袁世凱身上看到了第二個康熙。他的聰慧和性格上的剛強與他的任務成正比，在他的統治下，中國將得到力量和獨立，這對一個致力於實現國家的精神生活同時在價值觀上西方化的國家來說是必須的。（1915年5月16日）

袁世凱辦事果斷，獎罰分明，就是罰也給人留足面子。他從不說過頭話。其好友王錫彤說：

其大過人處在肩頭有力，絕不諉過於人。凡一才一藝，一經甄錄，即各從其才之所堪而委。以力之所能勝，不求備於一人，亦不望人以份外。一事之成，而獎藉不遑；不成則自任其咎，不使人分謗。此其所以群流歸仰，天下英雄咸樂為之盡死也。

總統府秘書長張一麟也說：

其虛懷下士，有不可及者。其精力過人，兩目奕奕有神，其未見者俱以為異。與人言，煦煦和易，人人皆如其意而去，故各方人士奔走於其門者，如過江之鯽。然所用無私人，族戚來求食者，悉以己俸食給月廩，不假事權。屬吏苛有髒私，必嚴劾治罪。……其不用私人，不有私財，非當世貴人所能望其項背。使遇承平之世，豈菲卓卓賢長官哉！

這話似乎有點過譽了，光其身邊一大堆姓袁的親信就無從解釋。

但胡思敬所謂「敢於用人，不念私仇，不限流品，不論資格而已」的評鑒，老袁還是當得起的。

敢於用人，顧維鈞一留美海歸，他大膽起用，後成了「民國外交第一人」。

不念私仇的優點讓袁世凱重新得到了張謇、盛宣懷、梁啟超的支持。

不限流品的最好注解是曹錕，原本一個販布的成了統制，乃至總統。

耐得罵　死豬不怕開水燙

袁世凱精明，辦事麻利，「視黃金直如土塊」沒錯。但是此君如果裝起糊塗來，死豬不怕開水燙，誰也拿他沒轍。

這個受氣包被慈禧罵過，被光緒帝訓過，被攝政王用槍頂著喉嚨說過「為民除害」，被李鴻章說成「小人」，讓御史參得不能再參。他都忍了，人家那叫肚大如海。

可民國了，袁成了「兆民所託」的大總統了。這回大家該收口了吧。

才不！還是有人罵他。這裏有真罵，假罵，有小罵大幫忙，有裝瘋賣傻的罵。

對這些人袁大總統一般採取三種對策。

有權的，掌握槍桿子的罵他，他不能含糊。發展成政敵的便交軍政執法處「合法合理」地解決，多少反袁人士就在袁的「合法合理」之下被處決。

對報社出版物，只要沒被「敵對勢力」利用，一般不開殺戒。至於翰林文士，老袁素來格外禮遇，就算罵他，也特別大度。

「辜瘋子」鴻銘先生，寫文章將袁世凱狂罵了一頓，基本屬於無理取鬧。但是袁大總統也沒把他怎麼著。

《倒馬桶》

作者：辜鴻銘

丁未年，張文襄（張之洞）與袁項城由封疆外任，同入軍機。項城見駐京德國公使曰：「張中堂是講學問的，我是不講學問，我是講辦事的。」其幕僚某將此語轉述於余，以為項城得意之談。予答曰：「誠然。然要看所辦是何等事。如老媽子倒馬桶，固用不著學問。除倒馬桶外，我不知天下有何事是無學問的人可以辦得好。」

辜鴻銘（1857－1928），學者。他生在南洋，學在西洋，婚在東洋，仕在北洋。他精通英、法、德、拉丁、希臘等9種語言，獲13個博士學位。

文人罵袁，非此一例。但老袁概不細究，一來國中文士自古都好這一口，老袁心知肚明，反正權罵不掉，命罵不死，就由著他罵好了，還顯得自己特有政治家的風度。至於其中過分者，禮讓不行的，老袁也只是軟禁其人而已。所謂軟禁，其實也不過是好酒好肉的「招待」。魯迅在《關於太炎先生二三事》說到的那個章太炎「章瘋子」：手搖摺扇，扇下綴著大勳章，闖總統府罵袁。就是一例：

話說袁世凱批了巨款，給革命元勳章太炎弄了個考文苑，希望其閉嘴收腔，到書齋做學問，等章去辦，款子根本沒蹤影，事也沒人理，章火上來，便去大鬧總統府。

據1914年1月14日的《申報》記載：章太炎手持團扇一柄，下繫勳章，足踏破官靴，大嚷著要見總統，承宣官（傳達）擋駕，則「瘋言瘋語，大鬧不休」。

另據官方記載，章太炎不僅罵了人，還砸了傢俱。

野史說門口警衛問他要名片，他白眼一翻，大叫：「誰人不知，哪個不曉，我是在上海坐過三年西牢的『章神經』！」他在接待室中踱來踱去，眼見國務總理熊希齡談過了，副部長向瑞琨談過了，還沒輪到他。一下怒起，罵道：「向瑞琨，一個乳臭未乾的小孩子見得，難道我見不得？」邊上財務部長梁士詒來勸，也被他一頓臭　。

章太炎索性一不做，二不休，掀椅子，翻桌子，甚至操起桌上的花瓶朝大總統畫像擲。結果可知，「章瘋子」被衛兵強行捉入馬車。袁把章軟禁在錢糧胡同一大宅子裏，好吃好喝待著，親友和弟子也可前來探望，但就是不讓他出門。章也真有瘋人本色，連罵三年，每日大書「袁賊、袁賊」二字。整日以此為樂。老袁知道了，只說了句：「彼一瘋子，我何必與之認真也！」

袁某，真乃死豬不怕開水燙。

章太炎（1869－1936），名炳麟，號太炎。浙江餘杭人，清末民初國學大師。研究範圍涉及小學、歷史、哲學、政治等等，著述甚豐。

從喜歡侃大山到謹言慎行

眾多書談起袁世凱小時候，大多說他書讀得不好。

您知道為什麼嗎？是因為那時候袁老四喜歡侃大山。

您不能讓其棋逢對手，如果碰上了，他可以海闊天空地神聊一天一宿不睡覺。這不，七子袁克齊就說過這樣的故事：

我聽老家人王鳳祥說：「總統少年讀書的時候，並不十分專心，整天在家與徐世昌（那時徐在我家附學）談論國事，因此成績不太好。你二姑母學問很不錯，對他考查很嚴。有一次，你父親背不下書來，你二姑母就不讓吃飯，我偷著把兩個熱饅頭給他送到書房，因為得路過你二姑母窗前，只好把它藏在袖筒裏，以致燙起兩個泡。」

甲午戰爭失敗後，袁世凱朝鮮回來，朝廷對其在朝期間的表現是不滿意的。據王伯恭《蜷廬隨筆》記載：

中日和約既定，恭親王一日問合肥（李鴻章）云：「吾聞此次兵釁，悉由袁世凱鼓蕩而成，此言信否？」合肥對曰：「事已過去，請王爺不必追究，橫豎皆鴻章之過耳。」恭親王遂嘿然而罷。

李鴻章為袁世凱做了檔門板，但是心裏也有點怪他在朝鮮過分積極，將局面弄成這樣。所以有段時間李鴻章對其愛搭不理的。

這樣，袁世凱便下崗待業了。

長大了，進了官場，袁世凱才摸到了做官說話的門道。

所以，後來他身邊的人回憶袁開口說話的事兒，給人的印象是他話不多，兩隻炯炯有神的眼睛射向你，專心得很呢，自己卻只聽不說，城府很深。

其實，他在開口前必做三樣功課。

其一：對慈禧太后、榮祿這些上級領導，他大多是少說為妙，不說為

袁世凱在朝鮮的崢嶸歲月

1882年朝鮮發生壬午軍亂，國王李熙之父大院君利用軍隊譁變，成功奪權。清廷應邀出兵平亂，袁世凱乃隨吳長慶部東渡朝鮮。袁率一支清軍配合行動，戰鬥中，袁世凱一路放槍，帶頭衝在最前面，他的堅毅勇敢感染了部下，兵變很快得以平定。隨後清軍將大院君擄至保定問罪。袁世凱後受韓王之請，協助朝鮮訓練新軍。

1884年，朝鮮親日派朴泳孝等密謀發動政變，事先設鴻門宴，擬將清軍高級將領一網打盡。清將吳兆有等洞悉其情不欲前往，袁則裹甲懷械先一小時赴席。稍進酒饌即告辭，牽朴泳孝手至門前，從容返營，使這一暗殺行動胎死腹中。

1884年甲申政變，駐朝日軍欲趁機挾制王室，袁世凱勒兵勤王，自行帶兵衝進王宮，擊退日軍，救出韓王。由於韓王在清營中，袁世凱遂代其主持內政、外交、軍事，後韓王回宮，亦邀請袁入宮護衛，居住偏殿，和國王僅隔一牆，朝外晤對。

1885年，李鴻章指派袁世凱為護送大院君回國專使，時朝鮮國內局勢複雜，袁從容應對，順利完成任務。回津覆命時，李鴻章對袁的應變之才大為賞識，袁從此成為李對朝鮮問題的王牌。26歲的袁世凱遂以「總理交涉通商事務大臣」身分駐藩屬國朝鮮。

甲午戰爭前，日本多次派人暗殺袁世凱未果。不久，日軍進佔漢城，公然派兵架大炮於袁使署前，1894年7月18日，袁世凱被迫下旗歸國，離開了曾得意12年的朝鮮。

好。他教家人的秘訣是，「慎言：言多必敗，慎言，即所以免禍。」

其二：私下和妻妾們在一起，思想放鬆了警惕，粗話連篇，還不時地加上幾句黃段子。六子袁克桓的同學關祥凱和劉夢賡回憶：

袁世凱任直隸總督兼北洋大臣時，我們去過袁府幾回，大多是五姨娘接待。一次碰巧，袁世凱到五姨太房裏，看見我們幾個青年人，很高興，問我們學什麼。克桓一一回稟介紹。袁世凱腦門亮光光，雙眼皮忽閃閃地望著我們，長過嘴角的髯鬚未言先翹：「學洋玩藝兒應上新學，要不怎麼『日他們先人』！」說完哈哈大笑。

其三：開會時，總是一個個點名讓大家都把自己的意思說出來。在眾人說完前，自己絕不表態。

顧維鈞回憶1914年就日本侵佔青島袁大總統主持召開的一次會議：

總統府召集會議，所有內閣部長均出席，參事也被邀與會。

他首先要聽取三位法學家的意見。（略）

總統叫伍朝樞發言，（略）

袁世凱又叫金邦平發表意見。

袁世凱轉問陸軍總長段祺瑞，他想從陸軍總長那裏了解為了保衛國土，中國軍隊能採取哪些行動。段回答說，如總統下令，部隊可以抵抗，設法阻止日軍深入山東內地。不過由於武器、彈藥不足，作戰將十分困難。總統直截了當地問他抵抗可以維持多久，段立即回答說四十八小時。總統問他四十八小時以後怎麼辦，他望了望總統說，聽候總統指示。

總統再問外交總長孫寶琦。（略）

總統環顧左右，等待別位總長發表意見。然而大家沉默不語。總統深深歎了口氣說，他很明白根據國際法，法學家們認為我國應該怎樣做的意見，

顧維鈞 字少川，1888年生，上海嘉定人。1904年，16歲的顧維鈞遠渡重洋，留學美國，在哥倫比亞大學主修國際法和外交。顧維鈞在美留學期間，有一次唐紹儀作為清朝政府的特使訪問美國，在大使館裏接見了40位中國留學生，顧維鈞作為學生代表致辭。唐紹儀非常欣賞這個年輕的留學生，認為他是一個可造之材。於是，當袁世凱執政，唐紹儀出任內閣總理時，立刻向袁世凱推薦了顧維鈞。顧維鈞回國後，先是擔任袁世凱的英文秘書，後來進入外交部任職。1913年，在唐紹儀親自撮合下，顧維鈞與其女唐寶玥喜結連理。1914年顧維鈞晉升為外交部參事，他的才華在工作中日漸顯現，後在27歲擔任駐美公使，34歲出任外交部長，成為華盛頓有史以來最年輕的外國使節。

此為顧維鈞任駐美公使時期的留影。

然而我國毫無準備，怎能盡到中立國的義務呢？……

總統拿著一個準備好的小紙條作為發言的依據。他提醒大家，十年前在滿洲，中國曾遇到過類似的事件。1904年至1905年日俄在中國境內交戰，那時無法阻止日軍的行動，只好劃出「交戰區」。那麼，現在也可以劃出走廊，日本可通過走廊進攻青島，中國不干涉日本在此區內通過，在此地區以外中國仍保持中立。

開會喜歡慷慨陳詞

開會前袁世凱會做足功夫，特別是他擅長的外交事務。顧維鈞回憶道：「每次記錄都是一式三份——一份呈總統，一份呈外長，一份歸我本人。總統對交給他的一份記錄閱讀非常仔細，不時用他的紅藍鉛筆將需要特別注意之處一一畫出，並作批注，指出下次會議應說些什麼，有時還和我一起閱讀。」

由於功夫做足，到了會場，輪到老袁說時，他便慷慨激昂，儼然一個演說家。1915年7月21日美聯社報導過袁世凱的一次中央機關內部講話：

「滿洲南部的宗主權逐漸落入到外國人的手中，」大總統說，「外國侵略者已經來到了門口，但是我們的人民仍然每天處於困境之中。我年紀已經很大了，並且清朝給予了我神聖的信任，所以當我承擔了共和國大總統的職責時，我怎麼能夠讓這個國家被毀壞呢？」

「當我們想到我們士兵低下的紀律，行政事務的低效，席捲各個省份的洪水和饑荒，一些官員的自私以及在人民中缺乏公眾精神，我們應當責無旁貸地去幫助他們意識到在我們沾沾自喜的時候，我們已經躺在了稻草堆上，草堆下火焰已經燃起。……」

和孫中山比袁世凱的演講差一個檔次

袁世凱說得再慷慨激昂，他還是屬於那種做得多說得少的人。哈佛大學費正清主編的《劍橋中華民國史》說：

他天生是一位實踐家，而非理論家。他沒有構想出改良方案，也沒有為這方案制定一系列原則，而只是實踐了這一切，並證明它們的可行性。

孫中山是一個職業鼓動家，以說和寫起家，一生花費大部分時間於籌集款項，組織暴動起義。所以孫先生演講的功夫給後生很多教益。

民國劉禺生《世載堂雜憶》中有段孫中山自述練習演說之法：

一、練姿勢。身登演說台，其所具風度姿態，即須使全場有肅穆起敬之心；開口講演，舉動格式，又須使聽者有安靜祥和之氣。最忌輕佻作態，處處出於自然，有時詞旨嚴重，喚起聽眾注意，卻不可故作驚人模樣。予（先生自稱）少時研究演說，對鏡練習，至無缺點為止。

二、練語氣。演說如作文然，以氣為主，氣貫則言之長短，聲之高下皆宜。說至最重要處，擲地作金石聲；至平衍時，恐聽者有倦意，宜旁引故事，雜以諧語，提起全場之精神。讜言奇論，一歸於正，始終貫串，不得支離，動盪排闔，急徐隨事。予少時在美，聆名人演說，於某人獨到之處，簡練而揣摩之，積久，自然成為予一人之演說。

孫中山在日本演講 1924年11月28日，孫中山在神戶高等女子學校發表關於「大亞洲主義」問題的演講。

看看國父孫中山怎麼鼓動驅逐「韃虜」的。孫有一次在廣州演講，說到反清復明，台下老廣大多數不解。孫從口袋裏拿出一個「某某通寶」的銅板示人，問：「你們認識這幾個字嗎？」曰：「能識。」孫中山又舉反面兩個滿文字示之，大夥兒忙搖頭說：「不認識。」孫中山結合這枚銅板例舉滿人入主中國奴役漢人，輔以上文那些演講技巧，讓大家明白了反清復明之大義。

孫中山的口才，袁世凱是佩服的。兩人1912年8月24日第一次見面後，都對對方有好感。臺灣出版的《國父年譜》記載說：

先生留京約一月，與袁會晤共十三次，每次談話時間自下午四時至晚十時或十二時，更有談至次晨二時者。每次會晤，只先生與袁世凱、梁士詒三人，摒退侍從。所談皆國家大事，中外情形，包括鐵路、實業、外交、軍事各問題。表面甚為暢洽。先生察袁野心，然仍予推崇，以安其心。

13次密談後，袁世凱向紐約時報記者說出了兩人的一個約定。孫中山將花一大段時間專門去全國各地演講，啟迪人民。

這個約定一看就知道是孫中山主動提出來的，他認為中國人「民主素質」不高，現代意識薄弱，提出中國政治分三步走：軍政，訓政，憲政。他做的這是訓政。

讓孫不掌握實權，去全國佈道，正合老袁的意。

後來孫提出要造20萬公里大鐵路，袁世凱馬上投其所好，特授以籌畫全國鐵路全權，出任中國鐵路總公司總理，設總部於上海。

袁世凱並把他當年為慈禧太后回鑾時所特製的豪華花車，撥給孫總理專用，以便巡視全國鐵路現狀；同時更飭令各地地方官，對巡視路政的孫總理做盛大招待。黃興同時亦受任為漢粵川鐵路督辦以襄贊孫公。對此唐德剛評論說：

袁氏派孫中山去修築鐵路，顯然是，給這個革命領袖找個優差肥缺，安頓下來，免得他繼續革命或重新造反。誰知孫公是個誠實的愛國者，他把袁

總統的美意當真，向中西媒體正式宣布自己今後的使命之後，就認真地幹起來。

在袁氏的慫恿之下，孫公竟率領大批失業黨人，乘了豪華專車，到全國視察去了。等到後來孫、袁交惡，當局要清查鐵道公司的賬目，始發現鐵道一寸未建，而視察公帑卻浪費百十萬兩。政府就要下令通緝了。此是後話。

其實他們兩位無論從哪看，除了都是中國人外，天南海北。外國人在評價這兩人時大多採實用主義立場。《紐約時報》說：

袁是位傑出的「務實型」改革家，在這方面他明顯區別於那些煽動家和半吊子的「革命黨」，他對清國政體施加影響意味著這個政體能夠在有序和穩定的狀態下發展、進步。袁不會進行草率的試驗和欠穩妥的冒進，而只會推進理性和必須的改革，大清國能夠消化並吸收這些改革的速度有多快，改革推進的速度就會有多快。

中國人更多加入道德判斷。聽聽唐德剛教授在《袁氏當國》中的分析：

袁世凱是傳統中國裏的「治世之能臣，亂世之奸雄」，才大心細，做事紮紮實實，有板有眼，是位極有效率的行政專才和標準的中國法家。然而他無理想，對現代政治思想更是一無所知，這是時代關係，先天後天自然發展的結果（顧維鈞先生當時是袁氏隨時諮詢的機要秘書，事後告訴我亦如此）。

而孫中山卻正是袁的反面。孫公周遊世界，愛國之心極烈，為人又好學深思，滿頭腦理想，欲施之於中國，而道不得行。辛亥之後自己雖不在位，但對袁世凱倒滿懷幻想，希望袁能拯斯民於水火，臻國家於富強。

唐德剛「國父」影響根深蒂固。上海師大的蕭功秦對孫的評價是這樣的：

歷史上真實的孫中山，在性格上確實就是個楞頭青。他頭腦單純，缺乏對人與事的洞察力，卻具有充滿浪漫主義的激情，執著而百折不回。電視（《走向共和》）中的孫中山躺在地上，血流滿地，憤而剪掉辮子，極合孫

1912年孫中山在張家口車站月台上與歡迎者合影 孫中山帶著一眾黨人同志到處「視察」。其團隊的特點是每人一個牛皮儀器包。袁世凱投其所好，還派了自己身邊的大紅人朱啟鈐（孫右後）親自作陪，給足了面子。

中山的個性氣質。雖然並非歷史真實，但卻不乏邏輯真實。事實上，許多與孫中山有過密切交往的人士都不約而同地提到他的不切實際的幻想家氣質。民國初年，他曾計畫，讓各省通過向外國借債，以為如此就可在十年內在中國建立350萬里，即繞地球40圈的鐵路！這一總長度則是根據中國人口比美國多5倍而推算出來的。他的一位美國朋友說他在中國政治上如此不切實際，以至於「幼稚得不值得重複」，「不適合於擔任任何需要常識的工作」。連他的私人秘書李祿超也說他是「孫大炮」。而孫中山身上所有這些對其政治行動產生影響後果的個性特點，很可能迄今為止，百分之九十九的當代中國人毫無所知。因為從童蒙時期開始，我們的教學書中的孫中山，就是類似於樣板戲裏的李玉和。革命先驅者怎麼能是「孫大炮」！

是啊，我也認為孫中山關於修鐵路的宏偉規劃有點不著邊際。瞧瞧咱們建國60年來，到2008年底中國鐵路營業里程還沒有超過八萬公里呢。要知道這已經是舉全國之力，每年幾千億地花下去，近百萬人常年努力的結果。（這還要去掉1949年之前造的2.18萬公里鐵路。）

大家知道，百多年前美國鐵路大王史丹佛一家公司就造出了這個數，還順帶建造出一座史丹佛大學。

第二章
北洋袁世凱

袁世凱視「北洋」兩字為其軍功章，這是他事業的巔峰期。如果說「小站練兵」讓袁世凱羽翼豐滿，「山東巡撫」便是袁的一鳴驚人，「直隸總督」則向世人證明了他「駕馭全局的能力」。

袁世凱大事記（1894～1908）

1894年	35歲	4月，朝鮮全羅道爆發了東學黨農民大起義，朝鮮起求中國出兵。6月4日，清廷命水師提督丁汝昌派濟遠、揚威二艦，並派葉志超、聶士成選淮軍1500人馳往朝鮮。同時日軍進入漢城，控制了朝鮮王宮並用巨炮監視中國使署時，袁偷乘貨輪潛回中國，結束了在朝12年的政治生涯。8月1日，中日甲午戰爭爆爭，清軍以失敗告終。
1895年	36歲	在京結交權貴，搶先上書，大講改革中國軍制的必要，並提出練新軍的策劃。後去小站練兵。
1897年	38歲	7月，晉升為直隸按察使，仍專管練兵事宜。9月，參加了維新團體強學會，以表示他對維新變法的擁護。
1898年	39歲	9月16日，光緒帝在頤和園召見，賞袁候補侍郎，專辦練兵事務。18日晚，譚嗣同密訪袁求率兵「殺榮祿除舊黨，助行新政」。袁返回天津向直隸總督告密。21日早晨，慈禧太后發動政變，宣布重新訓政，囚禁光緒皇帝於南海瀛台，並下令逮捕維新派人物。
1899年	40歲	升為工部右侍郎，仍專管練兵。12月6日，晉升為署隸山東巡撫，率武衛右軍往山東任職。
1900年	41歲	袁頒布《禁止義和拳匪告示》，還頒布了《嚴拿拳匪八條》，鎮壓了山東境內的義和團。軍隊達19600餘人，成為北方最大的一股武裝力量。

袁世凱大事記（1894～1908）

1901年	42歲	6月，生母劉氏病死濟南。10月，慈禧由西安返回北京，袁一直護送到京。清廷加封他太子少保銜，並賞黃馬褂，特許紫禁城騎馬。此後，人們又叫他袁宮保。
1902年	43歲	10月，任參預政務大臣、練兵大臣，接替了李鴻章的職務。
1903年	44歲	先後興辦了陸辦小學堂、北洋武備速成學堂、小站電訊學堂、大沽憲兵學堂、保定軍官學堂等。
1905年	46歲	六鎮北洋軍訓練完成，共7萬餘人，逐漸形成一個龐大的北洋軍事政治集團。
1907年	48歲	9月4日，袁調任軍機大臣兼外務部尚書，實際上是被剝奪了對北洋軍的直接指揮權。
1908年	49歲	袁50大壽（虛歲）。西太后為其賞賜較多，京內外百官均送賀禮。12月2日，溥儀繼承帝位，定次年為「宣統元年」。清廷發旨讓袁「回籍養疴」。

小站練兵前的「買辦袁世凱」

我們現在都知道袁世凱由天津小站練兵起家，一步步走向「瓊樓最高層」（袁克定語）。可是，堂堂大清國，等著補缺的不知其數，為何讓這麼個在朝鮮犯有冒失錯誤的愣頭小子擔當起了中華民族軍事振興的重任？

1909年日人佐藤鐵治郎在他寫的《袁世凱》一書揭露了個中的秘密。原來，甲午戰爭後，袁世凱「隨營解散，徘徊於京津之間，無所事事」。這時李鴻章正在馬關和日本總理大臣伊藤博文談判。一次伊藤博文問李：「袁世凱現任何事？」

李鴻章回道：「小差事，無足重輕。」

伊藤曰：「以袁世凱之才，任無足重輕小事，無怪無人才也。」

李的文書將此話原原本本地記到了會議記錄裏。

寫到這兒，佐藤鐵治郎突然感喟道：「豈知一語閒談，遂影響於袁世凱者不淺。」

原來那些文秘回國後，其記錄稿被京津滬各報轉載了。於是「清之朝野上下，睹我伊藤氏答李鴻章之言，皆以袁世凱為一時人傑，於是袁世凱三字，遂振振有聲。留心人才者，咸欲一睹其人。」

可見，什麼事兒只有出口轉了內銷，才為眾人叫好。此風不獨現在流行，袁世凱那時就有！於是，下崗待業反日青年袁世凱，多虧了日相一句閒聊話，在京城聲名鵲起。此時，「清方大挫之後，二三老臣為國求賢，於兩宮前保薦袁之才略。」慈禧太后立刻命召見袁世凱。

朝堂之上，發宏論說天下事，話到高潮處，哪裏快，哪裏慢，袁世凱爐火純青。應答堂對，這是袁世凱的強項。所以當袁世凱奉旨應召時，他慷慨陳詞，說得頭頭是道，「袁奏對多中懇要。」可是小袁的命不好，更年期時的西太后這天不知道怎麼了，不是打盹就是心不在焉，總之老太太就是沒將咱們小袁的「革命道理」聽進半句。

與此相反，光緒帝聽了稱許不已。眾大臣和旁聽者也不停地叫好，都認為袁世凱「可得志」。不料召見後，跌破眼鏡，西太后最後只給了他個瀕臨關門的「軍務處」小差事。袁大為失望，就此心灰意冷。

袁世凱哪裏知道，別說老太太心不在焉，就是人家太后再滿意您，也得諮詢一下專門管選拔幹部的吏部。吏部一打聽，袁世凱在朝也不過是個副處級，還老犯些組織紀律方面的錯誤，所以「按律」給了個同級的副處差事，您有什麼好撕心裂肺的？何況眼下您還在待業中，家有一妻四妾要你養。這說明袁世凱還是歷練不夠！

袁世凱不這麼想，他認為自己怎麼說都是一個媒體紅人，「感動中國」的人物。於是他到處找人，「日奔走於王公之門」。

找人就得拎東西上門，這就說到了個錢字。「數月來奔走酬應」，袁世凱那點錢早就日見羞澀了，後來乾脆「負債累累」。

小袁躺在旅館裏琢磨，這樣下去怎一個愁字了得？

腦瓜子比別人轉得快的袁世凱，突然想到：時下外國人在中國開始做國際貿易，由於語言不通，風俗不了解，「多雇用清人為經理」。受雇的清人「常居間收利，有暴富至數百萬者」。袁世凱想，這個副處不要也罷，乾脆進外企做「買辦」當白領得了。

特別是想到眼下大清國軍隊新敗，「蓋知清此次之敗，海軍戰艦，陸軍軍裝器械，全數告盡，勢必再置，置則必須仰給外人。」……「清國不能生產。」袁世凱是圈內人，這點他知道得一清二楚。

突然他靈機一動，「何不……？」袁世凱越想越來勁，乾脆跑到改革開放的最前沿——天津，去看個究竟，做一下市場調查。

不到天津不知道，一打聽，「適有西人欲開軍裝洋行於天津，擬聘熟習官場人為買辦。故爭先恐後，設行以圖招攬。」袁世凱激動萬分，連考慮都沒考慮，就衝上前去說：我要應聘「買辦」。洋人打量下這個河南矮小子，說：可以，您先交3萬元「保證金」。3萬！哪壺不開提哪壺，袁世凱一聽兩眼發黑，踉踉蹌蹌走出了辦公室。

熱血青年袁世凱有一個優點，那就是古道熱腸，喜歡交朋友。「桃園三結義」，對他來說是平常事。結好後，袁世凱嘻嘻哈哈地也就忘了。

非常時刻，袁世凱想到了他先前在「營務處時，與奉天舉人王英楷結莫逆交」。王是一個巨富，「其人為野蠻（清國人）中之最開化者，與袁暢談時，兩情相洽，引為同調。」袁世凱途窮路迫，也就寫信去求人家，「王得袁書，遂挾重金北上，晤袁於天津。」

到了天津，王進門就責備袁：兄怎麼這麼沒出息？！

袁說：怎麼啦，人家歐人國務大臣退位後，不是也下海搞工商業？「君何責我不志也？」

王曰：人家都幹的是本國生計，「有獨立性質。」買辦是什麼？就是給老外打工的。為人家幹些走後門，跑關係，批條子之類的勾當，屬於蠅頭小利，這些都不是兄的強項。何況「君又不通西語」。

袁世凱一腔熱血下海經商，被這位王老弟一說，冷了一半。王英楷乘勝追擊道：「君盛名傾中外，方王師敗績，正朝廷夢醒之時」，大丈夫不想著幹大事業，「乃欲謀此奴隸事！」

袁聽了委屈地說：「媒體的那點小名聲，頂個球！就是有，奈何朝廷沒人理會。」

王叫道：啊呀，我的老兄啊，當今社會，您就是有天大的本領，也不能空口白說革命道理啊！兄如果要用錢，儘管吩咐！

袁世凱在金錢和權力面前終於大徹大悟，連連說：「唯命是從。」

這個王英楷是個舉人，一個字：能！

兩個能人賽過諸葛亮，沒幾天，他們「偵知袁從人中有河間趙姓者，與閹宦李蓮英係屬戚誼」。王用金錢搞定趙，授趙以如此如此，這般這般行事。

趙找了李蓮英，剛說明來意，沒想到人家李蓮英一聽就說：這事好辦，因為早先各大臣早在太后面前保薦過袁世凱，只要等機會「舟行順水」就行了。叫趙回主子的話：一顆紅心，兩種準備，「靜候時機可也。」

慈禧和總管太監李蓮英（右）、崔玉貴（左）

「自此以後，宮廷動靜，大臣奏對，皆隨時密報袁知。數月後，適清兩宮命籌餉練新軍。」袁得報，大喜說「兵事是我的強項，李公公為我圖之」。

「李乘機說西太后。西太后於召見大臣時，遂問袁世凱知兵否？」軍機大臣都說：眼下大清國就數他知道練兵。這回西太后算醒著聽的，也全聽明白了。於是「擬命其與聶士成各練三十營勁旅」。

這麼著，袁世凱轉了組織關係，去天津小站上班了。

就此，這位年輕人正式走上近代中國的歷史舞臺。

筆者走筆至此，突然感到我中華真乃「多難之邦」。

嗚呼！如果王某人當時借錢給了袁，讓其在海河邊做個倒賣軍服的「黃牛」或「買辦」，不啻為中華去一「竊國大盜」，還能為天津增加些稅收。

偏偏老天沒長眼，讓他陰差陽錯地「北洋」了一回，以至於後來放出許多「禍國殃民」的大大小小「北洋軍閥」來，平白讓後人的教科書增添無數「災難深重」的慨歎。

甲午戰爭是誰密保了袁世凱？

過去，一種流行的說法是，甲午戰爭之後是直隸總督李鴻章保舉袁世凱到小站練兵，也有說是督辦軍務大臣李鴻藻，或者督辦軍務大臣榮祿保舉的。著名歷史學家孔祥吉近年根據清史檔案找到的奏片，證實是兩江總督劉坤一向光緒帝密保的袁世凱。

卻說袁世凱於1894年6月，離開漢城回國。當他到達天津向李鴻章報到之後，並沒有再像以前那樣受到重用，北洋許多官僚對袁世凱懷有戒心。比如李鴻章之親信張佩綸，曾在給軍機大臣李鴻藻的信中，指袁世凱乃「小人之有才者」。因此，李鴻章曾經阻止袁世凱赴京活動，而令再回到朝鮮去。袁世凱對李鴻章的態度很有意見。曾託其堂弟袁世勛往翁同龢府上疏通。日軍占領朝鮮後，李鴻章派給袁世凱一個新差事，到山海關「總理前敵營運處兼籌轉運籌備處事宜」。

兩江總督、湘軍統帥劉坤一

1894年12月28日，兩江總督、湘軍統帥劉坤一被光緒皇帝任命為欽差大臣，出關督師。袁世凱此時正在關外前敵營務處，故得與劉坤一相交往。在短短幾個月交往中，劉坤一發現袁世凱「膽識優長，性情忠篤，辦事皆有調理」，認為他是「方面中出色之員」，遂向光緒皇帝保薦。光緒皇帝於1895年6月12日，正式召見袁世凱。袁世凱在召見時陳述了許多真知灼見，光緒皇帝亦深受啟迪，故命袁氏將其未盡之言寫成條陳上奏。這就是1895年7月1日光緒皇帝看到的袁世凱新政萬言書。光緒皇帝之所以派袁世凱去小站練兵，亦與此條陳有很大關係。

軍人袁世凱

袁世凱是個如假包換的軍人，在袁之前，中國其實沒有真正的職業軍人。幾千年來都是秀才帶兵打仗，明清的總督不單是地方政府行政首腦，還兼任軍區司令，公檢法一肩挑。

和日本打甲午戰爭，人家天皇在廣島大本營裏與參謀部策劃於密室，制訂了詳細的作戰方案。據說連被中國人打敗後，逃到西伯利亞的退路都設計好了。中國人卻只顧滿足於口水抗日，讓那些「愛國詩人」寫些慷慨激昂的對仗詩句，諷刺挖苦日本人。認真的軍事準備卻一樣沒有，結果可想而知。

袁世凱沒進過軍校，但是業餘愛好兵事。據說做政府部門文員時，人家吟詩作畫，吟風弄月，他卻一個人在那裏擱飭兵家那些個事兒。同事們笑他，他卻死不悔改。

練兵，練新式軍隊，這在袁世凱去小站前已經有幾人幹過了。

袁世凱不是第一個，卻是最成功的一個。

袁世凱是在1895年接下不大熟諳軍事的文官胡燏棻的練兵攤子，來到小站的。

小站在天津鹹水沽南約10公里。甲午戰爭之後，袁世凱奉旨在此督練「新建陸軍」。

剛幹了一年，1896年４月，監察御史胡景桂參奏袁世凱「嗜殺擅權」、「克扣軍餉，誅戮無辜」，以及用人「論情面大小食鬼遺多寡」等多條罪狀。

胡燏棻

袁得到被參劾的消息，感到十分懊惱：「兩旬來心神恍惚，志氣昏惰，所有夙志，竟至一冷如冰。軍事實無心詳述。」

不久兵部尚書榮祿邀其幕僚陳夔龍隨行，奉命前往查辦。親歷此事的陳夔龍在《夢蕉亭雜記》稱：

該軍僅七千人，勇丁身量一律四尺以上，

整肅精壯，專練德國操。馬隊五營，各按方辨色，較之淮、練各營，壁壘一新。文忠（指榮祿）默識之。謂餘曰：「君觀新軍與舊軍比較何如？」餘謂：「素不知兵，何敢妄參末議，但觀表面，舊軍誠不免暮氣，新軍參用西法，生面獨開。」文忠曰：「君言是也。此人必須保全，以策後效。」榮祿回京後指令陳起草覆奏稿。陳建議擬「請下部議」。榮說：「一經部議，至輕亦應撤差，此軍甫經成立，難易生手，不如乞恩，姑從寬議，仍嚴飭認真操練，以勵將來。」

榮祿

就這樣，為袁軍軍容所動的榮祿以所參各節「查明均無實據，應請勿庸置議」，將袁世凱的各控罪一筆抹掉，而且吹捧袁說：「查該道員血性耐勞，勇於任事……天將領中間為不可多得之員。」

由於榮祿的庇護，袁不僅沒有被問罪，反而受到清廷的慰勉。這對袁世凱來說是多大的恩情啊！後來譚嗣同要袁世凱殺榮祿，這是他們不了解榮袁之間的這段生死之交。何況，袁一直標榜自己是新派人物中的穩健派，有意和康有為保持一段距離呢！

榮祿沒看錯人，袁的確是練兵的裏手。袁練兵有理論：「治軍之道，首重訓兵，其次練兵，訓以開其智識，固其心性；練以增其技藝，增其材力。」

一次閒談，張之洞問袁世凱練兵的秘訣，袁世凱說：「練兵事看似複雜，其實簡單，主要是練成絕對服從命令。我們一手拿著官和錢，一手拿著刀，服從就有官和錢，不從就吃刀。」

袁世凱說得輕巧，練兵沒這麼容易，君不見蔣百里後來主辦保定軍官學校，要什麼沒什麼，他這個校長在無可奈何之下，竟至在大操場檢閱臺上，當眾舉槍自殺。

以上所有各點，都是在就事論事，其實軍人袁世凱自己都想不到的是，他開創了一個新時代，謂軍人理政。從袁世凱始，職業軍人成為主宰中國政治舞臺台前幕後的主角。其最響亮的口號是：槍桿子裏面出政權！

這等於間接否定了統治中國幾千年的儒家文官體系。費正清對此有專門論述：

中國第一支現代化軍隊 袁世凱小站練兵，師從日、德，造就了一支20世紀初中國最為現代化的軍隊，無論武器裝備，還是人員素質（在北洋前期和中期，文盲一律不招收）都是史無前例的。

袁世凱與戴濤在彰德秋操演習現場 彰德秋操是袁世凱練兵大臣任上舉辦的三次秋操演習之一，《續安陽縣誌》記載本次演習「列陣數十里，錯綜變化，出奇制勝，極戰爭之能事。外賓作壁上觀者，咸稱讚不置」。

「馬克沁」重機槍 單就裝備而言，北洋新軍與當時歐美列強軍隊可以説是站在同一水平線之上。

野炮戰 演習正式開始後，霎時間，百年不見烽火的中原大地炮聲隆隆，槍聲不斷，人喊馬嘶，塵土飛揚。古老的中原大地見慣了冷兵器時代的金戈鐵馬，還是第一次見到現代武器的廝殺。

北洋新軍軍服（劉永華繪） 1898年，新建陸軍改稱「武衛右軍」，袁世凱上奏朝廷，建議效法外國，統一操法典章，官兵軍服也與傳統號衣有了不同，仿效外國，軍服的袖章上出現了區分官兵階級的紅道。1901年，清政府決定推行常備軍制，袁世凱負責編練「北洋常務」，陸軍新式軍服開始形成。但高級軍官的禮服，為便於朝覲，仍著官帽。下級官兵軍服已與現代軍服無異。1904年，清政府令全國普練新式陸軍，以北洋營制餉章包括軍服統一全國新軍。但實際情況並未能一致。

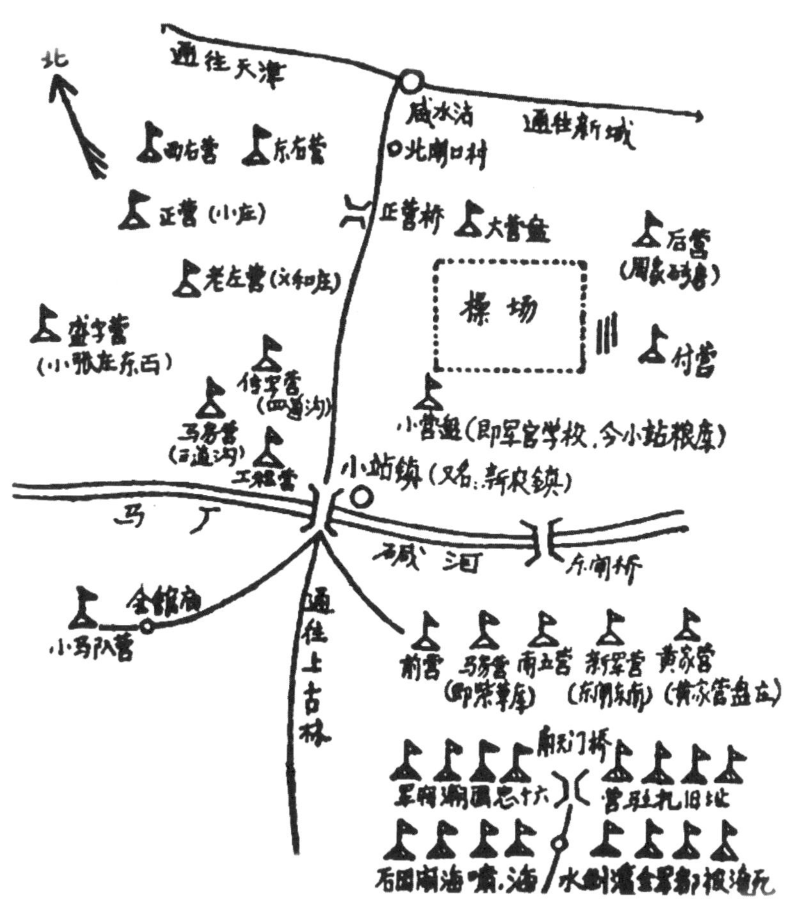

小站練兵營盤示意圖
袁世凱上任後，將定武軍改為「新建陸軍」擴充到7000人，分步、騎、炮、工、輜重五個兵種，聘用德國人為教官。新建陸軍以鎮為編制單位，雖然名稱與淮軍相似，但實際上與西方軍隊的師、旅、團、營、連、排相吻合。每鎮兩協（相當於旅），每協兩標（相當於團），每標三營，每營四隊（相當於連），每隊三排，每排三棚（相當於當。鎮設統制官，協設統領官，標設統帶官，隊設隊官。

小站練兵時的袁世凱 這時的袁只是個直隸省裏的按察使，人們都説他在戊戌變法是沒出兵幫光緒。聽聽袁的話吧：「他們看我在小站練兵，手中有兵權，其實那時的兵權是虛的，小站7000兵只有槍沒有子彈，練打靶時由天津彈炮局派專人送到小站，監督打靶，發多少子彈，回收多少彈殼。我駐在小站，聶士成的毅軍在灤州，董福祥的甘軍在武清，遙遙數百里間，處處牽制，焉能達到，即到亦焉能成事？」

當時中國社會結構的變化，在於原有的儒生—農民—手藝人—商人範圍之外，軍人有了新的社會地位；軍官學校出身的軍官，取得了過去只給儒生保留的一些特權。

《三大紀律八項注意》的前世今緣

據報導，1973年12月12日，毛澤東主持中央政治局會議，宣布八大軍區司令員對調。會上，毛澤東建議與會者共同演唱《三大紀律八項注意》，並由他來親自領唱。可讓毛澤東沒有想到的是，他自己領唱的歌曲，卻最早來自於袁世凱。

據劉華清將軍回憶：這曲子最早是他們從鄂豫皖蘇區的民歌《土地革命完成了》改編而來，但該民歌的曲調來自於馮玉祥的《練兵歌》；馮玉祥五音不全，不通曲律，這《練兵歌》的曲調是照搬張作霖的《大帥練兵歌》；張作霖鬍子出身，和音樂八竿子打不著，他也是轉抄了張之洞的《大帥練兵歌》；張之洞更不是曲作者，這曲調原來是南北秋操時，從北洋袁世凱的《大帥練兵歌》學來的。

這樣毛澤東和袁世凱對上了。其實，政治思想工作不是毛澤東首創的。老袁也做。

袁世凱的政治思想工作是委託新建陸軍參謀營務處總辦徐世昌做的。這徐世昌就是後來部隊政委和美軍隨軍牧師的鼻祖，文宣工作是他的分內事兒。

徐翰林果然了得，於詩文書法繪畫外，還寫得一手好打油詩。經過袁司令的修改和首肯，中國軍隊最早的政治思想工作歌曲誕生了。

《大帥練兵歌》
朝廷欲將太平大局保，
大帥統領遵旨練新操，
第一立志要把君恩報，
第二功課要靠官長教。
第三行軍莫把民騷擾。

北洋軍中的軍樂隊 這是北洋第三鎮的軍樂隊。中國軍隊用洋樂隊，始於袁世凱。

唱著普魯士風格的曲調，北洋第三鎮第二協的士兵邁著我們熟悉的步伐前進。

我等餉銀皆是民脂膏，
第四品行名譽要愛好，
第五同軍切莫相爭吵。
……

徐政委寫好歌詞，缺少曲子。沒辦法，中國文人歷來是只填詞不作曲的。人家不屑作曲也不會作曲，更沒聽說有作曲這一行。

徐天天聽兵營裏的德國教官依依呀呀地哼著小調，便多了隻耳朵。聽著聽著，感覺有點兒意思，特別是那種進行曲最讓老徐提氣。

於是老徐做了中國文人中第一個棄《念奴嬌》曲牌於不顧的開山祖，選了首普魯士軍歌《德皇威廉練兵曲》的曲調來為他的《大帥練兵歌》填詞。

這下徐世昌牛大了！

他沒想到，這首與軍區司令袁世凱合作完成的歌曲，不但成了革命和「反革命」軍歌的藍本，還成了我們激情燃燒的歲月裏最讓人記住的兩首歌曲曲調之一。（另外一首是《國際歌》）

而且在1984年洛杉磯奧運會的開幕式上，袁世凱、徐世昌帶入中國的這首普魯士風格的曲調，被東道主美國的吹鼓手們演奏成為中國體育代表團進場的行進曲！

徐世昌（1855－1939），字卜五，河南衛輝人，幼年私塾，成年後在河南當文書和家館教師。1879年結識袁世凱，袁世凱資助其北上應試，遂中舉人。四年之後，世昌又中進士，先援翰林院庶吉士，三年後援編修。徐世昌因不見寵於大學士李鴻藻，李認為徐「虛矯過人」。

徐世昌在翰林院已是「板凳要坐十年冷」，到第十年終於有了轉機，袁世凱向清廷奏請徐翰林兼曾新陸軍稽查全軍參謀軍務營務處總辦（相當於秘書長兼參謀長），徐欣然就任。雖然編制、原職、級別均予保留，但總是以高就低；徐卻毅然離開翰林院，全力以赴，總攬全軍文案並參與機密，袁不在時且代理其職，從此成為袁的得力智囊。

袁世凱手下的龍虎豹

袁大將軍手下幹將千員，精兵十萬，然最得力的謂「龍虎豹」三人。龍者王士珍，虎者段祺瑞，豹者（也作狗）馮國璋。

這點，徐世昌看得最清楚。我們從《洪憲遺聞》的轉述中聽到他這麼一段話：「就軍人方面言，項城成功，所倚為干城者，為段祺瑞、馮國璋、王士珍三人，時稱北洋三傑也。」

袁世凱最得心應手的屬下當是段祺瑞。這個人意志堅強，文武皆通。但這些品質北洋軍人大都具有。

其最為可貴的素質，用現在的話說就是：政治上過硬，有大局意識，有國際視野。在用人制度上搞五湖四海，不搞自己的小圈子。他給自己定下「不抽、不喝、不嫖、不賭、不貪、不占」的規矩，反腐倡廉，一身正氣。

至於缺點嗎？也有，那就是：說話不注意方式方法，不能團結廣大人民群眾一道前進。

用徐世昌言簡意賅的一句評語：「段素性倔強，長陸軍有年。」

段是炮兵專家，正宗的「德國造」。這裏有他當年在克虜伯射擊場上的「颯爽英姿」。

段祺瑞

別看段祺瑞是個海歸，他和現在的海歸一樣，回來後發現各種有利可圖的位子都被本土「有豐富實踐經驗」的行伍出身的人佔據了。他只好到二線，到有軍事培訓班性質的威海隨營武備學堂任教官。

是袁世凱這個另類官員將段祺瑞從不能吃預算的教書匠鍛造成我國第一個炮兵司令員。其實直接的原因還得說是滿人蔭昌。

話說當時在德國的中國學生裝束奇特，尤其是腦後拖著的長辮子經常招致德國人的圍觀與訕笑。一日，段祺瑞在遭受恥笑後回到寓所，怒氣沖沖要剪掉那條可恥的辮子。

1890年段祺瑞（右二）在德國克虜伯公司的埃森梅噴射擊場。

同學立即勸阻，認為剪辮子還是先電告朝廷為好。他們於是致電軍機處，轉奏朝廷請求剪掉辮子。朝廷回電大加訓斥段祺瑞等，堅決不許剪辮子，加之隨隊「政治指導員」蔭昌的勸阻，段祺瑞只得作罷。

過了些年，袁世凱要蔭昌推薦人才到小站，蔭昌第一個想到的就是這個剪辮子的段二愣子。

說袁世凱另類就另類在這裏，朝廷請「大帥練兵」，他不找根紅苗正的苦大仇深者，卻找來一批王倫式的知識份子？這些人還不是一兩個，一說一籮筐：段祺瑞、馮國璋、曹錕、靳雲鵬、王士珍、段芝貴、陸建章、李純、李長泰、鮑貴卿、陳光遠、王占元、田中玉、何宗蓮、張懷芝、景啟、劉錫鈞、唐國治、李得勝、楊汝欽、崔朝俊、韓輝增、趙學治、何蘭芬、王風崗、孫鴻中、丁得勝、徐邦傑、任永清、梁華殿、張錫藩、劉承恩、李天保、吳鳳嶺、李壬霖、申保亨、汪本崇、勞本泉、傅憲武、張心全、吳佩孚、王者化、張文元、胡思光、吳鼎元、孔慶塘、滕毓藻等。

實踐是檢驗真理的唯一標準。當時清廷不是袁世凱一人在練兵，更不是他一人在帶兵，充其量他只是個「按察使」，練了老半天也只在榮祿武衛軍中充武衛右軍。為什麼以後的幾十年就他手下的這些王倫們馳騁中華？

段祺瑞是其中頗有代表性的一個人物。筆者觀察他多年，感覺這個人的一生頗多可圈可點之處。請看這段：

庚子事變後，兩宮從西安回京。沿途各地官吏都行跪拜大禮迎送。1901年11月，兩宮鑾駕進入直隸轄區，直隸總督袁世凱令多支部隊分地段迎駕。開始幾支隊伍都行跪拜禮，偏偏行至段處時，段祺瑞全副戎裝，腰挎軍刀，昂首挺胸，率領全軍將士持槍列隊，整裝肅立，按營隊在道路兩旁排成方陣，以操典式的軍人姿勢走向御駕：立正！敬禮！

段的迎駕方式，使隨駕的載灃等王公大臣既驚訝又氣憤，認為此舉簡直是大逆不道。經過詢問知道段是按照德國式操典訓練行迎駕之禮的。不管怎樣，榆木疙瘩的清貴們對段祺瑞不請示，不彙報，自作主張打破祖宗規矩的行為頗為憤怒。

坐在轎子裏的慈禧看到這支部隊氣勢威嚴，軍容尤為雄壯，感到銀子沒有白花，非但沒有怪罪，心中反而一陣暗喜。段祺瑞就這樣逃過一劫。

袁世凱對段是一等眼睛相看。因為他除了一個軍人腦子外，還生了一個政客的腦袋。

還記得段祺瑞那篇慷慨激昂、臨門一腳的軍人奏章嗎？

共和國體，原以致君於堯舜，拯民於水火，仍因二三王公，迭次阻撓，以至恩旨不頒，萬民受困。現在全局威脅，四面楚歌。……事於今日，乃並皇太后、皇上欲求一安富尊榮之典，四萬萬人欲求一生活之路而不見許。祖宗有知，能不恫乎。蓋國體一日不決，則百姓之兵燹凍餒死於非命者日何啻數萬。瑞等不忍宇內有此敗類也，豈敢坐視乘輿之危而不救。謹率全體將士入京，與王公剖陳利害。祖宗神明實式鑒之。揮淚登車，昧死上達。

著清朝朝服的段祺瑞 第一軍總統官，並署湖廣總督，官位正二品的段祺瑞以一紙通電壓垮清廷，成就其「三造共和」中的「一造共和」。

寫得多得體，充滿著愛國主義情操，卻又刀光劍影地暗示，不退位，就將率北洋軍兵臨城下。

袁世凱說破了嘴皮子都不能讓皇室退位，老段這寥寥數百字便發揮了千軍萬馬的

效應。

隆裕太后見已無法再拖時間，而且關於清室的優待條件也基本確定了，就於1912年2月12日發布諭旨，宣布退位。至此，統治中國長達二百六十來年之久的清王朝宣告垮臺。

2月14日，袁世凱當上了臨時大總統。

這就是北洋龍虎豹中老虎段祺瑞「三造共和」中最得意的「一造共和」。

北洋三傑龍虎豹中的龍——王士珍也是炮兵科班出身。這人長得不像虎背熊腰的軍人，倒像一個白面書生。的確，這個人帶兵打仗並不擅長，而是擅長運籌帷幄，為袁世凱出點子。

這個大將軍的特點是一個「小」字，怎麼說？

他人長得小小的，練兵打仗愛琢磨些小點子，業務上愛搞些小發明，生活上小富即安。

如果光這些個「小」，他最多是條小龍。其實他表面與世無爭，骨子裏卻很有主意。

庚子後，袁世凱去山東當巡撫，王士珍任軍事參謀。時濟南、泰安、東昌、曹州等數十州郡義和團運動風起雲湧，王士珍為袁世凱提出了一整套鎮

王士珍（1861－1930），字聘卿，號冠儒，漢族，河北省正定縣牛家莊人。他憑藉過人的才智和卓越的政績，得到袁世凱的青睞，先後擔任軍政要職，直到北洋政府國務總理，被譽為北洋「三傑之龍」。

壓義和團的策略：先行勸解，然後以武力相威，如仍不從，再捕殺首犯，解散脅從。結果大獲成功。

1900年6月，端、莊二王派了一個義和團的首領，拿著清政府的令箭去找袁世凱，說端王命令袁世凱安撫義和團，允許設壇繼續操練。袁非常吃驚，立即召集僚屬開會商議。群僚認為：如答應設壇，義和團將興盛起來，造官府的反；如不答應，難免受到端、莊二王的嚴厲譴責。

這時王士珍站起來說：「請交給我來審問吧！」王立即將義和團首領以盜竊端、莊二王令箭之罪推出斬首。此時袁召集的會議還沒有散，袁問王：「審問得怎麼樣？」王答：「已經處決了，可以把令箭封起來送還端、莊二王。」袁世凱頓時醒悟，十分佩服王士珍處事「明決」。

王士珍的資歷比較完整，當過兵，讀過軍校，上過前線，死裏逃生過。所以袁世凱在天津小站練兵，王士珍一開始就被任命為講武堂總教習。他完全按照德國陸軍的營制、操典訓練士兵。

1898年2月，榮祿來小站檢閱，路過海河，河面不寬，尚有冰凍。王士珍用特製的帆布做橋，搭於冰上。榮祿的步兵、騎兵、炮兵從橋上通過，行如坦途。這種帆布橋稍加整理後即為小舟，可供游渡，若拆卸折疊，極易收藏攜帶，榮祿看後更為高興。等到檢閱完畢回去再過海河時，王士珍仍為他架設帆布橋，榮祿擔心天已漸暖，冰河解凍，會有危險。王士珍稟告說：「不用擔心，三天後冰凍方解。」後果然如此。榮祿深服王士珍料事精確。

凡是重要軍情袁必問王：「聘卿審核否？」上奏或下發的文稿袁也一定讓王圈閱修改，臨發前還要讓王審閱。因此當時不少人稱王為「龍目」，即袁的「眼睛」。袁世凱向慈禧太后保奏說：「王士珍多年隨臣當差，知之最悉，切實可靠。」王隨後被任命為北洋陸軍第六鎮統制。

辦事不含糊的王士珍卻在政治上含糊了。辛亥革命後，他跟不上形勢，標榜自己忠於清廷，辭官退居家鄉正定城內。

所以民國的歷史上，這個人的故事不多，只在張勳復辟時，此公命令京城守城部隊打開城門，讓辮子軍像潮水一般湧入城中。後來，又同張勳等把十二歲的溥儀抬出來宣布清帝復辟。

段祺瑞、王士珍和馮國璋同為袁世凱手下的「北洋三傑」，卻各有各的

特點：王平時善操權謀於腹中，段常行兇殘於形外，馮則以貪婪置他人於不顧。

辛亥革命後，段、馮影響均超出軍界，寫入政史。故論其在後世的知名度，則龍不如豹，更不如虎。

豹是馮國璋。他也是秀才出身，參軍打仗之餘，喜歡寫點心得體會，馮叫這些為「兵書」。

1896年3月袁世凱看了這些「兵書」，視為「鴻寶」，譽馮「軍中學子無逾公者」，任用其負責訓練新軍，任督操營務處幫辦兼兵學堂監督，旋又升督操營務處總辦，興辦軍事學堂。

1897年，馮國璋編《新建陸軍兵法操典》，又與王士珍、徐世昌、段祺瑞合編《訓練操法詳晰圖說》。

馮國璋 畢業於北洋武備學堂，曾任北洋步兵學堂總辦兼督練營務處總辦。歷任統制和第一軍總統官，江蘇都督。黎元洪辭職後，馮國璋進京任理總統。

在袁看來，馮國璋政治上不怎麼合格，腦瓜子直了點兒。載灃以「足疾」將袁世凱職權剝奪，馮國璋藉口「值西陵與祭，墜馬受傷」，和原配吳夫人病喪、母孫太夫人逝世為由，請辭回籍，均未獲准，反靠逢恩詔官加一級。所以馮國璋一直對清廷感恩戴德，但仍忠於袁世凱。

辛亥革命後，馮被任命為第一軍總統官，1911年10月29日開始攻打漢口，11月1日攻克漢口，11月27日攻陷漢陽，並隔江炮轟武昌，他攻下漢陽後，清廷以戰功授予馮二等男爵，馮激動得先大笑然後大哭，說想不到我一個窮小子竟然封爵了！一定好好報效朝廷。當他準備乘勝追擊時，袁馬上派段祺瑞代替了他。調馮北歸，兼任禁衛軍一萬二千人的武裝總統官。

清帝退位後，馮國璋把自己的花翎官帽珍藏在家裏，多年後，才剃去一直保留著的小辮子。袁世凱將自己的家庭教師周氏許配給馮國璋，以便監視控制，馮也曾因稱帝對袁生出過怨望，但聽到袁去世，馮國璋抱頭大哭。

馮國璋被稱為北洋三傑中的「豹」，他作戰強悍迅速，一貫以清朝舊臣自居。他待人寬厚，八面玲瓏，各方討好。

馮國璋斂財能力特強。曾經將皇宮內明清兩代后妃放生的、掛有金銀牌沒人捕撈過的魚賣掉，得大洋８萬。

他的經營活動大多集中在金融和地產上，在老家擁有良田千畝，在江蘇南通與人合辦鹽墾公司，占地70萬畝，擁有幾個錢莊，死後遺產有2600多萬元；此外，馮國璋還保存一大批舊槍炮，以備將來復起使用，直到死後人們才發現這個龐大的軍火庫。

馮信風水，他相信河間一塊黃龍灣地能讓他發達，去世後偷偷埋在那兒，並且建了很多地下室，以存放財寶。而將政府給他的國葬墓弄成衣冠塚。

和袁世凱一樣，北洋的這撥人，說新不新說舊不舊，半新半舊，亦新亦舊，還可新可舊。

其實，人要在社會上做點兒事，不都這樣？由著真性情來，必死無疑！特別是您想玩政治。

山東巡撫任上，義和團發不了功

環渤海灣地區，自古以來，民間大多好習武。義和團、紅燈照就是在這塊肥沃的土地上開花結果的。

1899年冬天，袁世凱到義和團的重災區山東，任山東巡撫。他帶來了7000人的新建陸軍。一水兒的新式裝備，浩浩蕩蕩，一時間成了濟南府的一大風景。

他一到濟南就命令地方：傳教士外出，要當地官吏派兵護送。還以「充作公所」的名義把各教堂保護起來，如濟南天主教堂的大門上就掛出了「官書局」的大牌子。

袁世凱的五姨太那時是袁的新娘，她1930年代還能清楚地記得那會兒的故事：

庚子年春天的一天，老爺讓我跟他去小清河校軍場。我坐在士紳、太太堆裏，老爺請濟南名士及大小文武官員，觀看法師神術。

提督程文炳，從小站就跟著老爺，見老爺對義和拳神功猶豫，特推薦一位大師給老爺表演。

老爺請法師上坐，問他：「大師一旦上法，果能避槍彈？」

法師說：「神仙附體，當然！」

老爺一指校場，說：「請！」

程文炳命火槍手30人，持後膛槍向法師開火。一陣轟然聲響過，法師原地站立，毫髮無損。

老爺大喜道：「我中華有此神人，何愁洋人不滅！」又說：「取我的洋槍一試。」

這是一把德國教官送他的勃朗寧。老爺對準法師，「叭叭」兩槍，只見法師搖晃一下，仰面倒地。

我們都看傻了，軍士們也驚慌。喚來馬弁去瞧瞧，馬弁回來報告：「大帥，法師的眼睛睜著，面帶微笑！」老爺遠遠地喊：「大師請起，袁某服了！」沒動靜。再呼人視之，回報：「大帥，法師可能……可能升天了。」

老爺急步上前，只見法師胸腹各一洞，血流如注，定死無疑。老爺沉著臉，命賞銀500兩厚葬，返身離去。

在場所有的人議論紛紛。程文炳緊隨老爺身後，一勁兒求告：「大帥……大帥……」老爺頭也不回地說：「我不怨你。你想讓大家信義和拳，要誤國呀！」

原來30名火槍手，遵程提督命，提前將彈頭卸掉。從此老爺認準義和拳是妖佞之徒，在全山東鎮壓，好多人都跑到直隸境內。

義和團是慈禧提倡的「愛國主義運動」。等吃足了苦頭的慈禧緩過氣來，發現整個北方就袁世凱管轄的山東局勢相對平靜。這才想到袁沒有跟著瞎起哄的好處來。

戰敗後漫長的外交活動期間，慈禧發現，整個北方就山東有完整的電報收發系統。所以朝廷的旨諭都以濟南為樞紐，經過袁之手，拍發到全國。北京、天津和直隸境內的電杆、電線、鐵路已被義和團全部搗毀。

如果說小站練兵讓袁世凱小有名氣，山東巡撫任上的700天，則使他亮相國際舞臺，走紅朝廷。

庚子事變時被義和團拆毀的火車站與火車頭。

義和團士兵的著裝。

永平府（今秦皇島市盧龍縣）義和團團員。

山東巡撫時期的袁世凱和其生母劉氏

1902年10月，袁世凱的生母劉氏病逝，慈禧下諭祭奠劉氏，賞正一品誥命。袁世凱帶著老佛爺的諭旨和封賞，親自扶靈回鄉安葬母親。

按照豫東一帶的喪葬風俗，繼室（袁生母劉氏為繼室）死後不能葬入祖墳正穴。以袁世凱當時山東巡撫的身分，加上慈禎剛剛賜給母親的無上殊榮，不能葬進祖墳的正穴，袁世凱的面子自然掛不住。但袁世敦以自己嫡長子的身分，堅決不肯讓步。袁世凱和袁世敦大吵一通，徐世昌和河南巡撫都親臨調勸，非但無效，反而更惹惱了袁世敦。袁世敦一不做不二休，乾脆拿出市井草民的潑皮手段，在袁家居喪期間竟然穿上大紅袍子鬧起喪來。

風光一路的袁世凱在兄長那裏顏面喪盡，卻又無可奈何。袁世凱只得另選新墳地喪母。至此，袁世凱發誓，今生今世再不回項城，永遠與長兄世敦斷絕往來。這是袁世凱一生中最後一次回項城老家。

在義和團期間，憑藉訓練有素的軍隊，袁世凱幾乎是中國唯一能保護外國人安全和財產的總督。在其後任另外一些職位時，他增強了軍隊力量，計畫讓中國軍隊成為能被世界各國承認的軍隊。（《紐約時報》）

洋人第一次發現，「半野蠻人」中還有如此頭腦清醒的官員：禮遇教民，治下軍隊紀律嚴明，奉行和洋兵「井水不犯河水」政策，甚至暗地裏還幫助臨近省份前來避難的中外人士。

外國人的工商活動在山東沒有受到嚴重的傷害。而在袁世凱上任之前，山東的義和團是洋人最難對付的。

魯人恨教民的欺凌，多同情於拳眾的排外思想，見袁氏竭力壓迫他們，全都大憤，而以「漢奸」、「二毛子」詬罵袁氏。

街巷間也時有大書咒罵袁的文句的，就像今天的貼標語呼口號一樣。等到津京的禍變釀成之後，大眾才一下子改變了論調，而歌頌袁撫台不停口了。

京津官紳避難者，麇集濟南，全都有到了樂土的感覺。濟南城的市面，

山東巡撫時期的袁世凱

袁世凱這時年方40歲，正值壯年。過去五年，他吃住在軍營，用心血帶出一支王牌軍隊。在經受過八國聯軍的打擊後，清國最精銳的武衛軍前、後、左、中四軍基本被擊潰，只有袁世凱的武衛右軍絲毫沒有受損。慈禧不得不正視他。

繁榮氣象，倍於平日。說到袁撫台，沒有不說他是山東的福星，中國的偉人的。（《凌霄一士隨筆》作者：徐凌霄、徐一士）

袁世凱自己也說：在山東巡撫任上，一共做了兩件大事，一是剿辦山東境內的所謂「拳匪」；另一件是在八國聯軍入侵時期「保境安民」。

與此同時，袁世凱著手籌辦新政。1901年辦官立山東大學堂，是全國各省中最早興辦的官立大學堂。他推動設立了銀元局，創辦商務總會，並親蒞膠東，力保膠濟鐵路的順利修建。

是年1901年，袁世凱42歲。

1901年11月7日，經榮祿、奕劻等推薦，袁世凱署直隸總督兼北洋大臣。28日，清廷以其「共保東南疆土」、「卓著勳勞」，加其太子少保銜。

1902年6月9日，實授直隸總督兼北洋大臣。

直隸總督袁世凱，全國勞動模範

慈禧看到日本成功的例子，也挺想學的。「上有所好，下必甚焉」，直隸總督袁世凱來勁了。

40多歲的他樣樣走在別人前面。方方面面都顯得才幹突出，咄咄逼人。其成績單有：

建立以「北洋六鎮」為骨幹的現代化陸軍；

設立「保定陸軍學堂」、「軍醫學堂」等一大批軍事院校；

創辦北京、天津兩市的現代化員警部隊。

興辦新式學堂，據1907年統計：

專門學堂12所，

實業學堂20所，

優級師範學堂3所，

初級師範學堂90所，

師範傳習所5處，

中學堂30所，

小學堂7391所，

女子學堂121所，

蒙養院2所，

……

總計8723所，

學生16.4萬多人，人數位居全國第二；

學務資產四百八十萬兩，名列全國第一。

他提倡辦實業，在天津設立直隸工藝總局，聘請後來當選為美國總統的史丹佛大學礦業學畢業生胡華（即胡佛）為顧問。

到辛亥革命前夕，直隸省工礦企業達137家，資本總額達2920萬元以上。袁世凱在工商業者心目中地位大大提升。

一個山東巡撫，一個直隸總督兼北洋大臣，這兩個差事使他好評如潮，而且是中外聞名。

袁到任，首重練兵，練兵就是練錢。袁世凱一上任就擴軍備戰，這錢從哪兒來？

《紐約時報》給出了答案：

北京，1月26日。中國官員發現，皇室成員在逃出北京之前把價值超過一億兩白銀（大約七千萬美元）的金銀埋藏在皇宮內眷居住的地方。

朝廷已經批准從中每年撥給直隸總督袁世凱五百萬兩白銀，用於在直隸地區維持一支十萬人的軍隊。

袁世凱被授予中國陸軍和海軍的實際控制權，他建議在陸軍聘請日本顧問、在海軍聘請英國顧問進行指導。

直隸總督袁世凱 40多歲，沒有什麼背景的袁世凱坐上了「總督中的總督」——直隸總督位子。一坐7年，把直隸省建設成「晚清的大寨」，各項工作都是兄弟省學習的榜樣，參觀者絡繹不絕，連中國歷史上的第一次普選也讓他試過了。

據說慈禧西狩回鑾後，發現臨走時埋下的銀子沒丟，高興得不得了。

別看慈禧是太上皇，她老愛錢是一個公開的秘密。死後留給兒媳婦隆裕太后的銀子，辛亥革命後給袁世凱以軍餉的名義掏空了。且聽曹汝霖說法：

袁世凱恐宮中內帑，留為後患，於是以軍餉無出，前方軍心動搖不能擔此重任為詞，奏請辭職。

隆裕太后沒有閱歷，何能洞，總理既以軍餉無出為辭，不能空言慰留，又無它法籌措，遂將慈禧太后歷年積蓄之金條盡數交出，共有三十餘箱，合銀六百萬兩之譜。

這批金條，都是督撫關道等所進之賄賂，每條都黏有臣某恭呈字樣，余曾目睹。

查那會兒封疆大吏，三品以上官，一年半載就挪換位子，原來這是太后斂財的好機會。

袁世凱得了每年500萬兩銀子後，便增募新軍，改良武器裝備。

1903年，袁世凱一次就從日本進口步槍、馬槍一萬四千桿，手槍六百五十支，各種炮六十四尊，以及大批彈藥等，共值銀一百二十萬兩。

到1905年，袁手上已經有了北洋常備軍六鎮，精銳兵力八九萬人，逐步形成一個以其為首腦的北洋軍事政治集團。

治官，袁也有一手。便是沒收人家灰色收入和小金庫，考核官員，訪調官員政績。

他派遣官員出國考察學習，命令直隸州縣實缺官員必須赴日學習3個月，經考察確有所得後才能赴任。

保定府派員訪日後，向袁提出：仿照日本稅法，改良直隸稅法一項。袁世凱批示「大致可採」。

1907年老袁還實現了中國歷史上的第一次「普選制」選舉，這就是「天津議事會」的選舉。

1907年，天津《大公報》的創始人英斂之，考察北京的立憲，發現多數報紙內容猥瑣，賭場生意興隆，飯館藏汙納垢，官員只知吃喝玩樂，處處靡靡之音。這讓他大失所望。但他所在的天津，卻是一派新氣象。

直隸總督、北洋大臣時期的袁世凱像 李鴻章逝世後，袁世凱署理直隸總督兼北洋大臣（翌年改為實授）；袁世凱受命進駐天津，創建了中國第一支警察部隊。後清政府籌辦新政，成立「督辦政務處」，袁世凱又兼任參予政務大臣、練兵大臣。他在保定創設北洋軍政司（後改為北洋督練公司），自兼督辦，開始編練北洋常備軍，即北洋軍。

二十世紀初天津的直隸總督府近景

天津直隸總督府鳥瞰（白線內） 同治九年（1870年），清廷將天津、營口和煙台三個口岸的通商事宜，劃歸直隸總督管理，並將北洋通商大臣一銜授予直隸總督。直隸總督多駐在天津，在冬天外貿淡季，才回到保定。此府1937年遭日軍轟炸，成為廢墟。

中國第一次地方選舉——「天津縣議事會」選舉

袁世凱與八國聯軍將領在中國首家「外交飯店」利順德大飯店合影 1902年8月15，經過長時間的交涉，八國聯軍交還天津城，袁世凱代表清政府接管了天津政權。

沒有一個晚清官吏能在同樣短暫的時間內比袁世凱取得更多的改革成就。（《劍橋中華民國史》）

然而，地方上行得通的，京官難啊！

1907年進入軍機處的袁世凱，到了北京才知道，在全中國做點兒改動是多麼的難。最嚴重的時候，據說連慈禧都哭著說，「我如此為難，真不如跳湖而死。」

袁世凱和慈禧太后

慈禧的家學底子您是知道的：漢語能說會寫，但水準不是很高，常出錯別字；滿語聽力尚可，口語不行，書寫更不行。

絕不能讓肅順看笑話，這是剛走上領導崗位的小寡婦慈禧的決心。

於是慈禧拼命地學習。為了一本《治平寶鑒》，她放下身段，經常由大臣們隔簾為其講解，從中學到了很多統治術。

慈禧太后不像傳統意義上的女人，又處處散發出女人的氣息。她有很多古今婦女身上的通病：

首先是憑感性和情緒化地管理幹部隊伍。後宮的太監和她走得近，她就認真聽他們的意見，有時軍機處擬的旨也讓小太監給意見掉了。

其次，知識儲備還是不夠。太后她的那些治國理念大多來自於《玉堂春》、《秦香蓮》，最多是《鴻門宴》。這就不奇怪她罵起兒皇光緒來用的那些反問句，什麼：「難道祖宗之法沒有他洋夷的那套好？」

第三，不務正業。是個女人都愛美，這沒錯。可您不能什麼權都攬，攬下了又沒時間管，整天琢磨那些個鳥糞美容法、蛋清刮臉術，誤了國家大事。

就這麼個山西長治來京的女務工人員管了國家，還管了四十七年，而且是中華民族最緊要處的四十七年。能說咱們不是多難之邦嗎！

然而也有一樣好，就是無知者勇。慈禧太后聖賢書讀得不多，用人膽大且生猛。

眾男簇擁下的慈禧（1907年左右） 年紀輕輕便守寡的她從不缺各類男士的簇擁和笑臉。這是慈禧唯一一張「不正經」的照片，大概是去看戲。

說句公道話，慈禧為中國的京劇事業確實沒少嘔心瀝血！她一生不知道審查了多少齣戲，用高薪養了多少京劇名角，這才有了今人開口閉口的「國粹」。

李鴻章，一身江淮痞子氣，她用。

袁世凱，大學文憑都沒的河南二愣子，她也用。

可以說，蘭貴人用的這些人個個擲地有聲，都是晚清的風雲人物。髒活、累活和苦活大多由這類漢臣做了。那些琴棋書畫俱佳，錦繡文章譽滿天下的名士，都讓她供在翰林院裏當擺設。

奇怪，從曾國藩到袁世凱，慈禧太后大多喜用中部地區的漢人。可能這個地區人多地少，一個位子十個人爭，要想出人頭地就得加倍努力。

《紐約時報》給她的評價蠻高：

當慈禧太后在世的時候，清國有領袖。那時，人人都很清楚誰是國家之舟的舵手。她統領整個民族，再精明的男人也要按她的吩咐去做。當她一離開人世，儘管是個女性，清國也馬上感到自身缺乏強大的領袖。在慈禧太后有生之年，她為女性參政樹立了榜樣，她創造了全世界女性的巔峰之作。

她受人尊敬，有教養，政府的官員向她俯首稱臣。在她之前，在古老的

中國，沒有任何領袖嘗試過憲制。在她有生之年，她使君主立憲制在中國成為可能。（1910年10月2日）

不知為什麼，慈禧第一眼見到袁世凱就覺得特別順眼。

本來嘛，一個山西人，一個河南人，搬了太行山就是一家人。

袁世凱對慈禧，那可是功夫用到了家，細微處都事先在腦子裏過了遍。所以留在慈禧腦子裏的印象都是美好的。

曹汝霖在其《一生之回憶》中有段文字很能說明袁世凱：

兩宮召見（我）前一日，袁項城自海淀別業電話召見。

時項城已入軍機，春夏之時，兩宮在頤和園聽政，各軍機大臣，都在海淀有別業。

余遂驅車至海淀別業，以為必有事垂詢。豈知見後即說，你明日初次召見，故特召你來將應注意的儀注告你，這種過節，不可不知，以免失儀。

遂將怎樣進殿，怎樣跪對等等應注意的事，一一告知。且謂應備一雙護膝蓋，琉璃廠有售的，恐跪久即麻，起立不便云。

余深感其關切之意，謝之辭出。

抽大煙的慈禧 我們應該理解慈禧，20多歲便守寡，接著獨子又夭折，平時還要和人鬥。雖說是其樂無窮，可是也累啊！乘著「被畫」的空閒，老太太抽袋煙。

瞧，袁世凱教了多少見太后的招兒，連到琉璃廠買護膝都知道。

想想，那會兒袁世凱已經入軍機，理論上就是政治局常委一級的人啦！

遙想庚子年，袁世凱對慈禧太

1902年，袁世凱率領衛右軍護衛兩宮回鑾 為了控制軍隊，清政府於1898年將不同形式編練的北洋各軍統編為武衛軍。在與八國聯軍交戰中，前、後、中、左軍全部潰敗，只有1899年隨袁世凱移防山東的右軍得以保存。

后是用足了心機。

患難見真情，就是在這次慈禧一生中最大的劫數中，袁世凱真正讓慈禧感動了一回。

辛丑合約簽訂後，兩宮回鑾。袁世凱在山東各地急忙採辦大宗綢緞、日用品及食物，另備白銀20萬兩，派人專程去太原上貢。

1901年12月15日，袁世凱由濟南親自到直隸省順德府迎接兩宮聖駕。

袁世凱望見太后御輦來到，便匍匐道左、跪請聖安，隨即放聲大哭。眾大臣一看都大吃一驚，因為這是一件犯忌的事兒。

按清朝制度，王公大臣除了國喪舉哀大哭外，平時絕對禁止對皇上哭泣。

隨駕官員見袁觸犯天條之舉，都替袁擔心。慈禧太后也覺得很奇怪，便問袁世凱為何要哭。

袁世凱抽泣著回答：「臣見聖容消瘦，痛徹肺肝，不覺失禮，忘卻大罪在身。」

慈禧聽了袁的回答，反倒安慰說：「瞧你這孩子，咱們今天能夠見到面，總算是菩薩保佑，現在你也用不著再傷心難過了。」

慈禧以其「共保東南疆土，盡心籌畫」的卓著勳勞，加封他太子少保銜，並賞黃馬褂，特許紫禁城騎馬。

袁世凱得到了他一生中最愛聽的名字「袁宮保」。

從這天起，袁世凱便成了太后面前的紅人。太后下一個十年，基本依靠的左右手就是此君。最多時，袁世凱名下頂了十大差事：

直隸總督

北洋大臣

參預政務大臣

會辦練兵大臣

辦理京旗練兵事宜大臣

督辦電政大臣

督辦關內外鐵路大臣

津鎮鐵路大臣

京漢鐵路大臣

會議商約大臣

當袁世凱開缺回籍，《紐約時報》回憶其和死去的太后關係時說：

只要著名的慈禧太后活著，她對袁世凱是完全信任的，而且袁世凱在中國對外關係上幾乎有著同樣的實權。

袁世凱組建中國現代軍隊，丟棄大刀長矛和粗俗的吶喊口號，取而代之的是經過歐洲將領精心訓練，穿著整齊軍服的士兵。（1909年1月2日）

這就是老寡婦慈禧太后真正少不了袁世凱的地方。袁能讓她憧憬到一支列強式的虎狼之師，而且是自己的，聽她慈禧指揮的。

更要緊的是袁世凱「乖」，懂得老婦人的心。

這不，1902年11月，老太太60大壽時，「該員」花了1萬兩白銀，從香港購進了一輛美國產小汽車作為壽禮送給了慈禧。

慈禧太后當年的坐駕

問：「此乃何物？」

答：「轎子車。」

於是「轎車」一詞誕生了。

宮裏其實很沉悶，慈禧早就想「與時俱進」一把。於是慈禧興致勃勃地乘坐汽車去頤和園，隨從們則抬著大轎在後邊追著跑。

然而，汽車剛剛開出宮，慈禧突然發現擔任司機的太監孫富齡不僅與自己一樣平起平坐，而且坐在自己前面。

原則問題，慈禧從來不馬虎，她頓時大怒，喝令孫富齡跪著開車。被嚇破膽的孫富齡只好跪下開車。

跪著開車怎麼開啊！這不比酒後駕車還危險嗎？

於是這車暈暈乎乎，搖搖晃晃，幾次差點兒撞到人。好在那會兒的北京，人口只有現在的十分之一，太后才逃過一劫。

嚇得一身香汗的慈禧，立馬三刻就恨起洋人。

唉，洋人到底靠不住！於是慈禧換回大轎。

走進轎子裏，聞著熟悉的氣息，吃著遞進來的冰鎮金瓜。

一聲「老佛爺起駕——！」這一聲啊，此刻聽來是如此的順耳。

至此，一顆忐忑不安的心才歸於平靜。慈禧喃喃地自語道：這不能怪袁

隨著西方堅船利炮的引進，各式西洋舶來器物也陸續傳抵中國。左圖為德國明信片上描繪的騎自行車的中國青年男女，男青年頭上還留著長辮；右圖為並排行駛的中國舊式馬車和西方的汽車（1905年），這都成為晚清社會獨特的風景。

世凱，還是老祖宗的法子好！

這就是老婦當國活的寫照。

袁捲入了後慈禧時代的權力鬥爭

1908年11月14日，光緒帝載湉因病在北京瀛台涵元殿逝世，享年38歲。

僅僅一天之後，慈禧太后也因病去世。

與此同時，以袁世凱為首的篡國奪權集團加快了他們反清陰謀活動的步伐。

霹靂一聲震天響，1909年1月2日，英明的攝政王載灃一舉粉碎了袁氏反國集團。

從隨後朝廷發布的詔書中得知，袁世凱背著清朝中央政府和美帝國主義密謀什麼「互派大使」的勾當。

為了體現朝廷的「給出路」政策，清廷根據「其現患足疾，步履維艱，

Le Petit Journal

並排躺在棺木中的慈禧太后與光緒皇帝，成為法國Le Petit雜誌在1908年11月29日（星期日）那期的「封面人物」。該刊在報導中明確指控這位終年73歲的中國太后在臨死前毒死了37歲的皇帝，並評論道：「當然，至今所有針對慈禧太后的謀殺指控，都是建立在推理的基礎之上的，沒有得到更為直接的證據支持。但一個母親被公認為殺子凶手，無論事實真相如何，她的母親角色無疑是十分失敗的了。」

難勝職任」，將袁世凱永遠開缺回籍。袁世凱夾著尾巴灰溜溜地離開首都北京，溜回了他的河南老家。

似曾相識的歷史告訴我們一個道理：從古到今，不管用什麼話語，都掩蓋不了一個事實，那就是——

伴隨一個大人物的消失，一定會有一次劇烈的變動，我們稱之為能量釋放。就如同地震是地下能量長期積累的瞬間釋放一樣。

這兩個月來朝廷很吊詭。

要麼不死，一死就是成雙成對。成雙就成雙，雙雙死去的卻是一對政治上的死對頭。更加蹊蹺的是兩人的死，中間只隔了20小時。（光緒前一天傍晚，慈禧後一天午後1點。）

最不敢相信的是慈禧臨死前還從「死對頭」的親弟弟家中又找了個「接班人」。難道慈禧老糊塗了，不知道弟弟會為哥哥報仇，不知道親弟弟會調查她「毒死」哥哥的事兒？除非「謀殺」一說子虛烏有，否則就是慈禧老糊塗了，殺了人家的哥哥還讓人家弟弟當道。

為什麼慈禧找載灃當這個攝政王？載灃的弟弟載濤另有一說：

愛親覺羅．載灃（1883－1951），封與醇親王，字「伯涵」（一說「亦雲」），號「靜雲」，晚年自號「書癖」，改名「載靜雲」；清攝政王，末代皇帝溥儀生父。

▶醇親王和他的兩個兒子，右為溥儀。

慈禧太后執掌政權數十年，所見過的各種人才那麼多，難道說載灃不堪大任，她不明白嗎？我想絕不是。她之所以屬意載灃，是因為她觀察皇族近支之人，只有載灃好駕馭，肯聽話……慈禧太后到了自知不起的時候，光緒帝雖先死去，她仍然貪立幼君，以免翻她從前的舊案。

「謀殺」一說在當時就很喧囂，以至於引起大洋彼岸《紐約時報》的摻和。1908年11月17日，慈禧死後2天，該報發表評論：

沒有證據顯示是謀殺

懷疑皇帝和太后死於謀殺的謠言四起，儘管如此，至今沒有充分的證據顯示他們是非正常死亡的。皇帝已經被病痛折磨了很長時間，在他的後半生一直處於身體虛弱的狀態。慈禧太后多年以來肩負著治理國家的重任，在最近的幾個月中她的健康每況愈下。11月3日太后的生日慶典過後，她的肺充血引起了高燒。

負責診治皇帝和太后的醫生們表示，這兩個人的身體都遭到了極端天氣的侵害，儘管如此他們仍然認為用現代的醫藥進行治療會取得一定的效果。

慈禧太后在死前頒布詔書追封自己為「偉大的皇太后」，並且指定光緒的皇后葉赫那拉氏成為新太后，由溥儀繼承光緒的皇位。

關於有人謀殺光緒帝，康有為最起勁，在東南亞的檳榔嶼，他會見記者，說「證明前皇帝的死與袁世凱有關」。

《紐約時報》檳榔嶼，1月8日——今天在一次訪談中，1898年變法失敗後被從北京驅逐的著名中國改革家康有為宣布袁世凱已經被結束了高等職位。原因是他在前皇帝的死亡中起了關鍵的作用，並且袁世凱可能會因為與此事有關聯而被審判。

全世界都鬧得沸沸揚揚，載灃不可能不知道這些「指控」。如果這些「指控」針對的是王世凱或李世凱，這只是每天發生在中國大地上的成千個

THE SIX GREAT STATSEMEN OF CHINA.

張之洞閣下　攝政醇親王殿下　慶親王殿下　袁世凱閣下
岑春煊閣下　那桐閣下

攝政王及內閣重臣

「指控」之一，本來中國人就不團結，有了利益糾葛更是如此。攝政王載灃會一笑了之。

可是這是袁世凱，一個手上掌握著呼風喚雨能力的人啊！

朱東安教授的這段話很準：

對滿洲貴族來說，更為糟糕的是，咸同時期湘淮軍雖稱盛一時，但湘淮軍外尚有八旗、綠營、練軍等武裝力量。

就湘淮軍而言，亦有曾、左、李、劉等諸多派系，相互牽制。而到了北洋軍時代，八旗、綠營、湘淮軍、練軍都已退出歷史舞臺，新式陸軍一統天下。

只是新軍的編練，雖然遍地開花，風行一時，清政府也打算在全國建立三十六鎮新式陸軍，但直到武昌起義爆發也沒有完成這個編練計畫。其初步成軍的部隊雖有二十幾鎮，但真正練成者僅直隸六鎮七萬人左右，湖北一鎮一協一萬八千人上下。其他各省皆未練成。

且北洋軍全部德國裝備，由德國軍官訓練，精銳冠絕一時，非他省新軍所可比。

此時，李鴻章、劉坤一早已去世，張之洞也已年老體衰，致使軍界、政壇都一時成為袁世凱一枝獨秀的局面。

這樣，那拉氏往日對付湘淮將帥的那些法術，也無所施其伎了。

瞧，慈禧太后到了晚年也拿袁世凱沒轍。這已經成了一個人數只占整個國家總人數1%左右的滿清統治集團的一塊心病。

《載灃罷袁》這齣戲很中國：

光緒在被囚禁期間，每天在紙上畫大頭長身的各式鬼形，寫上「袁世凱」三字，然後撕成碎片。

又經常畫一烏龜，龜背寫有「袁世凱」三個字，然後貼在牆上用小竹弓射擊，射爛之後還不解氣，還要再取下來剪碎，「令片片作蝴蝶飛」。

更玄乎的是，還有人說光緒臨死一言不發，唯用手在空中寫了「斬袁」兩字。

光緒在臨終之前一天，囑託親弟弟載灃一定要誅殺袁世凱，為自己報仇雪恨。

嗚呼，中國的歷史往往和說書、演義、武俠小說糾纏在一起。也難怪，由於訴說對象大多是引車賣漿者流，非用點兒猛料不能震住「看官」。

所以，看歷史，必須要用常識判斷史實。更何況，浩淼史料前，咱也不能指著老祖宗的那支筆。

都說載灃懦弱，其實他在開缺袁世凱的事兒上做得還是很到位的。26歲的小夥子，一上來就幹得這麼漂亮，著實難得。

載灃先將袁世凱定性為「擅自與美國談互派大使事宜」的外交錯誤。要知道，外交無小事，事事是大事。從外交上下手，可大可小，載灃便有了主動權。另外，朝廷同仁認為外交是老袁的強項，先殺殺他的威風，給他一個下馬威，也算給14級，五品以上的幹部開一個吹風會，讓大家重新站隊。

然後交張之洞等軍機大臣廷議，民主集中制，這可是咱們中國老祖宗的集體智慧啊，行之有年了。

接著根據清廷的慣例進行處理，體現載灃沒有公報私仇，是「按律辦事」。

處理時對袁世凱本人「給出路」，並且派員去北洋，充分肯定絕大多數

北洋同志是好的，中央充分肯定前段時期的辛勤工作。對馮國璋要求調離領導崗位的請調報告，中央不予考慮，並給予記一等功一次的嘉獎。

事發後，外國媒體紛紛發表評論。這是第二天《紐約時報》相關報導的標題：

給袁世凱的詔書據信出自滿族當權者的陰謀，懼怕革命性的暴亂，放逐袁世凱的理由是「腿患風濕」——其職位由那桐接替。

《紐約時報》一個月內發了十多條袁世凱被開缺的消息和評論。實際上，事發當天就登了長長的文章：《中國一代梟雄，現代軍隊組織者》。

大清國人有點兒風吹草動，外國人就抽風。

袁世凱這次真給嚇著了

君要臣死臣不得不死。此時的袁世凱如喪家之犬，惶惶不可終日。

這回，袁世凱不僅下野開缺回籍，還被奉步軍統領衙門之命前來護衛實則監視的袁得亮一步不離地跟上了。但袁得亮此人生性愚蠢，又不通文墨，而且貪財好利。

袁世凱對他周密照顧，與他拉上了宗族關係，大量奉送金銀財物投其所好，「將其拉攏下水」。

袁得亮不僅把每月向步軍統領的報告交給袁世凱的幕僚捉筆，還把肅親王派密探到河南的消息也如實相告。

袁是個要面子的人，遇到此等不風光的事兒，和眾人玩起了「躲貓貓」。誰想到，在去天津避難時，還是給英國人「海魯君」撞到了：

頭等車內僅三數人，我找了一處近暖氣的地方坐定。

這時上來一人，穿得很樸素，毛髮有點兒鬢白。他的隨從甚多，坐處與我相對。

我見其僕人給他放下一束新聞類報紙，他立刻拿起來翻閱，兩點二十五

清末北京火車站 全稱為京奉鐵路正陽門東車站，位於前門大街東側，始建於1903年，1906年正式啟用。上圖為北京火車東站前的紮彩牌樓。

清末天津火車站 下圖為老天津站被八國聯軍炸毀後，於1901年由英國工程師勘測設計，原址重建，設備更加完善的旅客車站，於1902年竣工。

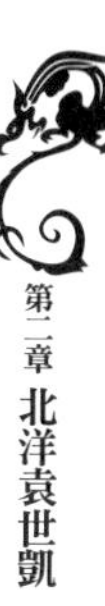

分，車過豐台，他閱報已有四十分鐘左右，還端坐不動。

這時有僕人又置些酒類於茶几上，車上的僕人小心翼翼地伺候著他。

我用英語詢車上的檢票人，知道這是清國軍機大臣袁世凱。

四點三十分，車到老龍頭，袁下車，即乘一華麗馬車往西行去了。（編自佐藤鐵治郎的《袁世凱》）

根據相關資料，我們重播整個事件的過程：

1908年底，慈禧死前問之於軍機大臣立儲之事。別人一言不發，袁說：「國家多事之秋，宜立長君以主社。但事關重大，應候慶王回京，再行決議。」

光緒、慈禧死後，社會上關於袁世凱弒君之說喧囂。有一京報說光緒死時留五百字的遺言要殺袁世凱。佐藤鐵治郎說：「奈其後謠言紛起，君臣之間勢難融洽。」

為此載灃開始解決袁世凱去留問題。

幾天後，慶王府告之「將對袁不利」的消息，袁惶惶然如喪家之犬，無計可施。「時大有草木皆兵之勢」。

1909年1月2日，袁世凱往內廷，走到殿廷的時候，早被買通的當值太監將他攔住，偷偷地對他說：「袁大軍機可不必入內，今日攝政王怒形於色，聽說嚴懲諭旨即下，恐怕對袁大軍機不利，宜早籌自全之策。諭旨如何嚴峻，則非我輩所能得知。」

袁世凱驚慌失措地回了家，然後在張懷芝的保護下前往天津。

袁到天津，先至德國飯店，飯後至袁世凱親信、直隸總督楊士驤衙門，住署後花園。楊士驤帶來了北京的消息，說「罪只及開缺，無性命之虞」。袁世凱聽後長舒了一口氣。

其眷屬於是日晚車亦到天津，住德國飯店。

第二天早車，袁世凱復回北京，其眷屬乘午車亦回京。「聞其來天津，一則與楊士驤有密商事件，一則支取銀行存款，匯往河南。至其眷屬來津，實因惶恐所至。」

同一天，袁世凱終於見到了那道上諭：「軍機大臣外務部尚書袁世凱，夙承先朝屢加擢用，朕御極後復予懋賞。正以其才可用，俾效馳驅，不意袁

世凱現患足疾，步履維艱，難勝職任。袁世凱著即開缺，回籍養痾，以示體恤。欽此。」

後，楊士驤和自己家的所有人打招呼，切不可說袁住署內。哪知道他的僕人還是告訴了外人。

袁回家後，袁世凱幕僚張一麐已經逃避。袁家僕人見張逃，亦皆惶惶。後有問張何故逃避。張謂：袁宅內藏有快槍數百支，如果被緝出，其禍還了得？我等每月只得若干金，都是我們以心血與文字換來，無什麼交情可言，怎麼能與他共禍？問其知袁宅中藏此利器幹什麼用？張曰：我怎麼知道他的心思！

三天後的清晨，風蕭蕭，京城寒，袁世凱即攜眷屬回籍。

送行者寥寥無幾，只有楊度和學部侍郎嚴修等數人送至車站而已。袁說：「二君厚愛我，良感，顧流言方興，或且被禍，盍去休。」嚴說：「聚久別速，豈忍無言！」楊答「別當有說，禍不足懼」。

這一次真的把我們的袁大將軍嚇著了，一夜間將軍老了。回到河南後，暫居河南汲縣馬市街。後來成為袁之親信的王錫彤，第一次去拜訪他，看到「袁公方五十一歲，鬚髮盡白，儼然六七十歲人」。

自此攝政王完勝，袁世凱盡敗。

袁世凱與攝政王載灃

為什麼攝政王上臺一個月就將袁世凱開缺回籍？

說到回籍養痾這事，溥儀告訴我們一個故事。在說這件事前，先必須說一個慶親王奕劻和慈禧的故事。

宣統溥儀是載灃的長子。一次他在翻閱父親載灃的日記裏無意間看到了一段文字：

「十九日，上朝。致慶邸急函一件……」

接著又看到了這句：

「二十日，……慶王到京。」

這段時間正是慈禧生命走到盡頭的前夕。這裏有什麼不能言狀的地方，

欲言而止？

慶親王奕劻是和李鴻章庚子年辦外交出名的。他與11國代表經過艱辛的談判，保住了慈禧的腦袋和位子，讓慈禧感謝不盡。

這以後慶親王的四格格經常到老佛爺面前走動，這鬼丫頭精著呢。溥儀說：「如果西太后無意中露出了她喜歡什麼樣的坎肩，或者嵌鑲著什麼飾品的鞋子，那麼不出三天，那個正合心意的坎肩、鞋子之類的玩藝兒就會出現在西太后的面前。」

從此奕劻一再加官晉爵，以一個遠支宗室最低爵位的輔國將軍，逐步進到親王，官職做到總理各國事務衙門。

溥儀接著說：「當時人們議論起王公們的政治本錢時，說某王公有德國後臺，某王公有日本後臺……都只不過各有一國後臺而已，一說到慶王，都認為他的後臺誰也不能比，計有八國之多。因此西太后從那以後非常看重他。」

慶親王和袁世凱可以說是兩塊牌子一套人馬。據徐世昌透露：「慶王府裏無論是生了孩子，死了人，或是過個生日等等，全由直隸總督衙門代為開銷。」

對於袁世凱，《我的前半生》寫道：「戊戌政變後，西太后對袁世凱一方面是十分重視的，幾年功夫把他由直隸按察使提到直隸總督，外務部尚

左起：德齡、四格格（慶親王奕劻的四女）、慈禧、元大奶奶（慈禧內姪媳）、容齡。

書，恩遇之隆，漢族大臣中過去只有曾、胡、左、李才數得上。另一方面，西太后對這個統率著北洋新軍並且善於投機的漢族大臣，並不放心。當她聽說袁世凱向貪財如命的慶王那裏大量地送銀子時，就警惕起來了。」

可是慈禧也不是萬能的，當她想開缺慶親王時，消息輾轉傳到了外國記者的耳朵裏，北京還沒有別人知道，倫敦報紙上就登出來了。英國駐北京的公使據此去找外務部，訊問有無此事。西太后不但不敢承認，而且派鐵良和鹿傳霖追查。此事便見光死了。

溥儀說：「但對於袁世凱，她沒有再猶豫。光緒三十三年，內調袁為外務部尚書，參加軍機。明是重用，實際是解除了他的兵權。袁世凱心裏有數，不等招呼，即主動交出了北洋。」

當時在袁身邊做謀士的唐在禮透露了袁府的感受：

前後幾年的政爭暗流，到1906年顯出了波瀾，清廷排斥漢官的情況就日趨嚴重了。

袁到此時，覺出情況照此發展下去，對他十分不利，然而要反抗又沒有確保勝利的實力。他於是決定在彰德秋操之後，主動向清廷奏請交出第一、三、五、六四鎮，建議改歸兵部大臣直轄。」

七十有二的老太后正在籌劃著下一個步驟的時候，她自己病倒了。

這時慈禧又忽然探到一個驚人的消息：袁世凱準備廢掉光緒，擁戴奕劻的兒子載振為皇帝。

溥儀夾敘夾議說：「不管奕劻如何會辦外交和會奉承，不管袁世凱過去對她立過多大的功，也不管他們這次動手的目標正是被她痛恨的光緒，這個以袁世凱為主角的陰謀，使慈禧馬上意識到了一種可怕的厄運——既是愛新覺羅皇朝的厄運，也是她個人的厄運。因此她斷然地做出了一項決定。為了實現這個決定，她先把奕劻調開，讓他去東陵查看工程，然後把北洋軍段祺瑞的第六鎮全部調出北京，開往深水，把陸軍部尚書鐵良統轄的第一鎮調進來接防。等到奕劻回來，這裏一切大事已定：慈禧宣布了立我為嗣，封我父親為攝政王。但是為了繼續籠絡住這位有八國朋友的慶王，給了他親王世襲罔替的恩榮。」

載濤

接著是光緒帝的死。

一天後慈禧死。

老天注定了這個未完成的故事必定要由爛好人的攝政王載灃來完成。

從載灃那只說半句的「慶王回京」裏可以看出，他完全知道這件事情的性質。

如果屬實，袁世凱便做了件「自絕於人民」的壞事。

讓我們重現案件現場調查舉證的經過：

慈禧臨死前，一定最不放心這件事兒，要繼承者好好查查。

載灃查了，沒有證據。再查，還是沒有。

這時，大嘴巴康有為在國外大聲疾呼：是袁世凱殺了我們英明的皇上。

那些吃月銀的旗人，又奔走於冷落多時的茶樓，三人成虎地描述了袁世凱謀殺光緒的所有細節。

載灃想：不管這事兒有和無，有一點是確鑿無疑的，袁世凱眼下是唯一一個有能力，也有實力做大逆不道之事的人。如今天下是我們父子的天下，我要為小兒掃雷。

據載灃的親弟載濤回憶：

正好這時肅親王善耆和鎮國公載澤向載灃秘密進言，「此時若不速作處理，則內外軍政方面，皆是袁的黨羽。從前袁所畏懼的是慈禧太后，太后一死，在袁心目中，已無人可以箝制他了。異日勢力養成，消除更為不易，且恐禍在不測。」

沒有政治鬥爭實際經驗的26歲的攝政王，當機立斷下了搬掉袁世凱這座大山的決心。

以上很多情節來自於比較權威的溥儀。和歷史上其他一些說法一樣，其實都沒說到點子上。

想想，一個持續了四十七年的體系，轟然倒了。一定會帶來一系列的大

地震和大動盪。

康熙偉大不，當政六十多年，讓後人等待時間太長，一朝機會來了，就是子女的爾虞我詐。

史達林主政三十多年，死後也是一個「亂」字。

為什麼？

政權要不斷地與時俱進，做些微調，矛盾才能在變革中化解。慈禧太后一人霸著局面，一當就是四十七年。懾於慈禧之威，皇族親貴中縱有門戶派系也不敢張揚。

四十七年！親身經歷一下才會知道有多漫長，多可怕！

多少欲望還未實現就「自然規律」地消失了；多少錯誤，被慢慢地化為仇恨；多少誤會，被慢慢地釀成了下一場戰爭的導火線……

公子哥兒一輩子的溥儀，1960年代通過學習，進步不小，他學著新社會的詞兒說：「殺袁世凱和保袁世凱的問題，早已不是什麼維新與守舊、帝黨與后黨之爭，也不是滿漢顯貴之爭了，而是這一夥親貴顯要和那一夥親貴顯

順承郡王殿下　恭親王殿下　惇親王殿下　傅倫貝勒殿下
慶親王殿下　皇太后陛下　宣統皇帝陛下　攝政醇親王殿下　肅親王殿下

清朝末代皇室

要間的奪權之爭。」

倒袁世凱，載灃沒做錯，問題恰恰出在後來。將袁世凱扳倒，他一下子進了自家三個兄弟。他拿捏不好，且吃相難看！

載灃監國攝政後，皇族親貴內部的權力爭鬥日益激烈，逐漸達到了白熱化的程度：洵貝勒總持海軍，兼辦陵工，與毓朗合為一黨；濤貝勒統軍咨府，侵奪陸軍部權，收用良弼為一黨；肅親王善耆好結納勾通報館，據民政部，領天下警政一黨；溥倫陰結議員為一黨；隆裕以母后之尊，寵任太監張德為一黨；載澤是隆裕的姻親，握財政全權，創設監理財政官鹽務處為一黨；監國福晉雅有才能，頗通賄賂，聯絡母族為一黨。（胡思敬《國聞備乘》）

這幫少壯清貴，大概是做得順手了，於是將手伸向了地方。從不扎眼的路權開始下手，沒想到惹了大禍，乃至一發不可收拾。

因為少壯清貴們的敗筆，才有了離休老幹部袁世凱的東山再起。

紐約時報記者訪問袁世凱

1908年6月14日

托馬斯・F・米拉德

北京，4月20日訊：

在西方人的眼裡，長期以來代表大清國形象的，只是從四萬萬芸芸眾生中站出來而非常突出和確定的幾個人而已。正是這些人扮演著重要的角色，或許能夠開闢出一條道路，以迎來一個新中國的誕生。

托馬斯・F・米拉德畫像

袁世凱是這些人物中非常突出的一位，他也確實在這些趨向進步的高層官員中被推認為第一。雖然他步入政界已經超過30年，但在過去的10年裡，他才成為這個國家的要員，並且

在過去的三年四年裡提升了自己的國際聲望。

改革的事業：李鴻章遺留下的使命

1901年李鴻章去世之前，我曾和他有過短暫的談話，他的頭腦非常清醒並且仍然關注著國家的未來。在生命彌留之際，他把一些年輕人召到床前（其中就有袁世凱），並把改革大清國的使命交到了他們的手中。

人們發現，在大清國凡是有職位的人當中，對袁世凱的評價是多種多樣的。我就聽說過他被稱為政治家、改革家、煽動家等等，還有一些稍微不同的其他稱號，而每種稱號後都會跟著一大堆詳細的描述。人們正在逐步接受這樣一種看法，即袁世凱是大清國當代最重要的人物！

袁當然不是大清國改革運動之父，但他能讓改革繼續進行下去。他富有才幹，野心勃勃。在李鴻章死後留下的政治真空中，他看到了自己將成為大清國政治舞台第一角色的機遇。他也從清日戰爭和『義和拳』叛亂中正確地汲取了教訓。他認識到，大清國將不可避免地發生巨變。

袁世凱答美國記者問

我非常非常願意與袁討論，因為這讓我有機會了解在東方危機的問題上袁自己的觀點。但正當我準備記錄時，袁卻把話題轉到了美國總統的競選上。他說雖然他是西奧多・羅斯福總統的崇拜者，但同樣也相當推崇塔夫脫先生（美國第27任總統）。去年秋天，塔夫脫先生在上海發表了對大清國很友好的講話，這給清國上下都留下了極深刻的印象。

談到美國時，袁說道：「我一直期待著訪問美國。在所有未訪問過的國家裏，最吸引我的就是美國。這也許是因為，在我周圍，有很多年輕人都是在美國接受教育的。但是我覺得，儘管我們兩國政府在形態上有明顯的差異，但實際上，美國比任何一個西方國家更接近我們的體制。我已經注意到，受美國教育的大清國人民，比受歐洲教育的更能容易地將他們所學到的知識運用於我們國內的管理。並且據我所知，貴國政府的基本規則也與我國政府極為相似。」

"JAPAN HAS NO MORAL SUPERIORITY OVER US OR RIGHT TO DIRECT OUR FUTURE."—YUAN SHIH KAI

Li Hung Chang's Successor in Political Leadership Tells of Reforms That Are Needed Before Genuine Autonomy Is Restored to China.

何處最需要初步的改革

「我們內部的管理體制必須從根本上加以改革。」袁說道，「但這卻是一件說起來容易做起來非常難的事情。因為它牽涉到要徹底改變甚至推翻現行體制的某些方面。而這個體制已經存在了許多個世紀，諸多因素盤根錯節

THE ILLUSTRATED LONDON NEWS, FEB. 24, 1912.—295

FOLLOWER OF A DYNASTY WHICH ENDURED FOR 267 YEARS.

DRAWN BY A. C. MICHAEL.

OMNIPOTENT: THEN AN EXILE: NOW IN POWER AGAIN: YUAN SHI KAI, PRESIDENT OF THE PROVISIONAL GOVERNMENT OF THE CHINESE REPUBLIC.

Yuan Shi Kai, elected President of the Provisional Government of the Chinese Republic in place of Dr. Sun Yat Sen, who resigned in his favour in company with the Revolutionary Cabinet, has cut off his pigtail, the badge of Manchu servitude; although he still shows strong desire not to wound the feelings of the fallen, by deprecating any general rejoicings over his occupancy of the Presidency. He it was, it will be remembered, who was called out of exile by the Imperialists in the early stages of the crisis to become Viceroy of Hunan and Hupeh, and suppress the growing rebellion. Into this exile he had been sent in January of 1909, when he was handed an edict which told him that, as he was unexpectedly suffering from an affection of the foot which made it difficult for him to go about his duties properly, he must resign. Under the late Dowager-Empress he was practically omnipotent; and he it was, it is said, who arranged the three Edicts in which the Manchu dynasty announced the end of its 267 years' rule. The first of these contained the passage: "Let Yuan Shi Kai organise, with full powers, a Provisional Republican Government, and let him confer with the Republicans on the methods of establishing a union which shall assure the peace of the Empire and of forming a great Republic uniting Manchus, Chinese, Mongols, Mohammedans, and Tibetans."

《倫敦新聞畫報》上的袁世凱畫像

地緊緊交織在一起。就民意支持的狀況而論，我感到可以肯定的是，如果給我們時間再加上機遇，我們無論如何都能夠實現改革的大部分目標。」

「最需要改革的是什麼 ？」我問道。

「我們的財政制度、貨幣流通體系以及法律結構。只有做好了這些事，大清國才能恢復完整的主權。而且，也只有等它徹底恢復了主權，才能真正理順國家正常的經濟和政治生活。這三項改革中的任何一項都與其他兩項有著密不可分的依賴關係。」

袁用下面的話結束了我們之間的交談。他說這是他首次正式接受外國記者的採訪，並且他希望利用這個機會表達他對美國總統及美國人民的誠摯問候。當然，袁在某些話題上是有所保留的，這是很自然的事，並且在這種環境下無疑也是非常恰當的。毫無疑問，袁對自己目前在大清國政治舞台上所面臨的危險非常清醒，他不但十分明瞭這些危險的源頭所在，而且也知道這些危險在他前進的道路上可能會發生怎樣的作用。

第三章
尋找消失的洹上村

袁世凱開缺回籍，隱居洹上，突然從巔峰跌入深淵，讓世人惋惜不已。經過三年的潛伏，袁的聲望達到了高潮。沒有洹上村就沒有袁大總統！如今，這個曾經的中國第一村已經消失，但是在這裏我們讓其復活了。走進洹上村，便走進了袁家的深處。

洹上村，中國第一村

中國曾經有這麼一個私家院：它的面積比大觀園還大，圍牆高度和故宮有得一拼。為它，中國鐵路特在此設一小站；當年，半個中國的權貴都要來此「朝拜」。

可是它僅僅在這個世上活了半個世紀，便銷聲匿跡，無影無蹤了。如今只留下一塊冷冰冰的石條，靜靜地躲在兩里外的牆角旮旯裏。

「洹上村」這三字多麼誘人啊！一個「洹」字就有近四千年的分量，洹水，那是產生《詩經．國風》的「在水一方」啊！

去歲，我裝著滿腦子的「意境」去了洹上村，卻一下子涼了半截！中華兒女多奇志，敢叫洹上換「新」天。僅僅90年，特別是伴隨著近些年城市化的發展，這裏已經成了典型的城鄉結合部。只見簡易房套簡易房，筒子樓接筒子樓。公路上瀰漫著柴油味，野貓草狗在苗圃稀疏的大樹間叫春。

詢問當地安陽人，無人能指認洹上村的確切位置。說到袁世凱，洹水邊的老者有話要說：你說這老袁也算個「帝王級」的人物，這些年來，就沒給咱們帶來實實在在的好處。瞧人家和珅那個「恭王府」，聽說每年能進這個數！（說著伸出五個彎曲的指頭）

是啊，這怪誰呢？誰叫你這位河南老鄉讓一個福建籍的「我黨理論家」陳伯達給加了頂《竊國大盜袁世凱》的桂冠？

至於和珅嗎，人家如今已經成了喜劇演員，逗了十三億人樂了五六年，而且好歹還留下個「恭王府花園」。

袁世凱呢？

洹上村呢？

洹上村石條（王鳴鐸攝）

洹上村是怎樣消失的

河南彰德府城北的洹上村是由袁世凱於1909年花銀數十萬兩，歷時2年陸陸續續建成的。可是只風光了三年，便走向了死亡！

經查，洹上村死亡倒計時是這樣的：

1927年，馮玉祥出陝入豫，佔領豫北。這位「基督將軍」使出慣用手法，和他的老上級袁世凱做最後的切割。他將洹上村內之器具、書畫、古玩等拿到開封府去兜售，名人書畫扇面一元一個，並在洹上村舊宅上開辦了「彰德高級中學」。

1938年，日本人在洹上村村北修建了一塊軍用機場，據說彈藥庫就設在村北的雞舍鹿苑上。這回日本人總算報了朝鮮的一箭之仇！

1947年至1949年，解放軍二野的山炮對盤踞在洹上村一帶的國民黨40軍進行了猛烈的炮擊。

安陽解放後，人們發現洹上村已是破敗不堪，少數房屋毀於戰火，九個四合院的門窗幾乎全部被人拆走。

最後的一擊是1954年。那一年安陽工人文化宮神奇般地屹立起來。它的牆體內有洹上村「寨牆磚半數」。與此同時，洹上村「養壽園」內的珊瑚奇石全部用於安陽市區「三角湖公園」的社會主義建設。據說當時隨便一個小小的「股級」幹部就可以批個條子，來洹上村就地取材。至此，洹上村徹底消失了，留下的空地迅速地為「人多力量大」所產生的龐大人口解決了容身之地。

安陽市工人文化宮封頂留念 1954年，從洹上村拆來的免費「清」磚「清」瓦和木料蓋了這個文化宮。據說蓋好後，還有數萬塊洹上村的磚放在工地上任其自生自滅（反正也不要錢買）。2009年，我聽說文化宮拆了，要翻新蓋樓，專程從北京趕去，結果，連塊像樣的磚都沒見著。晚了！

洹上村消失算什麼？

其實洹上村的消失算個什麼？偌大個中國，找不出中國人不敢拆的。圓明園大不，悠久不？當年英法聯軍一下子消化不了，是誰將這近2000畝的一個皇家園子，用螞蟻搬家的方式拆成了今天這個「帝國主義侵略罪證」？

不信請看右邊一組1860年英法聯軍火燒圓明園後，長春園諧奇趣廢墟的圖片。

圍繞著圓明園，150年來出現了一個完美的食物鏈：英法聯軍選擇最貴重的東西搶劫；帝王、軍閥和政客如攝政王載灃之流拆一些大水法、海晏堂、諧奇趣等大型西洋樓構件，運到自個兒家中「裝點此關山」；燕趙土匪掠奪剩餘的精華；京郊大地上的小民則撿拾委棄於道途的零碎；守園太監也趁火打劫，監守自盜；什麼也搶不著的人發揚中國人特有的吃苦耐勞精神，他們操起掃帚和簸箕，在園中道路上飛沙揚塵，嘗試篩撈散落、埋沒於塵土中的細碎寶物；接著連尊貴的燕京大學（燕京大學1952年改名為北京大學）也加入了這頓免費的午餐，弄來一對華表充「悠悠北大」。

掐指算來，林林總總，前後共有七八撥人吃圓明園。圓明園死得值！

洹上村算什麼？用「郭老」郭沫若同志的話說：年代太短，沒什麼考古價值。再加上幹這事兒的人有種「打土豪，分田地」的快感，十個洹上村也拆了。

我們也別心疼，其實自打袁世凱進了北京中南海後，袁的一大家子都拿了「進京指標」。如同阿慶嫂所說：人一走茶就涼。何況這村子本來就此一家，曠野孤院的，夜來周圍鬼火時隱時現，甚是陰森。所以那會兒就連留下收租的管家徐靜人也嚇得偷偷地搬到彰德府鬧市中的裴家巷21號院「袁氏小宅」去住了。

然而人算不如天算，三十年河東三十年河西，轉眼到了21世紀。如今旅遊火了，人家八竿子打不著的關係都闢為「名人故居」、「旅遊勝地」。南昌一夜間用400號水泥再現了「落霞與孤鶩齊飛，秋水共長天一色」的滕王閣，哪一朝也沾不上邊的上海在淀山湖造了個大觀園。硬體有了軟體更強，井岡山上出現十個「紅軍戰士」拉一個遊客的「動人景象」，湖南一夜間冒

▲長春園諧奇趣遠景（1875年拍攝） 當年輪廓還在。

▶ 1923年由日本情報人員發表於《亞細亞大觀》雜誌上。牆基本沒了，就剩下了一些柱子在風中矗立。

▼現在拍攝的長春園諧奇趣廢墟 趴在地上真的成了完全的廢墟，比3000年的羅馬鬥獸場還要廢墟。

出千百家「毛家私房菜」……

「激情燃燒歲月」的洹上村呢？

於是有人急了，不管袁世凱是何方的神仙，他都得為咱當地的GDP做貢獻。這才有人呼籲：「再造」一個新洹上村！

袁世凱為何對洹上村一見鍾情

古風吹皺的一泓洹水，從巍巍太行山脈的某處松林間出發，一路奔騰到安陽（古彰德府）。入平原後，洹水放慢了腳步，輕輕地流過關關雎鳩的在河之洲，它委婉曲折地在3000年帝都（殷墟）的安陽北城外畫出了一連串彎彎。

在一個叫郭家灣的地方，洹水向南500步，然後向東500步，接著又向北500步，最後緩緩東流，走回自己的老路，一路奔向衛河。

這一彎，彎出一個冠冕狀的郭家灣來。這一頂彎彎的冠冕啊，被一位匆匆的過客，一位老軍人無意間看到了，發現了……

古來何人戴冠冕？

冥冥之中，軍人袁世凱似乎有了某種心領神會，某種歸屬感。這一年是1906年！袁世凱正以大清帝國閱兵大臣之尊在「彰德府秋操」上大顯身手。

袁世凱選擇這個地方真是頗費腦筋。當我走在洹上村遺址時，用腳丈量

洹水岸邊的殷墟 此照拍攝於民國初年，想當年袁世凱來到郭家灣的洹水邊，看到的應該就是這樣的景色。因為這裏距離洹上村只有二里地不到。洹水九道彎，彎彎都是景。看到這樣的景色，袁世凱能不心曠神怡，一見鍾情嗎？

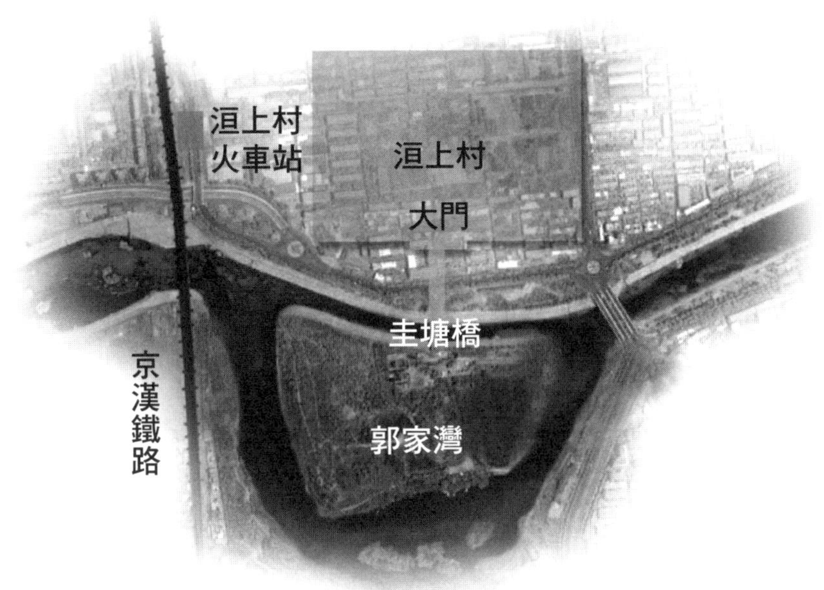

洹水邊郭家灣和洹上村方位想像圖 這是根據現在的衛星地圖繪製的洹上村方位俯瞰圖。瞧，洹水這一彎不就是一個倒置的官帽嗎？

郭家灣原址現在成了洹園 1993年對外開放的洹園是將冠冕狀的洹河拉直產生的一個大公園，總占地面積450餘畝。

周圍大地，便發現了一個秘密。洹上村的選址幾乎將袁世凱心中那些個上下古今讀得爛熟的故事全都串在了一起：看！洹上村坐落在享譽華夏的洹水之北，與洹水最近處只有百步之遙。向西看，洹上村離遠古都城——殷墟也只有千步之遙。朝東走，離兩宮與光緒帝庚子年間「北狩」回鑾之道只有300步遠。就在這次護駕中，袁世凱親率武衛軍一部鞍前馬後，日夜奔波，給慈禧太后留下了深刻的印象，成就了接下來八年的飛黃騰達。

「彰德秋操」後的第三年，袁世凱又回來了，跛著腳帶著一顆破碎的心回到了彰德府。這一次他不走了，他要生生死死在這片土地上了。

從此，周圍的老鄉看到了一位身材肥碩，脖子短短，兩眼炯炯有神的「一品大員」坐著四人大轎在工地上溜達（「當時我親自聽當地老百姓講，修建袁宅時很多人見過袁世凱坐著四人肩扛的太師椅在建築工地視察。」王碧岑：《我記憶中的安陽洹上村》）。長子袁克定負責設計監工，二子袁克文負責亭臺樓閣的詩文字畫，管家袁乃寬負責建造營運。全家人做得不亦樂乎。五個月後，一個大致正方形，集花園、住宅群、兵營以及小型農場、人工湖為一體的綜合性園林院落，便初具規模。

袁世凱大筆一揮，命名為「洹上村」。

從郭家灣看洹水北岸的洹上村（民國初年攝） 於一片綠樹中，悠然見洹上。此時你豎起耳朵，似乎都能聽到村中的雞鳴狗叫聲。難怪平素賦詩填詞顯得笨手笨腳的袁世凱，在這裏寫出了那麼多好詩。原來老袁醉了！

洹上村就只袁家一戶，別無他人。周圍十里八鄉的泥腿子叫不順洹上村這個文縐縐的名字。大嗓門一拉，一口一個「袁宅」、「袁寨」。

再現洹上村

袁世凱的洹上村到底啥樣，到目前為止，我們還沒有真正領略呢。此刻讓我們把時間撥回到難忘的1909年3月，讓我們跟隨袁世凱一行從河南衛輝（原為汲縣）的暫住處走進彰德府的洹上村瞧個仔細。

1909年3月，一列裝得滿滿的京漢鐵路局專車從河南衛輝開出，經過一個小時的北行，專車緩緩地停在了古城彰德府（今安陽）北郊，洹河鐵路橋之北的一個洹上村專屬小站上。袁世凱帶著住在衛輝的部分家人浩浩蕩蕩地下了車，住進了離小站500步遠的洹上村。接著，被打散了近半年的其他家人又從天津梁寶生（一個很有錢的商人）的家裏和北京錫拉胡同等

衛輝袁宅 袁世凱在未罷政前因葬母與項城同族發生齬齟，不願再回鄉，加之衛輝民情淳樸，文氣濃厚，交通方便，遂在衛輝購置此院，始稱袁宅。袁於1908年10月21日星月兼程來到衛輝（即汲縣）

袁世凱寓居衛輝時，潛心研究經史，與縣裏名士李敏修、王錫彤等相從甚密，共同討論古今興衰之策。袁世凱在衛輝所結識汲縣籍人士，大部分效力袁世凱並矢志不移。1909年秋，彰德洹上村袁府築就，袁世凱攜眷移去。不過，袁依然不斷往來於衛輝和彰德居住。袁世凱出山回京後，在汲縣又招收了一批錄書、馬弁、童僕、轎夫、警衛、伙夫、奶媽及建築人員帶進京都。

處陸陸續續地搬到這裏。從1909年3月斷斷續續搬到這一年的5月，前後搬了2個月！

春夏之際的圭塘橋邊，洹河春水漲滿了兩岸。從洹水上的圭塘橋一路延伸到洹上村大門前是一條由成排大樹組成的百步林蔭大道。

走在這條道上，聞著泥土散發出的香味，聽著婆娑暗動、沙沙作響的樹葉聲，袁世凱有了些許歸隱之樂。抬頭眺望，遠處洹上村的高大圍牆屹然聳立，仔細再看，高高的牆頭竟遮蔽不住牆內高聳入雲的參天楊樹，讓人有一種海市蜃樓的錯覺。這時我們的總督大人一定竊喜自己的高明：於造園之前先差人帶著銀子去各地買樹求花，讓院子中所有的植物都早早地接上地氣。這就是袁家的家庭教師楊景震所說的：「遷入時已樹蔭蔽天，不可極望。」

接上了地氣也就接上了命門。袁世凱信。

突然轎頭高唱：到啦，大門到啦！

五十出頭、被強迫「離休」的「老夫」袁世凱從轎子裏走出，舉頭環顧，只見正南的圍牆中間開了一個拱券式大門。門上方鑲有一塊橫條石，上刻「洹上村」三個大字，這是老袁自己新學的小篆體手書，寫時自覺功力欠缺，當時吩咐石匠不要刻名。

走進大門，袁世凱命家人:「關門！」下人一擁而上。可是兩扇千斤重的山木大紅門在六個大漢吆喝聲中就是紋絲不動。管家袁乃寬輕輕地說了句：這裏的門真像一個城堡的門。

說者無心，聽者有意，聞此言，袁世凱捋了捋日耳曼軍人式的牛角鬚，朗聲一笑。這笑聲是多麼的珍貴啊！宮保大人已經五個月沒這麼笑過啦。

「城堡」來自於一個一世的惡夢

袁世凱的三女兒袁叔禎（後改名為袁靜雪）回憶剛進村時看到的一切：「首先在住宅外面修了高大的院牆，院牆周圍還修築了幾個炮樓。當時的地

▶**洹上村前的大道**（民國初年攝）　可能離洹上村最盛時期不甚遠。大道邊遍栽楊樹，盡頭就是洹上村大門。這是目前唯一一張洹上村門前照，可惜還是看不清大門啥樣。當地的張有明老人說：「面南的圍牆中間開了一個拱券式大門，門口上方鑲有一塊橫條石，上刻『洹上村』三個大字，此為袁世凱手書。兩扇紅漆大門上，各有81個銅製泡釘，一對饕餮門環。門洞深邃，宏偉壯觀」。

圭塘橋 春夏之際的圭塘橋邊，洹河春水漲滿了兩岸。從洹水上的圭塘橋一路延伸到洹上村大門前是一條由成排大樹組成的百步林蔭大道。（孫清海攝）

袁世凱出生地（王鳴鐸攝） 據說袁世凱就出生在這間樓房的底層。袁克敏回憶說：「西邊前院的北屋比較古老，據老人講，袁世凱就出生在這座腰屋東間。」

方當局，還派兩營馬隊（叫做馬一營、馬二營）駐在那裏護衛著，看起來彷彿是一個寨子似的。」

是的，袁世凱應該笑。因為這就是他嚮往的「小城堡」，一個防禦性極強的「寨子」。

看到這個被沉重的大門和高高的圍牆圍得嚴嚴實實的「小城堡」，管家袁乃寬和袁世凱彼時肯定心有靈犀：這就是老家項城「袁寨」的彰德府版啊！

項城「袁寨」，那可是一個針插不進、水潑不進的真正的城堡！

安全，安全，再安全。穩妥，穩妥，再穩妥！這是袁世凱一生的座右銘。其世交徐世昌說：「項城為人，表面大開大闔，其實際先求千穩百當，方肯做去。」（見張國淦《洪憲遺聞》）

是啊，一個從淮河流域鬧「捻子」的地方走出來的人，從小聞到的就是「袁寨」城牆下的血腥味。想當年，「捻子」來去一陣風，馬隊走過揚起遮天的塵灰。5歲的袁世凱發現，每月總有那麼幾回，子夜一過，於燁燁油燈下，擔驚受怕地聽著寨外成百上千的捻子騎著馬呼嘯而過。抖索了一晚上，第二天便會傳來多少多少里地外的某寨某「圍子」，由於寨牆不堅，全寨老小多少多少口被「捻賊」殺得一個不留。這時候，西北方向飄來一股帶鹹味的血氣，老母牛氏一定會戰戰兢兢地念叨：感謝你爹你叔，咱們的寨子沒事兒，否則……

否則怎樣？

袁世凱呼啦啦地吃著羊肉豆麵條，沒敢往下想。

自此，「血腥味」，「寨子」，「城牆」，「鬧捻子」，這些關鍵字便融入了5歲「袁老四」（袁世凱排行老四）的血液裏，終生不去！

這是一個被嚇大的總督大人。童年的血色火光伴隨了他一輩子，別指望他在做山東巡撫時善待義和團。他恨他們，他沒這個階級覺悟！用我們教科書裏的話，袁世凱三代人的手上都沾滿了農民起義者的鮮血。

瞧！如今在遠離「捻子」安徽淮北雉河集（今安徽渦陽）大本營千里之外的河南彰德府，他還堅持克隆了這麼個曾經讓他免於血光之災的「小城堡」。

「小城堡」有多堅固？1930年代在這裏讀書教書的鄭州大學老教授王碧岑老人當了回有心人，他觀察的資料是：洹上村坐北朝南，基地呈方形，面積據說是300畝。四周築有上薄下厚的磚砌圍牆。牆高約7米，牆基厚約1.5米，很像城牆，但無城堞。牆內四角貼牆建有上下兩層的碉樓。

「小城堡」裏有多少間房子？1915年後在天津為袁家常年看病的醫生徐正倫說：「河南彰德洹上村有地300頃和大宅院1處，包括花園共200間。」

「小城堡」有多大？1950年代後常年工作在洹上村附近的張有明老人的數字很具體：「此宅，東西長約320米，南北寬約260米，四周有7米高、0.77米寬的磚砌寨牆，四角均有兩層樓高的炮樓。

另有一說來自袁世凱的轎夫班頭馮培德：「安陽的袁公館是一排三個宅院，袁住中間宅院，太太們住在他的周圍，院後是花園，種有各種奇花異草，供袁觀賞。」

走進「寨子」，你會發現，這「小城堡」何止一個離地三丈高的外牆。為了萬無一失，洹上村被打了雙保險。

走在院內的林蔭大道上，你會發現院內百步遠處的路西，有另外一個第二層圍牆。和項城「袁寨」一樣，袁世凱也在洹上村的大圍牆中套建了一圈小圍牆。小圍牆內才是百十號家人女眷的生活起居核心區域——住宅院。

有兩層圍牆的護衛，有城牆外的碉樓瞭望，再伴隨夜來更夫清脆的打更報平安聲，「回籍養痾」的袁世凱這才有了點兒安全感。

請記住，終其一生，他袁世凱的所作所為都可以從這個「缺乏安全感」裏找到邏輯！筆者將於其他各章慢慢道來。

項城袁寨遺址（左頁照片由項城博物館提供） 袁寨先後建房248間，袁氏家族後人袁克敏回憶說：童年的記憶，袁寨是座呈正方形的青磚小寨，外觀上看，可稱小巧玲瓏。寨四邊長約300米左右，寨外有兩道護寨河環繞，我們叫它「裏外海河」。海河寬約10多米，河水長年清澈滿漕，河內種有蓮藕、蒲草、蘆葦等水生植物，水中魚蝦可見，經常有人垂釣或捕撈。寨內有條通往東西寨門的道路，路北即是袁寨的三座大院，分東、中、西三個磚木結構的門樓。記憶中袁寨袁府已經衰落、蕭索，僅是一個空架子在支撐著。但船破還有三千釘啊。

「中國唯一的防禦性寨堡」——項城袁寨復原鳥瞰圖 （底圖由項城博物館提供，經作者根據當事人的回憶用電腦技術描摹而成） 為避捻軍襲擊，項城袁寨被修築成一個堅實的寨堡。寨堡一丈高，由厚二尺餘的寨牆拱衛，寨東、西各有寨門，寨的四角各有一座炮樓，炮樓均有兩層。寨牆上每隔丈餘有一垛口，用於觀察外邊的情況或安裝武器，平時每座炮樓及東西寨門均有衛兵值班，30多名衛兵輪流站崗放哨，日夜不斷。夜晚，寨牆外側每間隔兩丈遠有一盞油燈，由專人負責傍晚點上，黎明收起。每當兵荒馬亂之時，方圓十里八村的百姓都「跑反」來到袁寨，以求安寧。

住宅院玄機重重

住宅院的主門通常叫「二門」。「二門懸匾額一方書『袁宮保第』四字。」（楊景震語）

這個住宅院是一個全封閉式的群體建築，有「三行九宮院」（見袁克文《洹上私乘》）。「二門內修9個院，袁居中院，其餘各院為各姨太太和兒女居住。」（楊景震語）

院內由主院、內院和裙房院組成。四面房屋不分高低大小，都是五開間。各間都是黑色落地門扇。如果哪位樑上君子或者漏網刺客闖入這裏，不被氣氛森嚴的黑色嚇倒，也會自己在「迷宮」裏轉得暈頭轉向。如果此君技高一籌，等待他的還有呢！

內院由一系列的四合院組成。與天下的四合院不同，院中縱橫排列的所有房屋，後牆都開了個門。前後牆門一關，盜賊進得來出不去，被攔在一個個與外界隔絕的院子裏，等待他的一定是束手就擒。

一當警報解除，各院的女眷打開前後牆門又能彼此互通了。

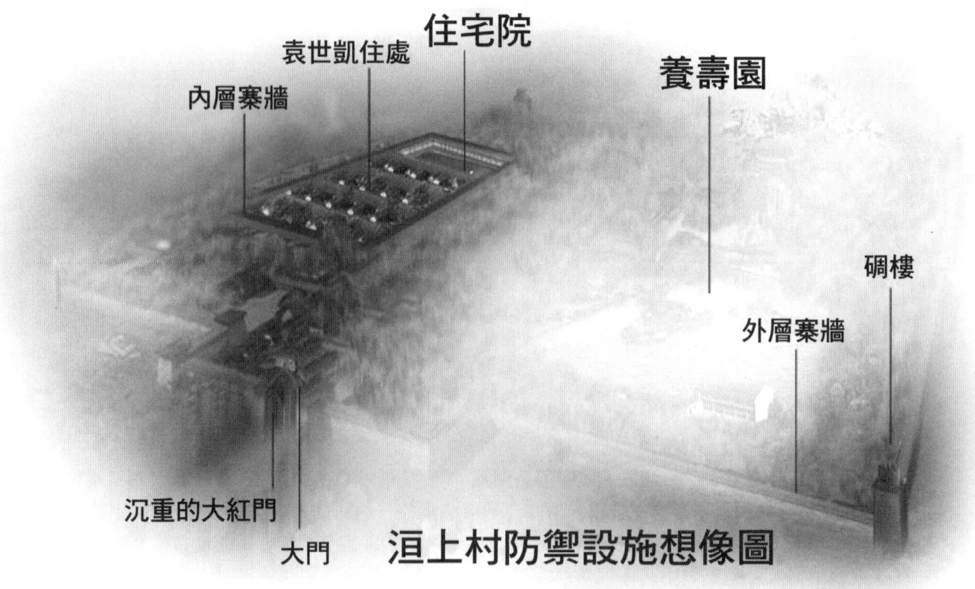

洹上村防禦設施想像圖

殷墟
37
京漢鐵路
洹上村車站
35
29
28
31
1
2
圭塘橋
36
洹河

太行山脈

住宅院

養壽園

河南彰德府（今安陽）1909-1911

1 大紅門
2 林蔭大道
3 碉樓
4 臨洹台
5 匯流池
6 洗心亭
7 謙益堂
8 垂釣亭
9 紅葉館
10 五柳草堂
11 北山
12 四角攢尖亭
13 枕泉亭
14 靜東樓
15 杏花村
16 養壽堂
17 鑒影池
18 澄澹榭
19 養壽園大門
20 壓水亭
21 電燈房
22 院內大道
23 家禽館
24 鹿苑
25 私塾
26 袁世凱住
27 中醫院等
28 勤雜人員住所
29 馬營營房
30 瀉練泉
31 洹上村石條
32 寨牆
33 碧峰洞
34 待春亭
35 車站神龜碑（徐世昌立）
36 郭家灣
37 紗廠

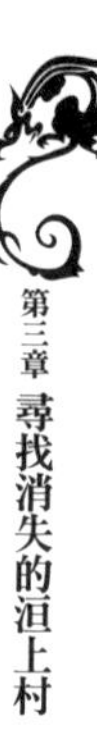

圍繞著核心住宅院的是四周一圈的裙房，「係聽差等住室；尚有中藥房、聘中醫數人；二門內東院是家校，西房是西藥房，亦聘西醫數人在此。」（楊景震語）

平時叫得應，戰時作緩衝。袁世凱高！實在是高！袁世凱將一輩子的那些軍事上的攻防謀略全用到這裏了，這也算是學有所用吧。

外中內西，老袁也時尚

四合院內的廊柱被刷成明快的朱色，這是袁世凱最崇尚的顏色。六年後的「洪憲」登基典禮，他選擇的就是這朱紅。

走進室內，你會看到完全是另外一幅景色：但見室內的色調明快如天，天花板是乳白色的，一條電線拖將下來，掛著一個現代化的燈泡；地上鋪滿了當時日本正時興的木質地板。《紐約時報》轉述去過洹上村住宅院的布洛克博士話說：「這間房外形設計具有典型的中國特色，而房內陳設卻又具有歐式風味。整個房子燈火通明。」

推開門窗，外面整個一個小世界！走進天井裏，你會發現四角有下水道和約二米高的自來水龍頭。楊景震說：「初移遷時，各室晚上均用煤油燈，不久在南院建一電燈房，自行摩電，從此全宅電燈輝煌。又在花園內建一高約兩丈壓水亭輸水各處，從此各院均用自來水。園中修有水井數眼以供灌池及澆花。每日晚間袁偕全家逛花園吃晚餐，每次必請正太太到場。」

電燈、木地板、落地窗、自來水和花園裏的野餐，在在顯示了主人的「新派」。這裏的一切都符合袁世凱的美學，體現袁世凱的風格：凡事都要在悠悠中華的根基上加以實用又時尚的洋點綴。後人說袁世凱像個活泥鰍，「耍反革命的兩手」。其實，他倒一直是這麼個人：新舊都玩，不是一個泥古不化的人，也不是「假洋鬼子」。用不用就看「中不中」。這是後話。

誰說袁世凱不會寫詩

人說洹上村有詩經古風的韻味，皇家樓宇的氣派，蘇杭園林的細膩，稻香村的情趣，北國花園的宏闊。這話不假。

閒來無事，這位曾經權傾一時、半個大清國拴在褲腰袋上的「漢臣」拄著拐杖，在洹上村裏這裏轉轉，那裏走走。

悶得慌，袁世凱上得碉樓，登臨送目。只見太行山若隱若現，遠在天邊近在咫尺。俯瞰牆內，大院中烏黑的瓦片錯落有致地排列眼底，白色的山石在一片綠色中偶露崢嶸。這一切的一切給晦氣了百多天的袁世凱好一個心曠神怡。這一刻他有了一種累了歇會兒的感覺，有了「不如回家種紅薯」的感慨，有了做一回閒雲野鶴的意境。

老軍頭袁世凱戎馬一生，和兵馬糧草打了半輩子交道，從來沒有展示過自己李白的一面。這一刻，他文心大動，不禁聊發少年狂。當年他在項城老家，曾經當過「麗澤山房」、「勿欺山房」兩個詩社的社長。

袁世凱的詩就是袁世凱的詩，沒有半點明清文人的吊書袋和脂粉氣，倒有三分漢唐遺風。請看這首《落花》：

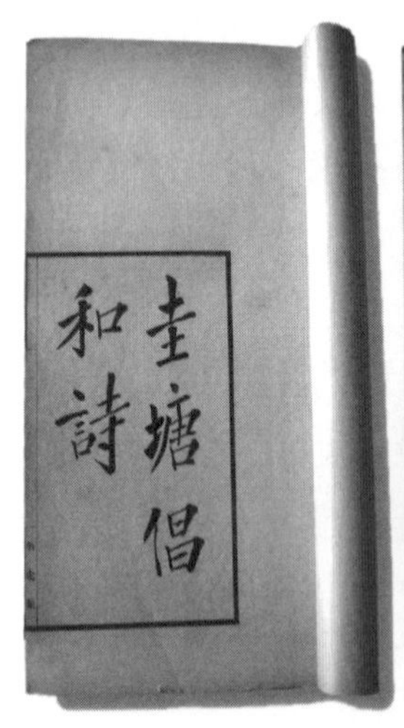

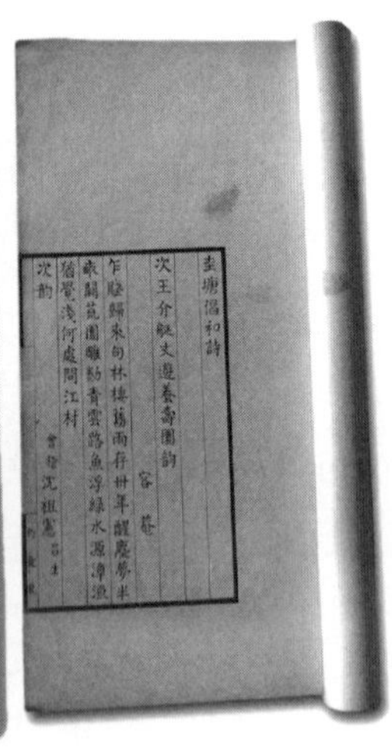

《圭塘倡和詩》 中袁世凱以號「容庵」署名，一句「漳洹龍覺淺，何處問江村。」似曾相識，又質樸大氣。

余於己酉庚戌歲養痾安陽
買郭閒圃尚饒佳趣命名曰
養壽策杖弄舟遊觀自得寧
靜曠遠有足樂者辛亥改政
迫於安危暫棄林泉勉膺大
任四年於是日不計暇追懷
洹水時復惘然因撿舊有攝
景十六幀重治一冊偶加披
覽儻國基底定付託得人或
可躬歷以償優遊之願爾
洹上漁翁跋

袁世凱以「洹上漁翁」之名寫的跋。跋中說自己非常懷念這段獨釣寒江雪的日子，有朝一日還會重回洹上村。

落花窗外舞，
疑是雪飛時。
剛欲呼童掃，
風來去不知。

最後一句「風來去不知」，真是空靈過王維，拙樸過曹操。

一年，兩年，三年，沒幾年，袁世凱這類「圭塘」佳句被二子袁克文收了一厚本，後來刻成《圭塘倡和詩》，到處送人。

袁世凱其實十分懷念這段日子，後來貴為大總統，還以筆名「洹上漁翁」編了本《洹上村養壽園圖》。

後人還真得感謝這本《洹上村養壽園圖》，因了它，我們才能看到16張洹上村養壽園的珍貴照片。本書養壽園的景點照片均出於此。

《洹上村養壽園圖》

「養壽園」有點中南海

袁世凱晚上睡在洹上村住宅院，白天大部分活動卻多在林蔭大道東面的「養壽園」中度過。走進林蔭大道東門，抬頭就見「上懸扁額一方，書『養壽園』」。此時你已進入洹上村最精彩的一幕！

養壽園，這裏儼然一個大觀園！

一個小「中南海」！

是的，「養壽園」的確有點北海、中海、南海的「三海」感覺。園北是洹上村的制高點——以太湖石堆砌的假山（似北海的白塔山）。「起伏的山上建有一個四角攢尖亭，可登臨觀賞園景。」（王碧岑語）袁世凱引洹水進園，清澈的河水被水泵抽到北山高處，於山上的人工瀑布飛流直下入一小河，河水叮咚，最後緩緩流進園南一個大大的人工湖——匯流池（似南海）。湖上也有一個小小的「瀛台」——洗心亭。

匯流池面積達十餘畝，池中種荷植菱，「設小船以供遊盪，建一木橋以供過池」。匯流池水通過平橋與鑒影池相接。鑒影池是匯流池的一個子池。

關於這個池子還要牽出一個收藏界赫赫有名的郭世五來，這人本為古董小商人，由某鹽商推薦給袁世凱總督衙門。其人小聰明，善趨承伺意。養壽園匯流池落成後，袁世凱要宴客，一看池子裏沒有荷花，歎息說：可惜！郭聽了立刻從北京豐台買了蓮花數百盆，擺滿池中。到宴客那天荷

居仁堂款粉彩山水人物大花瓶 郭世五燒製的高級名貴瓷器都打上「居仁堂製」印。此瓶形制獨特，施釉瑩潤，瓶腹繪山水人物圖紋，二三茅舍掩映於俏山、桃樹、流水之間，可謂人間仙境，世外桃源。

花盛開，袁很欣賞，稱他能辦事。

袁世凱籌備帝制時，任總統府庶務司丞的郭世五建議袁世凱效仿明清歷代皇帝的做法，設御窯燒製瓷器供稱帝后宮廷使用。袁世凱任命郭為陶務署監督，赴江西燒造「洪憲」瓷。郭燒製的高級名貴瓷器都打上「居仁堂製」印，成為今天收藏界的極品。這是後話。

圍繞著這些水面，養壽園布下了八大景觀，大小二十七處建築。它們是養壽堂、謙益堂、五柳草堂、樂靜樓、紅葉館、納涼廳、澄澹榭、蔡心閣、嘯竹精舍、杏花村、臨洹台、洗心亭、垂釣亭、蓋影亭、滴翠亭、枕泉亭、接葉亭、待春亭、瑤波亭、瀉練泉、天秀峰、碧峰洞、椎風洞、散珠崖等，加上匯流池、鑒影池和臥波橋。

這個池子是袁世凱最得意的傑作。五大三粗的袁宮保，在這裏展示了他「楊柳岸曉風殘月」的一面。袁靜雪說：「池內還修有一座水（洗）心亭，必須坐船才能到達亭上。每年夏季或月圓的時候，我父親常和全家人划船過去，在那裏吃飯賞月。他有的時候獨自和我的生母三姨太太盪舟賞月。我母親會彈七弦琴。這個時候，他對著皎潔的月光，聽著悠揚的琴音，是十分高興的。有的時候他倆一邊下圍棋，偶然一語不合，也會鬧起氣來。有一次我母親竟氣得把棋盤、棋子都扔到水裏了。」

袁靜雪接著說：「池裏種植了一些荷、菱之類，養殖了很多魚。我父親喜歡吃的熏魚，是二姨太太的拿手菜，她就常常養蟹，每個人都用高粱米和芝麻來餵養自己所有的螃蟹。等到秋深蟹肥的時候，大家都興高采烈地自己捕來自己吃。」

▶養壽堂後的景色

養壽園大門 這門上的「養壽」二字為袁世凱五十大壽時西太后所賜手書。西太后格外開恩特昭照親王例賜壽。（清例大臣年至六十，始得有賜壽之典。）而「洗心亭」、「五柳草堂」、「樂靜樓」等樓台亭榭的楹聯匾額，均是袁克文親筆書寫，字體俊美。園內百花綻放，蜂蝶飛舞，香溢四射，入境耳濡目染，如入仙境。

養壽堂 養壽堂位於養壽園的中央，是養壽園中最具代表性的建築，周圍有寬廣的走廊，軒敞為全國之冠。養壽堂楹聯為吳江費樹蔚集龔自珍詩句：「君恩彀向漁樵説，身世無如屠釣寬。」由袁世凱屬下紹縣人沈祖憲所書。

養壽堂前 養壽堂前立有兩塊奇石，一狀美人，一如伏虎，均得之於太行山中。養壽堂既是袁世凱的書房，又是袁世凱的客廳，袁世凱在彰德隱居時的主要政治活動，都是在這裏。

謙益堂 謙益堂在園的南面，面匯流池，倚碧峰嶂，明窗四照，遠碧一泓，南園之勝，一枕收之。「謙益」二字是西太后於1902年初御書賜予袁世凱，袁世凱取之命之於堂。該堂楹聯為：「聖明酬答期兒童，風月婆娑讓老夫。」此為袁世凱親擬。袁世凱還為謙益堂寫了題記：「光緒辛丑季冬，皇太后御書『謙益』二字賜臣某。聖意深遠，所以勛臣至矣。園居成，以名堂，俾出人瞻仰，用自循省云。

五柳草堂 五柳草堂居園西北，因堂前有五棵柳樹而得名，取陶淵明棄官隱居之意。

臨洹台 臨洹台在園的最南端，由山石堆積而成，「若嶺若立。」攀登而上，洹水在其下，彰德城廓盡收眼底。其北則臨匯流地。

紅葉館

澄澹榭 澄澹榭面北，枕鑒影池，倚東垣下，西接疊障，左為碧峰洞，中懸一巨鏡，恰將天秀峰景色納於其中，「若幻境焉」。澄澹榭額書有「澄澹」二字，聯曰：「芳沼拂席，垂檐帶空」，為袁世凱的次子袁克文所書。澄澹榭周圍植有花竹；其側有高石瀉泉，潺緩弗絕。

碧峰洞 碧峰洞即碧峰嶂，多為珊瑚奇石疊砌，山中多洞，且彎彎曲曲，從一洞進入，從另一洞口走出，使人有進入深山密林之感。碧峰洞綿亘鑒影池南。碧峰洞有四個洞口：北曰碧峰，通向鑒影池北；西曰屏移，進入竹林；東曰鏡轉，可達澄澹榭；南曰青藹，臨謙益堂。四個洞口的題名，皆刊於諸石之上。

樂靜樓 樂靜樓在養壽園北面，此樓大概是洹上村除碉樓外最高的木建築。該樓有何用？當年時常在樓下走過的楊景震說：「園北面建小樓一座，內供慈禧太后像和御賜玩物。有時袁犯肝氣即向太后像痛哭。」

垂釣亭 垂釣亭在洗心亭的東面，高由三根石柱支撐，猶如三足鼎立。垂釣亭顧名思義是袁世凱經常垂釣之處。袁世凱和三兄那張著名的垂釣圖就是在這裏拍的。

瀉練泉

洹上村循環經濟搞得好

袁世凱是頗有經濟頭腦的，他的動手和實幹能力超過他老師李鴻章。而且他專幹滿清貴胄和朝廷清流不屑一顧的那些「雕蟲小技」。比如，「彰德府秋操」時，為使受閱部隊官兵吃上方便可口的食品，袁世凱想出了一種行軍「方便飯」：大米淘淨，以水浸泡50分鐘，乾濕相宜後再用蒸籠蒸熟後陰乾。需要時用水泡20分鐘後即可食用。

這個人除了軍事以外，就數對經營管理興趣不減。袁在做直隸總督時就說過：「官可以不做，實業不可不辦。」現在他退下來了，可以理直氣壯地宣布：「罷官歸田，無他留戀，惟實業救國，抱此宗旨久矣。」

當時經商被叫做「實業救國」。在洹上村，袁世凱「救國」的名冊下有京師自來水公司、豆腐公司、銀礦、錢莊、當鋪，他還集股辦洛潼鐵路，入股彰德廣益紗廠等。

入股彰德廣益紗廠是袁世凱搬入洹上村的一個很重要的原因。彰德廣益紗廠東面大約有800畝左右的地可供發展：住，可以建一片大宅子；行，貫通南北的大通道——平漢鐵路就在門口；農，有肥沃的土地供耕作，而且可以引洹水灌溉之；工，西面就是彰德廣益紗廠。所以袁世凱聞訊大喜，立馬將其買下，當月中旬就開工建設洹上村。

從中可以看到，袁世凱投資很有一套，是一步一算計：開始買下兒女親家、天津大鹽商何炳瑩的一座200多畝別墅，然後再二期三期地追加投資，最後將800畝的空地都收入名下。一部分投股紗廠，一部分用來出租。最後袁世凱在洹上村方圓百里內買了不少土地，「據估計他的土地約占全縣（安陽）土地面積的60%。」（張潤三、畢乃千《洹上別墅苦心經營》）

此時的袁世凱已經從「中央領導人」搖身一變成了大地主。

袁世凱就是個大地主，這是真的。解放後的第一個麥收季節，洹上村隔江相對的郭家灣，駐上了鄴縣一個區人民政府派來的工作隊，袁世凱家正式被劃為大地主。這裏還有一個小段子：袁家收租子的事一直歸管家徐靜人（字東海）管。1949年安陽解放，徐認不清革命形勢的發展，竟然在人民當家作主後，還繼續為袁家收租效勞。麥收前，「徐大人」還到郭家灣等村查看小麥長勢，並對佃戶劉恒山等說：「你們打了場，早點給我送（租）糧食，不要讓我再來催要！」駐村工作隊郭家灣村的劉堯、田臭只等七八個民兵，到裴家巷去找「徐大人」，讓他到郭家灣當眾算清農業稅和剝削賬。「徐大人」跳後牆逃跑，摔傷了腿腳，不能動彈，眼睜睜地看著袁世凱40多年的收租被劃上了句號。

以上這些算是袁世凱開源生錢的一手。於小處，他還採取節流省錢的一手，力求做到農副產品自給自足。袁靜雪回憶道：

我父親早就在彰德置買了不少田地，因此糧食是不成問題的。那時候，園裏又飼養了家畜、家禽、活魚，因此副食也就供應無缺。園子裏產的瓜果等，還可以賣到市上換回錢來。他甚至在南方請來了一些蠶娘和紡紗娘（這些人也都住在宅子外面的『裙房』裏），讓她們養蠶和繅絲。繅出來的絲，就送到他在彰德所辦的紡紗廠裏織成綢緞出售。他時常帶著家裏人去看她們餵蠶、繅絲。同時，也讓各房自己餵蠶，自己繅絲，所得的絲價就歸各房自己支配。家裏還用了一個姓葛的採買，每天總要進城採辦一次，每隔兩三個月，還要專程到天津、上海購買那些彰德買不到的吃、穿、用的東西。葛在去天津、上海之前，總是逐一向各房問明需要買些什麼。這時，各房就開列清單，交他辦理。

三姑娘的這段話無意間道出了袁世凱不回項城老家，來彰德府的原因之一：妻妾兒女要去北京、天津、上海等地買東西方便。想想也是，其實退下來的老袁，沒了紅頭文件要批，每天面對的就是這二十多個女同志的胡攪蠻纏。

綜合袁靜雪的話，我們可以看出，袁世凱的如意算盤是這樣的：賺來的大錢用來應付300多口人的大開銷，日常的小開支由雞屁股和菜園子解決，實在不行，拿一些富餘的自產物到自由市場去交換。瞧，「發展是硬道理」和「循環經濟」這些眼下時髦的詞，老袁100多年前就在身體力行了。

袁世凱用錢的秘密

其實洹上村用不了幾個錢，袁世凱很大的一部分錢被他拿來做維繫「北洋體系」的政治投資。請看袁家的家教楊景震親眼目睹的一幕：「某月日清政府派陸軍大臣蔭昌到彰德督師行營，住車站旅館，蔭於晚上到洹上村見袁。……當蔭見袁時，放聲大哭，說:『四哥，數年不見，您的腿竟如此不能行動！』以後二人談吃談穿，袁叫人拿來銀絲猴皮襖一件，令蔭看視；蔭云生平未曾見過，袁即將此皮襖當面贈送彼。」

想想，蔭昌何等人，正白旗貴族，奧地利軍校畢業，在德國入軍隊做實習生時與德皇威廉二世（時為太子）同隊，清末新軍施行新官制後唯一的一位陸軍正都統（相當於陸軍上將），最重要的是他還任陸軍大臣。這麼個滿世界跑的清貴，什麼沒見過？可是「蔭云生平未曾見過」！掂量一下吧，這絕不是一件一般的皮襖！

關鍵時候袁世凱捨命陪君子，將平時省吃儉用攢下的這件「曠世絕代」的銀絲猴皮襖，瀟灑地一送了之。五秒鐘內老袁便送走了九房姨太太和15個女兒一年的梳妝費。

蔭昌（1859－1934），滿族。早年畢業於同文館，派赴德國學習陸軍，畢業後曾在奧地利學陸軍實習，與瓦德西將軍及時為太子的威廉二世相交甚篤。後辛丑條約談判時，李鴻章特意帶上了蔭昌，他也以瓦德西舊識的身分奔走斡旋，合約即成，蔭昌得優賞。回後，任至武備學堂總辦，後擢升至陸軍大臣。

滿漢通婚開禁之後，袁世凱七女袁復禎嫁給了陸軍部尚書蔭昌之子蔭鐵閣。攝政王載灃上台後要殺袁世凱，蔭昌曾經多次為袁求情，後才將袁放逐回籍，所以袁一直視蔭昌為「恩上」，另眼看待。

武昌起義後，清廷急派蔭昌率北洋軍南下鎮壓。蔭昌特意經彰德洹上村面見袁世凱，請教制敵之策。

1922年末代皇帝溥儀結婚時，蔭昌以總統府侍從武官長的身分代表中華民國，以對外國君主禮節向溥儀表示祝賀。鞠躬後突然下跪磕頭，說剛才代表民國，現在卻是「奴才自己給皇上行禮」。1934年病逝，時年76歲。

嚴修（1860－1929），著名教育家、學者，1883年中進士，做過清朝翰林院編修，學部侍郎，掌管全國的教育。協助直隸總督袁世凱，積極倡導新式教育。1919年創建南開大學。

嚴修與袁世凱一直關係親密，並一度成為袁氏的家庭教師。1909年袁被迫以「足疾」開缺，他是唯一上疏保袁，後又到火車站為袁下野送行的人士之一。民國元年，袁當上了總統，多次邀他「入閣」，他都婉拒，並不斷規勸袁認清形勢，順從民意。袁世凱對嚴修也始終畢恭畢敬，極盡「西席」禮遇，雖不為用，亦不以為忤。洪憲失敗袁亡，嚴修親自去弔喪，他與袁世凱可謂「君子之交」。

接待嚴修是袁世凱的另一種「捨得」：1910年2月，嚴修順道經過彰德府，袁世凱聞之，先是「派廚丁送來烹飪，小碟四、大盤八、大碗四，肴饌可口，淇鯽尤美」。飯後，袁「遣四車來接」嚴修一行到洹上村，「宮保出見，談甚暢」。袁世凱親自引導嚴修等人遍遊養壽園內樂靜樓、紅葉館、杏花村、五柳草堂等風景，「每至一處，輒坐憩茶話」。晚上袁世凱與袁克定親自陪飯，飯後又與嚴修「暢談不休」，十一點後方始「散歸」。第二天嚴修去鄭州，不僅袁克定早來送行，「候開車乃去」，袁本人則「派差官以柬來送，並送車票」。嚴修告之自己已經購票，差官受袁之命，執意定要嚴修等人退票，由袁方購買，「爭讓許久」，最後嚴修「不得已受之」。嚴修感歎：「項城之情意周至，不唯可感，亦可法也。」

查洹上村那三年的進進出出記錄，朝廷一品大員，北洋頂尖人物，立憲派領袖，是個能上報紙頭條的都來過這裏。有心人統計至少在60位以上。其中有唐紹儀、端方、嚴修、周馥、袁樹勳、何彥升、王士珍、倪嗣沖、言敦源、段芝貴等，這些人來，袁世凱都有「送」的記錄。用袁世凱對馮國璋的話說：「咱們內部首先要團結！」

這團結是要代價的。這「公關費」一年要多少？

夜來人靜，當管家徐靜人將帳本一筆筆念給他聽的時候，袁世凱心裏不能不算計。但第二天，他會一如既往、滿面春風地接著送，一直到把他自己送進中南海。

1911年辛亥革命突起。大概被經濟逼急了，袁世凱出山的時候，第一次在冠冕堂皇的大條件下開了個小條件：要求攝政王載灃落實老幹部政策，補助他這些年受迫害的經濟損失。載灃給了他60萬兩銀子。唉，老袁缺錢到了這個份兒上，連老幹部的高風亮節都不要了！

洹上村其實有點怪

可是，經濟效益上去了，洹上村卻被弄得有點兒不倫不類：養壽園北面養著雞鴨鵝等家禽，你可以說他袁世凱是王羲之觀鵝，其實人家袁老想的是「清蒸鴨子」（袁基本上頓頓少不了鴨子）；園子西北闢有菜園、瓜園、果木園、桑園，你可以說他是仿效陶淵明「採菊東籬」，可袁宮保分明想的是自己動手，豐衣足食；浪漫的法國布洛克博士來到養壽園，看到園子裏美麗的小鹿在自由地嬉鬧，以為園主人有巴伐利亞貴族遺風，他哪裏知道我們的總督大人為的是那帶血的骨質狀鹿茸。袁世凱喜歡吃的是魚，最愛開封黑崗

《蓑笠垂釣圖》之一 這張著名的《蓑笠垂釣圖》是在匯流池裏拍的。王碧岑老人回憶道：「袁世凱那幅傳說有政治寓意的舟中蓑笠垂釣相，一看便知是在洹上村花園水池中拍攝的。當地老百姓也知道袁宅有個大魚池。」

口的黃河鯉魚，主要用來做一道溜魚焙麵。想當年，「衛輝縣令每日令人撈取，貯泉水於大木桶中，由火車運京」。

可是現在退隱了，只能退而求其次，在家裏的池塘裏養魚、釣魚，解決口舌之欲。於是我們便有了這張「袁尚書《蓑笠垂釣圖》」。

據說：袁世凱的攝影師是天津請來的。那些天，袁世凱「即穿藍洋布褲褂，照漁、樵、耕、讀四種相片。漁即袁在小船上持篙撐船狀，他三哥披蓑衣守漁簍；樵耕即持農器工作式；讀即讀書式。登天津某報，人見之均羨慕其逍遙自在。」（楊景震語）

東方雜誌
第八卷 第四號

東方雜誌第八卷第四號封面 宣統三年（1911年）五月二十五日發行。

《東方雜誌》該期目錄中有「插圖：養疴中的袁尚書（四幅）」字樣。很多書都提到《蓑笠垂釣圖》在雜誌上刊登，一直苦於沒看到，現在有了實證。這裏發表的是袁世凱和他三哥袁世廉一起的那張，發表時間為1911年5月5日。

宣統三年五月二十五日發行

插圖
養疴中之袁尚書 四幅
湖南粵漢鐵路第一次通車紀念 二幅
朝鮮之紀念物 三幅
暹羅之君主 二幅
暹羅之儲君
英國帝國議會
法國飛行機之禍 四幅

自己沒墨水，孩子身上補回來

1909年到1911年，這三年對彰德府這個大地主來說，是個風調雨順的年頭。袁家雖擁有周邊良田萬畝，可是有老天爺幫忙，有管家徐靜人具體操辦，剛當上大地主的袁世凱沒有什麼大的農事煩心。這時候，苦悶袁世凱一輩子的「學歷」情節便湧上心頭。

袁世凱小時候「不肯好好念書，經常外出玩耍，喜歡打拳、騎馬、下棋、賭博。他十二三歲的時候，就喜歡騎著馬四處遊玩。（袁靜雪語）

別看他小時候不喜讀書，耽誤了八股一類的「聖賢書」，卻因「少文」「幹實事」陰錯陽差地成就了他另一番事業。

可是在他的心底，這「讀書」二字始終是塊心病：給人寫個條幅一口一個慚愧，慚愧！慚愧什麼，字不行！你看到袁世凱正正經經寫過一手好行草嗎？今天小篆，明天隸書，後天又帶點兒魏碑，他老變換字體，為什麼，心虛，書法功力不夠。

不過他給兩宮的奏摺，慈禧太后還是挺欣賞的。可是這些奏摺，實際上是他讓一個叫阮忠樞的小夥子全權代筆的。這個阮忠樞跟了他一輩子，寫了無數個報告奏摺，可以說袁世凱的軍功章裏，有人家一半的功勞。據說晚年，時興民國新文體，阮忠樞才自歎弗如，漸漸地淡出袁的寫作班子。可是袁記著小阮的功勞，他對外說：袁就是阮，阮就是袁。

肚子裏墨水不多，終歸是個遺憾。那些個清貴、八旗子弟和所謂的清流總愛私底下拿他這個「少文」尋開心。袁世凱畢竟沒有經過科舉一途，心有點虛。三女兒回憶說：後來「害人的科舉制度，也就由此而被廢除。我父親以後經常談論這件事，他認為這是他這一生中最為得意的事情。他說，他是從小就痛恨這種科舉制度的」。恨什麼？恨這個制度曾經羞辱了他。

長子袁克定早年和湖南巡撫吳大澂的女兒吳本嫻定親，袁世凱曾經特別關照克定「須十分下工夫讀書，方可見其岳翁，不至遺笑」。笑什麼？怕人家博學鴻儒笑這家人家不學無術。這方面老袁特別敏感。

在洹上村的日子裏，袁世凱讀書，練字，寫詩，一樣不比京城裏的那些翰林們少。這還不夠，吃夠少文的苦頭，他下決心要在兒女們的教育上彌補

這是袁世凱1914年中華民國大總統任上的自題。貴為大總統，他對自己的評價是：「不文不武，忽朝忽野，今已老大，壯志何如。」這裏有自謙，也有自責和自卑。

清末，一些清朝貴族在家中開辦學堂，以家族子女為學堂生員主體，一般規模不大。在私塾裏，男童習字，而女童則手持針線學做女紅，仍屬「男女有別」的傳統家庭教育方式。據了解，晚清時期，私學（私塾）仍然佔據著重要和主流的教育地盤。

袁世凱和部分兒女合影（1904年左右）

自己的不足。

楊景震那時候正年輕，衛輝退隱時袁世凱請他來教「理化科學」，後一直跟著老東家到中南海。民國四年（1916年）袁世凱還利用手上的公器授給楊景震一個少大夫，是年7月又給了楊一個四等嘉禾章。

袁世凱對有文化的人是敬重的。見面後，袁世凱「云彼有腿痛病，不能遠送。每月初發薪，每年有寒暑假，每假一個月，屆假期辭行前即將路費40元及禮物送來。有一次送白燕窩2匣，暑藥數種」。袁給楊留下的印象是袁世凱主張教育要「師嚴道尊」。

楊景震和其他三位教師開始教袁的6個兒子。洹上村的家校就設在住宅院的二門東院。每天袁世凱一起床，就能聽到東面傳來的朗朗讀書聲。「白天袁一人逛花園，右手持手杖，左手扶聽差，經過家校往往赴校看學生上課，觀其意旨，頗尊師重教。」

袁世凱拿出小站練兵的絕招，親自手書了《袁氏家塾訓言》十一條，比如他不讓孩子們看文學作品，因為「其小說諸書，易亂心曲」，如「煙酒等類，亦切忌入口，以重衛生」；又如：「不准出二門。」袁又定了學校自省

室簡章。其中規定入了室，吃飯大小便老師必須全程監督；禁閉期間，禁閉者必須在室內不斷詠讀格言和家規，出來要寫檢查。洋洋灑灑數百字，老軍頭袁世凱沒有一處建議動手打孩子的。

每到年終大考，所有的考卷都要給袁世凱親自過目，考後按名次發給孩子們獎品。

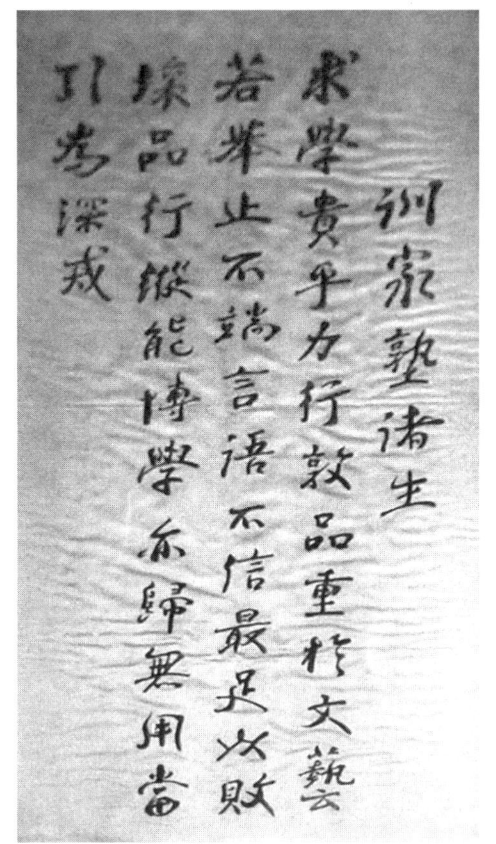

《訓家塾諸生》 袁世凱親定的訓家塾諸生部分內容。

重教育確實是袁世凱一貫提倡的，就是在他公務纏身的時候，家書中也會不厭其煩地對十歲的袁克文嚴格要求：「近聞你行事喜效名士，此非具有真才實學者……安得將所讀之經史子集，盡記頭腦，以充腹笥，惟有勤動筆多思一法。余讀書時，將典故分門別類，摘錄於日記簿，積久匯成大觀。」他還給克文的學習支招，「早起：黎明即起，醒後勿貪戀衾裯；習字：早餐後習字五百，行楷各半；讀經：剛日讀經，一書未完，勿易他書；讀史：柔日讀史，日以十頁為限，見有典故及佳句，隨手分類摘出，以資引用；作文：以五十為作文期，以史論時務間命題，兼作詩詞；靜坐：每日須靜坐一小時，於薄暮時行之，兼養目力；慎言：言多必敗，慎言，即所以免禍；運動：早起臨睡，須行柔軟體操；省身：每日臨睡時須自省，一日作事可有過失，有則勿憚改，無則加勉；寫日記：逐日記載毋間斷，將每日自早至夜，所見所聞所作之事，一一記出。」

洹上村的讀書條件沒有天津好，袁世凱就送四子克端、五子克權「進天津南開學校讀書，說明願意捐3000元給該校，並要求准許他的兩個兒子攜帶『戈什哈』（滿語，即馬弁）兩名隨護，校長張伯苓怕其在校中惹事，拒絕了。袁世凱就轉送他們進入新學書院，也是以捐給該書院3000元為條件。因

此新學書院特建一座『袁宮保堂』表示紀念。」（家庭醫生徐正倫語）

更有甚者，後來他的孩子還結伴去國外留學。這件事情《紐約時報》有報導：

袁世凱的兒子們將在這裏學習

明德：12月20日。中國第二任大總統袁世凱的四個兒子今天抵達這裏，並成為了明德學院的學生。他們的年齡從12歲到17歲，他們會在這個國家待上8年以完成他們的學業。

袁克定（1878－1958），字雲台，別號慧能居士，袁世凱長子，袁世凱元配于氏所生，幼年隨袁世凱歷任各地。清末，蔭候補道員，後升任農工商部參議、右丞。1913年，袁克定騎馬時把腿摔壞，從此落下終身殘疾，後積極運作帝制。袁世凱去世後，漸入貧困。1949年後，出任中央文史館館員。1958年病逝。

袁的大兒子袁克定就是一個「通英、法、日三國語文，漢文書讀的亦不少，書法寫碑很有功夫」的人（楊景震語）。楊景震對其子女也均有觀察：「次子克文頗有才學，書法學問見重國內，花園內多所題詞。三子克良猶在家校受課，……克良以下多無文管。」

楊景震教的是男館，但是袁靜雪另有說法：「當時只有女館，所請的老師也是女的。設女館的用意只是讓他的幾個姨太太讀些書，我們大一些的姐妹們跟著認識些字罷了。後來，他在軍機大臣任上住在北京錫拉胡同的時候，和以後被罷職住在彰德時，也都只設女館。……直到我家搬入了中南海，才分別成立了兩個專館。」

袁世凱的兒女教育花樣不少，有些直接移植小站練兵的「成功經驗」，比如提倡有獎有罰，以獎勵為主；「每次考試的第一名是有獎勵的。……在考試的前夕，我父親總要問問我倆，這次如果考了第一

袁世凱小兒子們 左起為十二子克度、十三子克相、十七子克友、十一子克安、十五子克和、十四子克捷。

名，要些什麼東西。假如我真的名列第一並在考前說是要一架新式銅床的話，那麼，名次一定，新式銅床便也抬到我屋裏來了。」（袁靜雪語）

不但是兒女，袁世凱還把姨太太們也趕上了學堂。他在家裏平時直呼姨太太「老二」、「老三」、「老四」，在「太太學堂」裏讓老師們給她們起了新學名：「五姨太太叫做志學，六姨太太叫做勉學，八姨太太叫做潛學，九姨太太叫做勤學。」可是名字換了，姨太太性質沒變；「某姨太太忽然站起來說『楊先生，我請一會兒假』，接著她便走出了教室，向自己的丫頭問『總統吃的餃子預備好了沒有』，或是再吩咐一些別的問話，然後再回到教室繼續聽講。」（袁靜雪語）

這些都是花架，無關緊要，最重要的是袁世凱在教育的投入上是相當大的。我看了袁靜雪以下的這段話有點兒吃驚：「女館的女老師們，也住在專館裏，也專有一個廚房供應她們的伙食，專用了一些女傭人來伺候她們。她們的月薪，大約是每人100元。」不說其他的福利，光這100元，袁世凱出的價已經可以請來魯迅先生了！難怪袁靜雪說：「這樣一些物質待遇，在當時說來，算是很優厚的了。」相當優厚，從購買力說大約等於現在一萬多！

老袁一般對孩子是「五講四美」的，但是也有猴急的時候，這時候，他便露了軍人本色。「對兒子們，有時甚至用皮鞭或木棍抽打。在彰德，有一次四哥偷偷地跑到養壽園裏的水池內撈魚，正在撈得高興的時候，猛然聽得岸上『哦』的一聲，似乎是我父親的聲音，他趕忙跑了上來，卻是五哥在假裝著捉弄他。第二天他又去撈魚，同樣地又聽見『哦』的聲音，他認為一定是五哥搞的鬼，便喊了一聲：『好你個老小子！』不料，這次卻真是我父親帶著一些人來散步了。當時我父親就叫丫頭把四哥從水邊拉了上來，不容分說，用棍子打了一頓。因為四哥克良不愛讀書，又娶了唱戲的孫宜卿做姨奶奶，所以我父親最不喜歡他，挺大的人，有時也要挨打。」（袁靜雪語）

袁世凱在洹上村的日子怎麼過

袁世凱在極不情願的情況下被載灃一幫少壯派清貴刷了下來，這對一路順風的他是多大的打擊啊！多年來他一直苦心廣結的人脈，這回看還是出現了結構性的缺陷：因為權重，因為和清貴中的元老派走得太近，被人家清貴少壯派鎖定為「定點清除」對象。

轟轟烈烈的事業戛然而止，這往後的日子怎麼過？

憑良心說這日子沒法兒過了。縱觀古今中外，菲律賓的馬可仕總統被攆下臺後不久客死他鄉，伊朗的巴勒維鬱悶後得了癌症而死……

但是沒法過，這日子也得過啊。

袁世凱退隱的三年，基本上剝了他三層皮。他的生活也有三種過法。這可以從五姨太的話裏琢磨出：

回到河南彰德，大家都認為待不長，納悶老爺為什麼在洹河邊上一氣蓋9個院落，又蓋了壓水亭和磨電房。園內洋槐垂柳，樹陰蔽天，

段芝貴 字香岩，安徽合肥人，北洋武備學堂出身，後留學日本，曾任北洋新建陸軍講武堂教官。辛亥後隨袁復起，出任武衛軍總司令，第一軍軍長，署理湖北軍務。後節制奉天、吉林、黑龍江軍務，兼奉天巡按使。上表勸進，洪憲成，封一等公。其後與族弟段祺瑞結皖系，任陸軍總長，皖人呼之小段。

不可極望。老爺到哪都不忘對子女的教育，請了3名教師，教授英文、漢文和理化功課。第一年老爺還有些神魂顛倒，有時跪在慈禧太后像前，捶胸痛哭。第二年便時時自得其樂，穿蓑衣於湖邊垂釣，一副閒雲野鶴的樣子，還請天津照相館來洹河拍照。第三年來者大增，大多是老部下。老爺的乾兒子段芝貴經常來往，帶來京津土產和一架電影機，放映一些洋人跳舞、體育比賽、京劇片子讓老爺開心。一次老爺讓我找出一件銀絲猴皮襖，送給來訪的陸軍大臣蔭昌。尤其武昌兵變以後，老爺一天比一天興奮。

這些話都是袁世凱死了很多年後才說的，沒有什麼功利性的因素，而且是五姨太和自己的大兒子克桓以及克桓的同學閒聊時的話，應該是可信的。

讀了這段才知道，原來袁世凱也不是神，並沒有早就算好了會來場辛亥

袁世凱自比伊尹

被解職的袁世凱回到河南安陽的洹上村，表面上好像過起了賦閒垂釣的生活，實際上內心更多的是遺憾和無奈。袁曾寫了名為《自題漁舟寫真二首》的詩，其中的一首「百年心事總悠悠，壯志當年苦未酬。野老胸中負兵甲，釣翁眼底小王侯。思量天下無磐石，嘆息神州變缺甌。散發天涯從此去，煙蓑雨笠一漁舟」，詩中袁世凱自比商朝時的伊尹，表明了袁此時的心跡。

據與袁世凱相從甚密的衛輝人士王錫彤回憶袁1908年10月初到衛輝時，儼然六七十歲，惟二目炯炯，精光射人」，與一年以前袁世凱相去甚遠。圖為1907年天津發行的明信片上的袁世凱像。

革命，也不是早有預謀地就把家安在離京較近的洹上村。那些後人所謂的傳記，大多是為了證明某些先入之見，或迎合當時的某種政治需要。

用常識看歷史，你會發現，其實袁世凱當時並沒後人說的那麼聰明。出於本能，他首先想的就是保命。所以，在河南衛輝和彰德的第一年，他惶惶不可終日，整天擔心的是生命危險。情緒低落得一個人都不想見，一封像樣的信也沒回過。自己一個人老在那裏解脫不了：想，想不通，想不通就流淚。流了淚，還是想不通，越想越委屈，人到傷心處就對著老主子慈禧太后的畫像嚎啕大哭。這和文革時的老幹部很相似，自己明明是熱愛主席的，紅衛兵說你是反對毛主席，要砸爛你的狗頭。那個心絞痛啊，一點不比老袁此刻遜色。

這些恰恰證明袁世凱當時並沒有反骨，他還是無限熱愛「大清國」的，最多有點兒清君側的想法。同時也可看到老袁政治上很不成熟，不知道玩政治的殘酷性。

因為感到委屈，感到恨，感到為他人受過（為誰？為慶親王奕劻），於是那一時，那一刻，袁世凱真有不如回家種紅薯的頹廢，所以他賭氣也要在

1911年，上海《東方雜誌》刊登了袁世凱和三兄袁世廉垂釣照片。左立者袁世凱。

「洹河邊上一氣蓋9個院落」。藉此宣告：老子不跟你們玩了，我歸隱了！

歸隱就那麼好歸隱？

一旦沒了權，集八大臣於一身的袁世凱就是「草民」一個。其實1909年，袁世凱連「草民」都不如，自己的命自己都說了不算，整天价人一見風就打哆嗦。

就算沒生命之憂，昔日朝堂上下呼風喚雨，何等威風，突然什麼事兒都沒了，擱誰誰都一時半會兒適應不了，比更年期還難熬，比「雙規」還要命。所以五姨太說：「第一年老爺還有些神魂顛倒」。這是真實的。

第二年，從各方回饋來的消息是：袁老儘管放心，至少您老生命無恙。聽了這話，袁世凱一下子輕鬆了一半。再說此時，老袁在洹上村又結交了一批當地的新朋友，如何蘭芬、王錫彤、李時燦等。加之退隱後的家庭生活平添許多天倫之樂，兄弟相諧，父子共讀，諸多以前不得不有割捨的樂趣慢慢

1911年初，載灃為了加強對新建陸軍（北洋車）的控制，檢閱新編練的軍隊，派大臣載洵等校閱陸軍。圖為校閱陸軍大臣們的合影。左起蔭昌、載搜、載洵、奕壽、載濤、麟光、帕勒塔、譚學衡。這裏幾乎都由滿清皇家貴族子弟充當軍隊高層領導，除蔭昌外，袁世凱的親信被排斥在外。清貴少壯派以為如此這般，軍權便牢牢地掌握在自家手裏了。

地都釋放出來了。

最後是人在鄉間，對慢節奏閒情逸致的田園生活也漸漸地適應了。這時的他和最要好的三兄袁世廉相聚了：哥倆一杯濁酒喜相逢，天馬行空地說著地道的中原雅音，親切極了。去他娘的謹小慎微，這些年官場不能說、不想說、不敢說的話這會兒都和自己的三哥掏了心窩子。對袁世凱來說除了權和錢，這些年哪有這麼淋漓痛快過。所以這時候的袁世凱在五姨太的眼裏：「一副閒雲野鶴的樣子。」而且是一隻亢奮的野鶴。人這種動物大概還沒進化完，一高興就想炫耀。此時的袁世凱特別想炫給大家看看，所以他高薪請來了天津的大牌攝影師，一口氣拍了「漁、樵、耕、讀」四組照片。這四組照片是老袁的吶喊，是他的宣言，是他的「二月逆流」。

唉，人的秉性真是泰山也難移。您老當時怎麼被人打回老家的？不就是得勢不饒人，1906年到1908年那陣，您老飛揚跋扈，擠兌人家不說，還以立憲派領袖自居想成立責任內閣。什麼責任內閣？在載灃等人看來就是狼子野心，「篡黨奪權」。結果被人聯合起來給做了。

做人還是應該低調點兒！

可袁世凱偏不低調，逢上過年或過生日，他還請來北京京劇界名角如譚鑫培、王瑤卿、王晦芳、楊小朵等來唱堂會，好不熱鬧。

這種悠閒又嬉鬧的生活深深地感染了袁世凱，以至後來到中南海居仁堂裏他仍保持著：「每日公餘到晚間，袁率全家人口逛花園，進晚餐，與在洹上村時情形相同。」（徐正倫語）

到了第三年，那幫清貴少壯派組成的清廷，慢慢地顯出能力低下的毛病。所以，慢慢地留在位子上的袁黨老部下開始想老領導了，思念以前的「革命路線」了。開始一兩個人偶然路過，參見參見，拜訪拜訪，後來大家成群結隊地找上門來。老戰友、老部下聚會是個什麼樣子，大家可想而知。

這中間當然有一個攝政王載灃默許的前提。載灃家的兄弟仨並不恨袁世凱本人，載濤還和袁世凱一同視察過新軍訓練，你想袁世凱會不利用這個機會，極力討好載濤？他們恨的是重兵在握的袁世凱，飛揚跋扈的憲政派領袖袁世凱。現在袁世凱老實了，軍權也沒了，老鄉一個。奉命前去護衛實則監視的袁得亮被袁世凱的糖衣炮彈拉下了水，不但沒有實情報告中央，還替袁說好話，甚至還把北京的肅親王派密探到河南的消息漏給「同宗」的袁世凱。

警報解除了。這時候那些清貴似乎自己都在做反省，有點兒於心不忍，是不是當時對人家老袁太狠了。毛澤東後來重新啟用「二月逆流」的老帥，就有這個意思。歷史往往是相通的，讀不明白就拿自己親生經歷過的歷史來想像。這叫用常識看歷史。要知道我們和百年前的人在生物基因上幾乎沒有任何兩樣。將心比心，人心都是肉長的。

這麼一想首先就解決了最近史學界爭論的洹上村電報房到底有沒有的問題。

潛伏在洹上村裏的「電報房」

以前都說袁世凱退而不休，私設電報房，眼觀六路，耳聽八方，聯絡部下，待機謀反。廣州的駱寶善先生以嚴謹的推理說：「No。」其理由，一是私設電報房，在那會兒不容易也不容許。二是袁克文說當時設一二人，只是去彰德商業電報房取電報紙的。可是，最近有人從1911年一些回憶錄裏證明確有私設電報房的事兒。

1906年的一家商用電報局

筆者以為，我們大家都忘記了主席的諄諄教導：事物是運動的，事物是處在不斷變化過程中的。而袁世凱的洹上村那三年是一年一個樣，三年大變樣。

第一年，袁世凱沒有設電報房的必要，因為他自己還沒緩過氣來，顧不上這些錦上添花的事兒。偶然有事，應該是採取袁克文在其《辛丙秘苑》中記述的，養壽園並無電報房，只有管理文電的「司電報者」。這個時候設電報房，大大的犯忌，正好坐實了載灃他們的懷疑。袁世凱連這點政治覺悟都沒有，就不配享用「竊國大盜」四個金光燦燦的大字。

所以第一年，1909年，袁府對外聯絡的電報應該是通過彰德的電報局「透明」收發的。

第三年，1911年就難說了。

1911年的那個冬天，全中國期盼的眼光都聚焦在河南彰德府的洹上村。何止中國，應該說是全世界的人都對這個不足300畝的莊園投入了關注的目光。經過辛亥革命半個月的折騰，袁世凱的名字被所有的人搬到桌面上來議論了。革命黨人、清廷、洋人、北京大街上的旗人，各色人等都在暗地裏提到一個已被剝奪了所有權力的退隱老人的名字。各種對中國問題的解決方案

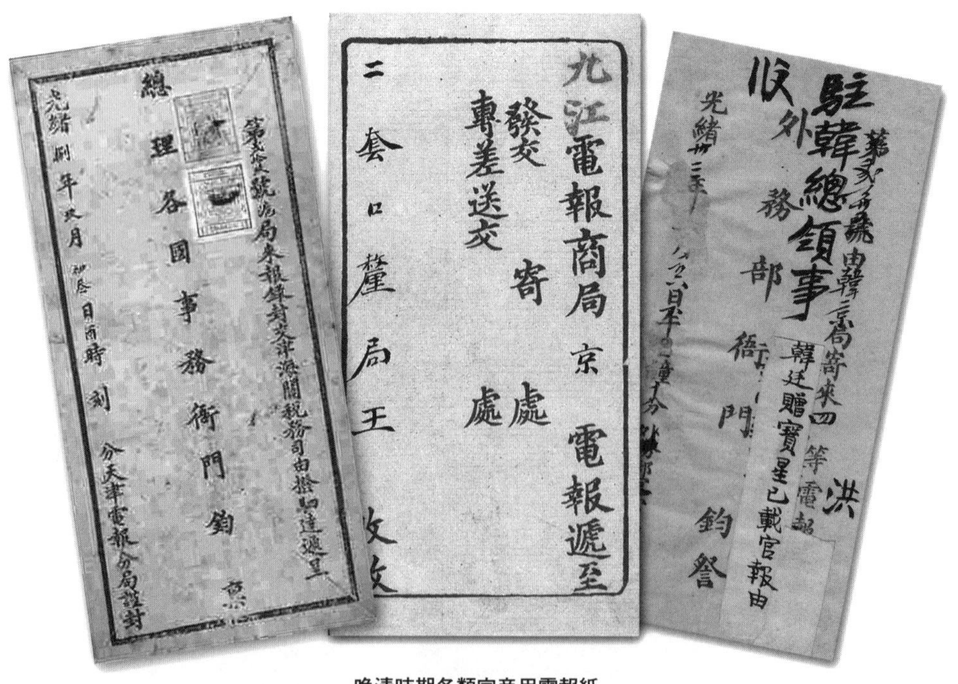

晚清時期各類官商用電報紙

裏，似乎都給這位洹上村逍遙自在的垂釣老翁留出了一個位置。可偏偏這時候老袁來勁了，他在那裏扭扭捏捏猶抱琵琶半遮面，不給組織上一個准信兒。戰場形勢一日三變，這時的政府決策層、新聞界、列強，都有洹上村資訊饑餓症。這時候就是袁不設電報房，估計攝政王載灃也要給他設一個（載灃連自己的位子都肯騰出來讓袁世凱上，還有什麼不能答應的）。這首先為的是政府方面方便，而且可以冠冕堂皇地對外說，為的是軍事上諮詢有過豐富鬥爭經驗的袁將軍，以便他發揮老幹部的餘熱。

再說那會兒科技也是一日千里。查1911年，民間的電報業務在大清國已經很普遍了，以至於該年四月上海電政局不得不移至清國首都北京，成立一個覆蓋全國的「電政總局」。所以1911年為老袁裝個電報，可能就跟1980年代普通家庭裝個電話的難易程度差不多。再不行，於那樣的形勢下，袁世凱的部下也敢自作主張，從軍隊裏調一台電報收發機給老領導用。如果上面問下來就說：對敵鬥爭的需要。

這麼想就和陸軍部秘書科長宣統三年八月二十四日（舊曆）隨同陸軍大臣蔭昌南下征討武昌兵變時，在洹上村看到的情景吻合了：「路過院中，見某室掛有電報處牌子，機聲嗒嗒，聆之甚晰。」至於後面那句：「其時袁尚係罷斥在籍之人，而仍有此種不應有之設備，蓋各方面電報消息，此三年中固無一日之隔閡也。」是這位秘書科長的推斷，說明不了什麼。至於軍法處處長丁士源記載憲兵報告：「袁家有電報房。天津制台衙門電報生厲姓者，司電報之事。丁詢曰：電線是否接通鐵路京漢局電線。憲兵曰：然。丁即令

早期電報收發 1880年10月，清廷成立津滬電報總局，這是中國自辦電信事業的開端。當時人工發報速度為每分鐘20-25個漢字，按照路途遠近制定收費標準，從上海發往蘇州的電報每個字銀元一角，這在當時相當於16斤大米或30個雞蛋的價錢。至1911年，由上海開通的有線電報線路達21條。

秘書官惲寶惠注意。因京漢路有二線：一為直達北京；一為各站聯絡之普通線。故行營電報掛線時，必須兩線均掛。致北京電，須用直線。惲曰：知之矣。」這更加說明，這個時候軍部和有關單位已經和袁世凱成功地開闢了第二條便捷的溝通管道。

所以說，此一時，彼一時。時代在變，載澧在變，老袁也在變。只能說老袁命好，終於讓他藉辛亥革命之機，等到了一個政治上最有利的地位。

袁世凱也怕「拆遷釘子戶」

後人對這段歷史往往事後諸葛亮，說他是人在曹營心在漢，在彰德府洹上村上的是「臨時戶口」。其實，他是做了「紮根」洹上村一輩子的打算的，為此他把下輩子的錢怎麼掙都設計好了。

可以這麼說，袁項城決定不回老家項城，在彰德府安家，一大半是因為經濟原因。大概是老袁從前只顧政治上往上爬，忘了兼顧撈錢的事兒了。沒想到，突發事件來得這麼急，老袁一大家子退隱後的生活費還沒有準備充足。所以經濟問題是目前矛盾的主要方面。

他曾說過：考慮彰德洹上村「愛其朗敞宏靜，前臨洹水，右擁（太）行山，土脈華滋，宜耕宜稼，遂購居焉」。

前面一句「愛其朗敞宏靜」，是袁世凱的「假名士」做派。後面那句「土脈華滋，宜耕宜稼」，才是來洹上村的原因。我實地去過洹上村舊地，可以想像，100年前，那是個前不著村後不著店的「曠野」之地。袁世凱做事情不愛硬來，他見到這裏沒住家，便認為會少了許多拆遷的麻煩。清代的釘子戶一定不比咱們今天素質差。更有甚者，此時背運的袁宮保稍微出點事兒，北京的旗人在茶館裏是可以說上三天三夜的。所以非常時期，袁世凱就做了非常決斷。你可以說他是不得已為之，也可以說他是老謀深算。

1911年10月11日，天上掉餡餅，辛亥革命爆發了。據說傳到洹上村已經是第三天了。這天正是袁世凱52歲壽辰。宴席上的賓客都相顧失色，袁卻撚著日耳曼軍人的牛角鬍子，神情釋然。

袁知道，他袁世凱的新時代到來了！

洹上村裏住了多少人

除袁世凱外，這個大院裏到底住了多少人？洹上村家教楊景震曾經做過一個統計：「正太太1人，姨太太8人，男孩子15人，女孩子9人。凡孩子生下來即雇奶母保育，男孩六七歲即有男聽差看管，各屋內均有丫頭一二人。袁本人有上差四五人，院內有乾淨女僕2人侍候，外邊各辦公人有20餘人，各辦公人各有聽差1人。廚房五六人，理髮匠1人，管理電燈房2人，修理花及澆花四五人，尚有轎夫10餘人，熬參茸湯者1人，管事聽差者四五人。只此可計之人數即與部院大衙相類，其餘附役小男孩則不知其數矣。」嗚呼！粗算下來近200人！袁靜雪也說「有幾百人」。但是一位叫布洛克的法國博士去過洹上村，他在紐約時報1911年11月12日的報導中說有300人！兩者之間的人數相差近一倍！

我想這可能是洹上村的兩營馬隊被法國人算進了總數。楊景震沒算是有道理的，一是這些軍人都住在洹上村外一牆之隔的西營房，屬於寨牆外的人；二是他們由官方派來參加這裏的警衛工作，薪水不是老袁發的。

以前人說洹上村就這一家人，算不上個村，現在知道了吧，這一家人就等於毛時代的一個生產大隊！

附錄：

袁世凱的彰德府花園

《紐約時報》1911年11月12日：

巴黎，10月28日電。布洛克博士近日在前總督袁世凱家裏拜訪了他，並將此次拜訪的所見所聞向筆者作了繪聲繪色的描述。

他說：「我在六月的一個清晨，坐上京漢鐵路的火車離開北京，到達彰德站時已是夜幕降臨時分。袁世凱一輛精巧的中式馬車由一頭精壯漂亮的騾子拉著，載著我從車站來到前總督袁世凱閣下的府上。

我呈上隨身帶的一封介紹信，是前總督的長子袁雲台（袁克定，字雲台。作者注）寫給他父親的。於是我馬上受到了袁府的家庭醫生和前總督的

小兒子的接待。他們把我引至一間客房，這間房外形設計具有典型的中國特色，而房內陳設卻又具有歐式風味。整個房子燈火通明。

第二天早上，前總督表達要見我的意思。他身穿白色絲質衣服，儘管留著白翻鬚，但看來他的身體仍十分健康，五十三歲的年紀在他身上只依稀可見。

他落落大方地告訴我，他願意接待我是給予了我很大的恩惠，因為，自1908年以來，他就一直過著一種隱居生活，生活在一種純粹的寧靜平和中，極少接見外人，除非是法國殖民軍隊的外科醫生吉羅德·麥斯尼來訪。他對麥斯尼醫生非常尊敬。我們至今還記得很清楚，醫生在哈爾濱的逝世讓他非常難過。

正是三年前，離開公眾生活的顯赫與憂慮的袁世凱總督大人（與他親密的人一直這樣稱呼他）隱退到了距北京達五百公里之遠的莊園，在這裏與他的家人，他的妻妾和他的孩子們，以及他忠實的僕人們，安靜地生活在一

彰德府西城門俯瞰城內街道 1909年5月美國地質學家張伯林拍攝，正好是袁世凱搬入洹上村的那個月。這樣的小巷，與同時代中國其他城市比並沒什麼兩樣，不知為什麼法國博士布洛克説彰德府的小巷「又窄又髒」。

▲洗心亭 洗心亭在匯流池的中心，無路徑可達，來往寄之於船。洗心亭是袁世凱在良辰佳期同妻妾觀賞或宴樂之地。袁世凱晚年號為洗心亭主人，源於此亭。

▶《紐約時報》上的洗心亭 《紐約時報》1911年11月12日刊登整版文章《袁世凱的彰德府花園》，其中所配的照片是洗心亭。

Yuan Shi-Kai's Garden at Chang-to-Foo.

Special Correspondence THE NEW YORK TIMES.

PARIS, Oct. 28.—Dr. Broquet contributes to L'Illustration a charming description of a visit he recently paid to Yuan Shi-Kai at the ex-Viceroy's home. He says:

"Leaving Peking on a June morning, by the Peking-Hankow Railway, I arrived at nightfall at the Chang-to-Foo Station. A tiny Chinese cart drawn by a pretty mule carried me from the station to the yamen of his Excellency the ex-Viceroy Yuan Shi-Kai.

"I brought with me the letter of introduction which his eldest son, his Excellency Yuan Yuan-Tai, had given me for his father, and I was at once received by the Physician Extraordinary and the younger son of the ex-Viceroy, who conducted me to an apartment designed in Chinese style, furnished in European style, and lighted by electricity.

"On the following morning the ex-Viceroy expressed a desire to see me. He was dressed in white silk, and, in spite of his white moustache and beard, he seemed to me to be in perfect health, bearing lightly his fifty-three years.

"Very graciously he allowed me to understand that by receiving me he had accorded me a high favor, for, since 1908, he had lived isolated and amid the most profound tranquillity. He had, however, always made an exception in the case of Dr. Gerald Mesny, the surgeon of the French colonial army, whom he held in high esteem, and whose heroic death at Harbin, still present in our memory, had deeply affected him.

"It is three years ago that, leaving the honors and the cares of public life, the Viceroy Yuan Shi-Kai (for his intimates have never ceased to call him thus) withdrew about 500 kilometers from Peking to his estate in his native district, and there settled down with his family, his wives, his children, and his faithful servants. About 300 persons surround him in this great yamen.

"The garden is delightful; it is the type of an artificial garden in the Chinese style. In a few weeks they had brought to it great trees, flowering plants and shrubs, and built pleasant pavilions of wood with harmonious roofs of colored tiles, inscribing some with large figures and garnishing others with gold-leaf, which shines bright amid the verdure. They excavated a large pool, where the rays of the sun played on the great green leaves of the lotus and on their blossoms of rose-color; and then they brought hither beautiful stags with their hinds, and these fought for mastery amid the growing green things.

"The little river of Sin-Wan, with its swift and clear current, passes near the estate and the garden, separating them from the hill on which is built the town. The ancient city of Chang-to-Foo, which goes back to the first years of the Ming dynasty, is a poverty-stricken capital, with narrow, dirty lanes, surrounded by a deep moat and a high wall, which is pierced by four great gates. At its corners are four tall watchtowers, from which one can discern the great monotonous plain through which the railway runs and the mountains which limit it on the west.

"The three tranquil years which Yuan Shi-Kai has just passed on this estate must have weighed heavily on this man of action. Long since he could have left his abode had he not wished to choose his own time to enter again the scene and if he had not preferred to await in his retreat the moment which has now come, when the Court and the Regent appeal to his popular name, to his wise energy, and to his loyalty in order to preserve a throne and a child and maintain the supremacy of the dynasty."

▼1909年彰德府（安陽）文峰塔

起。在這座莊園，大約有三百人生活在他身邊。

他的花園賞心悅目，非常美麗，是一個典型的中國式人工花園。（據說）在短短的幾個星期內，人們在這個園子裏栽滿大樹、開花的植物和灌木，還建了漂亮的木質涼亭，亭子頂的造型和諧自然，彩色的瓦片有的題著大字，有的飾了金葉，在一片翠色中閃閃發光。他們挖掘出一個大型的人工湖，湖中種荷植菱，丹碧成錦，花葉繁密。陽光在碧綠的荷葉上跳躍，在粉色的荷花中嬉戲。然後他們又把美麗的牡鹿連同他們的伴侶一塊兒帶到這個莊園。在這片欣欣向榮的綠意中，牡鹿們時常為爭奪領導者的地位而爭鬥。

小小的新彎河水長流（『新彎』是Sin-Wan的音譯，作者注），水流輕快，河水清澈見底，流經莊園附近，然後到達花園，把袁府與小山分割開來。而事實上，這個小村都是建立在這座山上的。古城彰德府，自明朝初年就開始了她的歷史。這是一個特困地區，小巷又窄又髒，深深的護城河與高高的城牆將小城圍起來，城牆四面各開一個巨大城門。在小城的四角是四座極高的監視塔，從這塔上向遠方眺望，人們可以看到廣闊的平原。在這風景單調的平原上，鐵路蜿蜒穿行。而平原的西邊，則有崇山峻嶺阻擋了它的延展。

在這個莊園度過的這平靜的三年，對袁世凱這個實幹家來說意義非凡。如果他沒有選擇在屬於自己的正確時機再次進入這個風雲變幻的世界，如果他沒有選擇隱退，靜靜等待這一刻的來臨，他早就離開了這片莊園。而現在，這一刻到來了，這一刻，朝廷和攝政者都高聲呼喚著他的大名，呼喚著他具有智慧的力量，呼喚著他的忠誠，呼喚他來拯救一個王朝，保護一個孩子，維護一個朝代至高無上的權利。」

《紐約時報》上的文章是迄今為止筆者能找到的最早報導洹上村實際情況的國外公開出版物。從中可看出這麼幾點細節：

1.「養壽園」裏採用自然放養的方式大量養鹿，這些鹿可能就是坊間所傳的「章士釗親眼目睹過袁將鹿茸當零食」中的鹿。

2.整個洹上村居住者「大約有三百人」。

3.間接證明了袁克定是袁世凱的「駐京辦主任」，對外聯絡的工作大多由袁克定完成。

親歷者揭秘袁家人生活起居

現在我們將眼光從洹上村的景色暫且移開，看看袁家人生活起居裏的一些鮮為人知的事兒。

與百年來那些遠距離的猜測和想當然的「真實故事」不同，一些近距離和袁家有接觸的人給我們畫下了一些近似白描的人物圖。楊景震說：「袁家屬人等衣服儉樸，衣以洋布為主，只袁本人衣多綢緞，冬天不穿皮襖，以貂絨作棉襖。至於他的飲食，除魚、雞肉外，每餐使姨太太做盤菜幾個，以供口腹。辦公諸人有菜數桌，亦是魚、雞肉豐盛異常。老師與眾學生共餐，孩子多，每月有孩子生日，哪屋孩子生日哪屋送校中餃子若干；每餐的主食是米飯和饅頭，每桌上吃下用一年無二樣。」

關於袁的一妻九妾故事，最為後人津津樂道。

記得十多年前，我在紐約上課時，正趕上課上放映張藝謀的《大紅燈籠高高掛》（根據蘇童的小說《妻妾成群》改編），一位平時話最多的老外男生，聚精會神地看著。一看便知，此時的他，顯然讓「妻妾成群」的故事給迷住了。看畢，他睜開紅紅的眼睛，深有感觸地對我說：「中國男人真幸福！」

其實那會兒，只要是個官，或者說有點兒錢的都是三妻四妾。最近看到一個報導說：1912年12月，當時的北京政府還頒布了《暫行新刑律補充條例》，條例第十二條明確地承認了妾的存在。大理院也在解釋妾的身分時說：「凡以永續同居，為家族一員之意思，與其家長發生夫婦類同之關係者，均可成立。法律不限何種方式。」

於是納妾愈加自由。男子只要有錢，可隨意納妾，不受任何限制，以至很多人以蓄妾來炫耀財富。時人胡朴安記載說：「廣東多妻制盛行，社會上咸以妻妾之多寡視其人財產之豐嗇，故往往有納妾以為虛撐門面者。聞某富豪家有胡椒樹百零八株，每年收入極豐，而竟娶百零八妾。每妾各收一株之利益，以為飲食服飾之費。至於三妻四妾者，在在皆有，蓋如此方足以維持其中等人家之體面也。」

那會兒的「三妻四妾」也是「成功人士」的標誌。

袁克文元配劉梅真老年時的照片

劉梅真，安徽貴池人。父親劉尚文原是一位鹽商，因經銷長蘆鹽有方而大發，遂在天津花巨金捐班直隸候補道。逢年過節，劉尚文必備厚禮送直隸總督袁世凱，一來二往，關係益近，定下克文與梅真的秦晉之好，時劉梅真18歲。

除劉外克文還娶了5個姨太太，她們是：情韻樓、小桃紅、唐志君、于佩文、亞仙，沒有名分的情婦據知信人講有七八十個。

袁世凱也不能免俗。當他的二兒媳婦、袁克文的正妻劉梅真為克文討小老婆的事兒大哭大鬧時，公公袁世凱發話了：男人有本事才三妻四妾的，女人不可以妒忌。

「新派」的袁世凱在廢太監、廢宮女、禁鴉片等問題上態度積極，唯獨納妾他「不求進步」。與其道聽塗說「一妻九妾」的故事，我們還不如直接聽聽袁家上下是怎麼說的。

原配于氏，認錢不認夫

袁世凱的轎夫班頭馮培德1960年代學著當時幹部的口吻說：「大太太姓于，是陳州人，作風正派。」這話得到家庭教師楊景震的證實：「正太太性極忠厚。」是啊，該有的她都有了：袁世凱將她當個「牌位」供著，她享受著元配正妻和「娘」的崇高地位，所以她也沒什麼好爭好搶的（在袁家，「娘」只能于氏專用，「親媽」為大姨太專用）。所以她心如止水，「隔個3天、5天，他倆見面相敬如賓，我父親一定先問一句：『太太，你好！』她也一定回答一句：『大人（妻妾們一直稱呼我父親為大人，直到洪憲帝制時期也未更改），你好！』接著，再隨意談上幾句生活上的閒話，就結束了這照例的一次會見。」（袁靜雪語）

平淡無味，形同路人，這是女兒看到的表面文章。聽聽袁世凱自己的說法吧。他在給自己二姐的信裏多次提到，這個于氏「性情甚劣」，「時常生事」。于氏曾去過朝鮮，袁世凱說她「糊塗，來此數月，弟徒添一樁閒事，

袁世凱元配、正夫人于氏

克文說她「出身沈丘縣，大袁世凱一歲。62歲過世」。沒讀書，不識字，是個老實的鄉間女子。一次新年，袁世凱接見各國公使，第一夫人自然要陪同接見。忽有某國公使走到這位夫人面前，要和她行握手禮，她大為驚慌，「嗯」地一聲，把雙手藏到背後去了，弄得那位公使十分尷尬。

殊無謂」。抗日援朝期間的袁世凱，當時最多是個處級幹部，囊中羞澀。可是回到河南老家的于氏常常讓二姐在信中向他索要錢物。袁世凱光火了：「此間自去年用度太大，至不能了。繼母（袁克定小名繼光，袁叫于氏為繼母）本有錢，何必專向窮人打擾，可告以俟有錢時清算賬債，一分亦不能少他（她）的，毋為念。此時實不可了，不可又來擠弟，亦須體亮（諒）其夫。天下豈有其夫富貴，其妻反貧賤者乎？弟非情外之人，可毋多心。」無理取鬧，無知又愛財。這就是袁給髮妻畫的像。

于氏眼看拉不回老公的心，便來個眼不見為淨。後來她很長一段時期都情願留守在洹上村。這就害了她的親生兒子袁克定，為了陪老媽，一次在洹上村逗留期間，克定不慎從馬上摔下，跌成了個瘸子。

這個鄉間女人真正的風光是在她死後，就在袁世凱死後四五年，正太太于氏也在洹上村過世了。這回她享受了和袁世凱同穴的待遇，再也不怕老公擠兌她了（袁葬東室，她葬西室）。出殯時，據當時從北京特地趕來為她辦喪事的蕭景泉老人說，喪事「用的還是『皇槓』，64個槓夫」。這可比得上袁世凱葬禮的高規格了。

大姨太，是上海愛上的還是天津買來的？

大姨太太的故事最多。袁靜雪說：袁世凱22歲前去上海，「結識了一個蘇州籍的名妓沈氏，這就是他後來所娶的大姨太太。他們兩個見面以後，情好日密。沈氏勸他及早離開上海，另謀出路，並且資助他盤費，鼓勵他早日

袁寒雲（克文）先生及眉雲夫人

成行。行前，沈氏備酒送行。席間對他說明，在他去以後，她立刻就自己出錢贖身，搬出妓院；希望他努力功名，不要相負。我父親聽了以後，也就指天誓日，灑淚而別。後來，他隨吳長慶到了朝鮮，果然把她接了去，做他的姨太太」。

這段故事有明清小說的真傳，故電視劇編劇大多採這個說法。其實關於她的說法比較多。她的過繼兒子克文說：她是江蘇崇明人，農家女兒，靠姐姐度日，後來被拐賣到天津妓院。克文說她像烈女一樣以飲毒明志，堅決不從。後來這件事情感動了老爸袁世凱，袁給她贖身，沈氏感動，自願為妾。然後去朝鮮。

妹妹和哥哥的話對不上，其間可能說話的年代不同。妹妹的話是1960年代說的，她想和竊國大盜劃清界限，有點作踐自己的父親。哥哥的話是1930年代前後說的，北洋的餘暉還在，他要維護這塊牌子。再說沈氏對他的寵愛是沒說的，要鐵，恨不能把鍋給砸了。他感恩也會這麼說。

沈氏一生無出，後來過繼袁克文為兒。她享受著僅次於「娘」的「親媽」稱號。在當時的一些外交場合中，她同樣是以「我父親的『太太』的身分出現」。（袁靜雪語）前期兢兢業業地管教二、三、四、五4位姨太太們，袁世凱入中南海後，因其年歲已高，免「輪流值宿」，常住天津。

袁世凱的個人生活中還有「涉外婚姻」，他的二、三、四3位姨太太是朝鮮人。「二、三姨太太係朝鮮國送給的，性亦忠厚；四姨太太早逝。」（楊景震語）袁家醫生徐正倫有這麼一說：「二妾李氏，三妾金氏，四妾吳氏皆朝鮮人，係朝鮮閔妃所贈。原共4人，其中一人在袁回國時潛逃。」三姨太生的二子袁克文說：二姨太姓白、四姨太姓季，三女皆貴，但金氏「世有顯

貴」，而白、季二氏僅為「望族」而已。

二姨太糊塗，被人宰

二姨太吳氏（一說李氏，克文說姓白），朝鮮人，生兒女六個。一生故事不多，從有限的資料看，她人緣不錯，因為她隨和不愛較真。克文說他和正夫人于氏關係處得不錯。袁家醫生徐正倫對這位二姨太下筆頗多，可對其性格略見一斑：「袁的家庭財務，以前由二妾吳氏保管，因袁克文從吳氏手內托詞要走一個10萬元的銀行存摺，袁世凱認為吳氏軟弱無能，就改交五妾掌管。袁世凱死後，吳氏在津居住，每月電燈公司來收電費的時候，門房向吳氏把錢要到手裏，暗地吞沒，對收費人說:「欠一欠下次給。」下次還是如此。到第三次門房拿上3個月的欠費條一齊要，吳氏照樣付給。此類事件很多。這麼看，二姨太老來應該患了健忘症或者她是個爛好人。

二姨太生長女伯禎（成年後嫁與清兩江總督張人駿的兒子）、五子克權（娶清兩江總督端方的女兒為妻）、七子克齊（娶民國總理孫寶琦的女兒為妻）、十子克堅（娶民國陝西督軍陸建章的女兒為妻）、十二子克度（娶富商羅雲之女為妻）、六女籙禎（嫁民國總理孫寶琦的兒子）。

▶二姨太吳氏和六女兒籙禎
（嫁與民國總理孫寶琦之子）

十子克堅，二姨太所生 袁死後，徐世昌女悔婚，後娶陝西督軍陸建章之女陸毓秀。

五子克權，二姨太所生 1913年和六弟克桓、七弟克齊同赴英國留學，1914年回國。一生不問政治，以墨自娛。1941去世，45歲，夫人為兩江總督瑞方之女。（上圖）

十二子克度，二姨太所生 留學美國，攻化學，英語很好。他會製作法國香水，發明過一種奇特而簡便的複印技術，1976年去世。

袁世凱奉子娶三姨太

三姨太金氏，是克文和袁靜雪的生母。這兩人給其生母畫了兩張臉。克文說她在袁世凱逝世當日，吞金殉夫。幸虧家人及時發現將她救下，但已損傷食道，落下了一個咯血的毛病，幾個月後便去世了。

她為袁世凱生了五個兒女：次子克文、三子克良、三女叔禎、八女（早亡）、十女思禎。

三女兒袁靜雪（袁叔禎）說到自己的親生母親三姨太金氏時，最不吝惜筆墨：

> 由於精神苦悶的重壓，使她成為一個性格古怪的人。一方面，似乎脾氣很好，對家裏所有的人都很和氣，也從不和人爭長論短；另一方面，在不高興的時候，卻會因為偶然的原因，一語不合鬧起氣來，甚至鬧到了難以收拾的地步。

袁叔禎（左，後改名為袁靜雪）和十女袁思禎（右） 袁靜雪在1960年代寫過《我的父親袁世凱》，由於有大量近距離觀察的第一手資料，本書從中受益匪淺。

她皮膚很白，濃黑的頭髮長長地從頭頂一直披拂到腳下，看起來是很美麗的。但是，她神情木然，似乎永遠沒有高興的時候。她不但對待兒女沒有什麼親熱的表示，就是我父親有時候到她屋裏去，她也是板板地對坐在那裏。有的時候，我父親說到高興去處，她雖然也陪著一笑，但笑過之後，立刻把笑容斂住，於是她的臉上就再也看不出絲毫笑意。她在過年、過節和她自己生日的時候，總要暗暗地哭一場。她嫁到我家以後，從沒有回過娘家，娘家的人也從來沒有來看過她。……在中南海的時候，她並不是每天都到居仁堂去的。但是，我父親見到有什麼好吃的，或是她所喜歡吃的東西，總是時常叫傭人請她同吃。此外，我父親對於她無論在禮貌詞色間，或是物質待遇上，都比其他姨太太要特殊一些。這或許是我父親於心有愧，才藉此來彌補他的罪過吧！

她在死前的頭一天裏，對我二哥說了兩件事：一件是，在她過門以後不久，大姨太太藉對她教導和管束的名義，對她進行虐待。有一次，大姨太太把她綁在桌子腿上毒打。由於她的左腿被打得過分厲害，受了內傷，以至於臨死的時候還經常疼痛，並且還不能伸直。另一件是，她的父母原來也認為她是嫁給我父親做『正室』的，及至過門以後，才知道她不但是一個姨太太，並且還把她和兩個陪嫁的姑娘排在一起，成了個三姨太太，自然已經十分痛心。後來，她又要隨著父親離開朝鮮，更是加倍的傷感。特別是她的母親看到自己的愛女迢迢千里地到一個陌生異地去，今後自然很少再有見面的

機會，因此悲痛和思念的情感，就交織在這個老人的心中。有一天，她母親在精神恍惚的情況下，彷彿也就投井自殺了。她父親既痛心於女兒的遭遇，又看到老妻因為女兒的緣故竟至自尋短見，當時悲痛得吐了很多血，3天後也就身死了。她在說完第二個故事以後，又對我我二哥說，她所以不願意在這以前說起這件事，是為了免得暴露我父親生前所做的錯事，由這一點看來，她算得是用心亦良苦矣。

三姨太的事兒本來有兒女親自著文介紹，已經不需補充什麼了，但是袁世凱自己有話要說。袁在寫給二姐的信中告訴了我們三姨太的另外一個故事版本：1890年4月3日，袁世凱說他的一個朝鮮女婢懷上了他的第三胎。因為前兩次流產，本以為不會有孕，誰知「近形跡已大露，據醫生與老媽云，的是有娠」，可能還是個男胎，大約6、7個月了。重男輕女的袁世凱接著感喟道：「十三年來，未立繼丁，老親時為盼，今果生男，可又慰慈懷，乞代察。」

二子袁克文，三姨太所生 袁克文是個天賦聰穎、風流倜儻的文人。人稱「袁門子建」。他不僅填詞作畫好，書法也好。後經濟拮据，他就以賣字彌補生活。克文還愛好收藏古玩、郵票等。只要是他所愛，不論價錢多少，都要收買，真是揮金如土。

袁克文戲裝照（1920年） 他一生最大的愛好就是戲劇。尤其是崑曲、京劇，他能清唱，能彩唱，經常登台演出。袁克定竭力反對他登台演出，認為有辱家門。一次義演，克定叫來天津警察總監阻止。克文笑著說：「明天還有一場，唱完就不再唱了」。結果還是照演，克定也奈何不得。

原來袁世凱娶金氏是奉子娶妾啊！從袁世凱的信裏我們還知道，這位金氏女婢是幾位女婢中的「小者」，而且她是有名有姓的，叫金雲溪，袁世凱改其名為金月仙。金月仙果然在七月十六日給袁世凱生下一個男孩，袁給孩子起名袁克文。

四姨太吞金自戕，為夫殉情

四姨太吳氏（克文說姓季），生前故事不多，吳氏死後有兩種說法。克文說她在袁世凱任直隸總督時生琪禎得了病，又誤服了「夷藥」而死。還有一說，1916年袁世凱去世，四姨太也吞金自戕，死後被葬在袁林正西約500米處。據長期工作在洹上村的張有明老人說：1963年8月，安陽連續8天暴雨，洹河多處決口，洪水就將道路沖了幾條1米多深的壕溝，這才發現四姨太的墓棺。原來，1938年日本兵在袁墳之西修飛機場，要移墳。袁家後代趁夜深將棺抬到袁林照壁牆南埋葬，據說陪葬中有不少是黃金製品。現在四姨太吳氏仍在那裏長眠。

四姨太生有一男三女。四子克端，三個女兒是仲禎、敬禎、復禎（琪禎）。

五姨太捲走不少袁家寶貝

關於五姨太楊氏，我們還是聽聽他兒子袁克桓口中的故事（克桓同學的後代轉述）：五姨太「是天津楊柳青人，家裏除有土地，還有一貨棧，山東、北京、天津都有分號，主要經營瓷器、帽筒、撣瓶、魚缸、餐具什麼的。袁世凱做山東巡撫時，楊氏隨父經營濟南分店。楊氏的纖纖玉手，雅致的『三寸金蓮』，夢一般勾動了袁世凱的目光和心緒。楊氏聽過法國傳教士鄉村傳教，記憶好，嘴巧心細，既能周旋，又能果斷，還精於賬目，深得袁世凱歡心。袁將管家大權交給她，家中的日常生活，該吃什麼該穿什麼，都由楊氏一手經營」。

可能是得勢遭人妒忌，也可能是精明過了頭，容易得罪人。只要不是五姨太這房的大多沒說她什麼好話。袁家醫生說：「五妾楊氏，天津宜興埠

人，係袁克定之妾馬彩雲為邀袁世凱的歡心買來獻於袁的。」又說：「楊氏在袁的諸妾中，人最嚴厲，家內上下人等無不畏懼。袁諸子分家時，據袁的老管事（現忘其名）說:『五老太太（指楊氏）拿出來的好東西還不到二分之一。』因此楊氏一股所得袁世凱的遺產最多。楊死後，她所生的4個兒子克桓、克軫、克玖、克安分居時，除房產、存款和珍貴物品外，僅最好的麻將牌一項，每人即分到72副。這是克齊之妻孫用熙對我說的。」袁克文在《諸庶母傳》裏幾乎對每個「庶母」好話說盡，唯獨給「五庶母」的好話既吝嗇又尖刻：「穎敏得先公歡。」

袁靜雪開門見山就是：「她長得並不漂亮，但是我父親對她卻特別寵愛。」「我父親不僅讓她照管自己生活上的一切，還讓她管理整個家務，管理各房的女傭人和丫頭，管理我們兄弟姐妹們，還管理六、八、九3個姨太太。由於我父親很能聽從她的意見，所以不論是誰，只要不服從她的約束，她就可以隨時告訴我父親，由我父親出面解決。因此，全家上下都因為我父親的緣故而對她抱有畏懼的心理，就是我娘于氏也不例外。」瞧，五姨太讓于氏這樣的人都產生了不安全感。

五姨太還有個毛病，用我們這一代的話說：「對人馬克思主義，對己自由主義。」在袁家內部暗中為「立太子」事兒較勁時，五姨太採取主動出擊的姿態，司馬昭之心連袁世凱都看出來了：「五姨太太想到自己既是我父親身邊最寵的人，自然也就希冀著那樣的尊位降臨到自己身上。因此，她就時

遷出中南海的五姨太與六子克桓（右）、八子克軫（左）在自家門前

時在我父親身旁嘀嘀咕咕，要求立她的長子——老六為『太子』。這個情況，不但伺候我父親的丫頭流露過一言半語，就是我也聽到五姨太太在我父親面前稱讚老六的種種好處。我父親處在這內外夾攻的情況下，怎麼能夠使他不越加惱火呢！」（袁靜雪語）

五姨太畢竟是聰明人，知道別人不待見她，袁世凱一死，就另立門戶。五姨太自己說，「老爺去逝後，我們離開中南海，遵老爺遺囑，每個兒子15萬元，一個姨娘一幢樓。我帶著克桓、克軫、克玖、克安搬到天津地緯路大營門一溜兩層德式洋樓第三幢。」

1916年6月6日晨，袁世凱死在居仁堂樓上。在全家忙於辦理喪事時，五姨太趁亂讓僕人將袁世凱房中的保險櫃搬到自己居所，連牆上的大掛鐘也不放過。袁的財產，按兒子們的人頭份瓜分，五姨太有4個兒子，自然不吃虧。此外她還獨攬了袁世凱的大部分貴重器物。

五姨太生六兒女：六子克桓、八子克軫、九子克玖、十一子克安、五女季禎、十五女（早亡）。

二女兒袁仲禎（左）和她的小姑（右）

左圖為袁世凱的七女兒袁復禎（1931）

九子袁克玖，五姨太所生 「克玖自幼與黎元洪之二女黎紹芳訂婚，紹芳患精神病。他留美回國，知紹芳有病，就暗暗地與舞女李熙訂白首之盟。他的母親楊氏主張先娶回黎紹芳，於是得到一份厚奩。婚後黎紹芳被弄到一個小院單住，隨後送入瘋人院。克玖此時就馬上與李熙結婚。」（徐正倫語）但是據說他很愛國，當真聽說袁家騮加入了美國籍，非常生氣，氣憤地說：「咋能那樣啊？入了番邦啊！」

六子袁克桓（1898－1956），五姨太所生 袁去世時，克桓18歲。分家時，分得現款銀元8萬元，黃金40兩，股票（包括開灤煤礦、啟新洋灰公司、江南水泥、耀華玻璃、鹽業銀行、華新紗廠、天建造胰公司等的股票）總面值約7萬餘元，投向了實業。後娶監察御史陳啟泰的女兒陳徵為妻。陳家頗殷富，陪妝裝了一火車。這對袁克桓的事業，無疑也起了很大的支撐作用。後克桓成北方聞名的實業家。人民政府曾經考慮他做天津市的副市長，58歲時過世。

八子袁克軫（右站立者），五姨太所生 中間坐者為五姨太楊氏，左立著為袁克桓。後人曾這樣點評袁世凱的兒子：「長子克定最有權；次子克文最有才，六子克桓最有錢。」

五姨太老年時的照片

五姨太墓地今天成了北京植物園一停車場

1937年，58歲的五姨太去世，墓地今北京植物園斜對面的香山路南側。墓地當年十分宏大，有石雕牌坊、石柱、華表和石獅，墓道兩側排列著石人、石馬、石羊等，這些都是從前清貴族的墓地上買來的。

1966年文革「破四舊」，生產隊挖掘了該墓。棺材打開後，裏邊的衣服、被褥色澤鮮艷，尚未腐爛。有個老太太撿了一籃子衣物，提著剛走出幾步，就變色破碎了。挖開的墓穴，曾作為養魚池，三間門房，也曾作為生產隊的倉庫。現闢為停車場。昔日的石雕構件則堆放在停車場內的松樹下。

袁死十多年，六姨太懷了個男胎

六姨太太葉氏，她本是南京釣魚巷的妓女，流傳甚廣的故事是她原來是克文妓院裏的相好，後陰差陽錯嫁給了情人的老爸袁世凱。克文在報上寫到「六庶母」時說她17歲嫁袁世凱，性格溫柔，而且人聰明，在女館裏一年不到就會填詞寫東西了。行文走字間，看來克文還是很欣賞「六庶母」的。

袁家的醫生徐正倫說：「民國元年春季，袁世凱眷屬有一部分在天津居住，克文曾攜妻劉梅真和六姨母葉氏在包廂聽戲。由於葉氏改裝為少女，引起克良的懷疑（克良自幼有精神病），後來到京向袁世凱誇大其詞地揭發。這使袁世凱大為震怒，召克文至前叱令跪下，拿起棍子要打。那時克文的老保姆跪著趴在克文身上，劉梅真也抱著只有一周歲幼子家嘏跪在一旁求情，袁世凱才喝令克文滾開。

接著徐醫生又告訴我們一個關於六姨太的小秘密：「1929年春末，袁世凱死後10多年，他生前的寵妾葉氏，接我到小白樓住所診病。葉氏滿面愁容還帶怒氣。我診查後，勸她據實說明病情。她說：今天才由姜愛蘭醫院出來，住院以前月經已經停止3個月，曾請梁寶鑑大夫醫治，據說是長東西，須要住院動手術。梁寶鑑介紹住姜愛蘭醫院。到院後，梁又請來德籍女大夫一人，同姜愛蘭會診。動手術那天，3個大夫把葉氏的兒女叫到手術室內，取出一個成形的男胎。手術後的第三天，葉氏突然發高燒，經打針後仍不見癒，就主動出院，不再叫他們治了。我找到姜愛蘭醫院和梁寶鑑，問明上述經過屬實，只手術費一項就700兩銀子。以後由我診治兩個多月，共去了75次，每次出診費為8元5角。」

最近看到一個賀蘭縣政協的文史資料，發人深省。口述者曾任寧夏京星鄉領導，名字叫高鈞。高鈞告訴我們：六姨太姓葉名蓁，生於清光緒十八年（1892年），……家境較好。瓜子臉型，濃眉大眼，高窕身材，三寸金蓮，知書達理，美貌聰慧。

袁死後，六姨太子女分得銀元26.4萬元（大約相當於眼下人民幣4千萬左右），黃金20條，房屋100間。葉認為這些錢一世都用不完，於是到處投資，連白粉的生意都做，結果都失敗。又不會理財，還大手大腳地花，到抗戰勝利時已將財產全部花光。解放初期，全家靠在北京街頭賣冰糖葫蘆維持生活。

1955年，北京因城市無業人員過多需要向外移民，當時說「天下黃河富寧夏」，去了就分配住房，可以過好日子。葉一聽宣傳，腦子發熱，報了名，戴了大紅花，被敲鑼打鼓地送去大西北做社會主義新移民。

1955年5月24日，葉氏一家移民到了賀蘭縣京星鄉三村。移民蜜月期當口，當地政府給她家分了兩間房，每月供應塊煤180斤、煤油4兩（16兩秤，等於現在2兩半），每人每月供應口糧35斤（粗細糧按比例搭配）、香油2.5兩，另外每人每月發給菜金1.44元。除此外，葉氏一家還有次女奇禎每月由天津寄來的二三十元現金，生活水準在京星鄉所有北京移民中屬上等。

葉蓁嫁給袁世凱，大門不出，二門不邁。到了京星後，她仍然保持了足不出戶的習慣，不與外界接觸，除非鄰居來到家中才敷衍幾句，一般不與外人閒談，對其身世從不向外吐露。潛伏得夠可以了。儘管這樣，還是有好事者傳言出去，常引得人們去看這個「皇帝娘娘」長得怎麼樣。當時她年過六旬，小腳，走路不穩，家務活都由兒子幹，她只是為兒孫做一些針線活，縫補衣物和做鞋，閒暇時看一些書報。她最大的嗜好是吸紙煙，且煙癮很大，每月吸煙在30筒以上。50支裝耕牛牌紙煙，當時一筒0.12元。

兩年後，葉氏一家人的安定日子被一場政治運動攪亂了。1957年反右時，因移民中，上至袁世凱的姨太太、兒子，下至日偽少將，國民黨軍、警、憲、特，還有資本家小業主等，文化程度高，講怪話提意見的人多，故縣上將這裏作為運動的重點，分配了相當高比例的「地富反壞右」指標。運動以後，移民有被殺的，有被關押勞改的。僅被戴歷史反革命分子、壞分子帽子的就有四十餘人。那時，葉家雖未戴什麼帽子，但因家庭出身，被列入內部掌握的監管對象。

1956年後，移民的供應標準逐月降低，至1958年秋供應完全被取消了，移民的生活越來越困苦。

1958年實行人民公社「大鍋飯」制度，大人小孩都要到公共食堂分組就餐，誰都不能例外。這對葉蓁來講尤感不便。平時她連門都不願出，這時要她每天三次到食堂去吃飯，她只好扶著牆，扭動著三寸金蓮，一步三搖，走向食堂。年已67歲的葉蓁，那金枝玉葉的身軀經歷著如此折磨，她也只好忍耐。也只有這個時候，京星鄉的老少才能一睹「娘娘」的「芳容」。

兒子死後，葉蓁從此就病倒了。一天，隊長徐勤發現葉蓁三天沒到食堂吃飯。進門一看，她家的窗玻璃全被打碎了，炕也塌了一半，老太太就睡在尚好的半邊。炕上鋪著稻草，身上蓋著露出爛棉花的破被，大小便就在那塌陷的炕裏，屋裏又冷又臭。徐勤看了很難過，以組織名義暫時改善了一下她的生活。

1958年12月31日夜，葉蓁走完了她67年的人生旅程。葉的屍體用一張葦蓆捲上，埋在了她兒子袁巨勳的墳旁。

葉蓁死後一個月左右，縣銀行來人拿著中國銀行北京分行的信找來。信的大意是說：經查你單位葉蓁在民國期間（約在袁世凱死後不久）存入中國銀行北京分行6000元銀元（這數字在當時的上海可以買個小洋樓）。因她女兒袁奇禎要求繼承，北京分行不同意，此款應由葉蓁本人領取，請查找本人。鄉里實情相告，葉蓁剛剛去世，兒子也死了，只有兩個孫子，生活非常困難，能否由孫子領取。來人說本人不在了，如何處理我們不好答覆，只能由北京分行決定。那時鄉里出具證明並提出此要求，但沒有回音，不知這筆存款做何處理了。

葉蓁死後半年左右，1959年夏初，由南京市人民政府發來的公函上說，經查原在南京某半條街的房屋，在1937年前是葉蓁私產，不知何時所置。日本佔領南京後，被日軍機關佔用了。抗戰勝利後，由國民黨軍隊按敵偽遺產接收，沒查出房子主人是誰，就用作軍營。1950年代南京政府落實私產政策，查證房屋的主人是葉蓁。經與北京聯繫得知葉蓁移居寧夏，便發函通知葉蓁接收。鄉里提出與上次同樣的要求，結果仍無回覆。

看後，我一聲歎息：唉！六姨太啊！我說你啥好！

倒放葉氏的一生鏡頭：少女的六姨太是個愛笑愛玩的陽光女孩，青年的六姨太是個不諳世故的情種！否則「家庭富裕」的她為何自上青樓？少婦的六姨太玩心不減，做了人妻還裝扮少女和老相好偷著外出看戲就是一證。中年的六姨太是個感情豐富的寡婦，袁死十多年，愛火不熄，衝鋒不止。我的感覺，這是一個情商頗高的江南奇女子，可是世間往往有點兒吊詭：情場得意，商場就失意。她玩得瘋了，便把投資也當兒戲，億貫家財也讓這個感情豐富的女子給敗了。

她一生與三個大數字擦肩而過，到頭來卻一席蘆葦裹身，丟棄在風沙雪地裏，屍體最後大多是餵了西北野狼。（1950年代西北野狼多，兒時就有聞。我的鄰居一家那會兒因歷史問題，「被下放」到甘肅，十多年後回來，老二沒了，家人說老二當時出了火車站去空地撒泡尿，就被站外的野狼吃了。）

26.4萬元！這在當時是一個天文數字。聽我老母說1930年上海大世界旁的一座小樓叫價8000元，26萬可以買30座「一環」以內的小洋樓！現在時價一座最少1千萬，就是3個億啊！別說還有黃金20條，房屋100間，娘家在南京還有半條街的不動產，光一萬一平米的拆遷費，你想想是多少！除此外銀行裏還有6000元的現金，1959年的6000元！那會兒上海普通人家一個人全部生活費每月10元，（現在要1500元到2000元），替葉老太太算算吧！加在一起，葉氏可以上2009年胡潤排行榜前十的啊！可是這些錢都讓她敗了，忘了。

趙本山的小品怎麼說來著：人生最可悲的事是到死時發現錢沒用完和沒到死時錢就用完了。兩樣都讓葉老太太攤上了。

反過來想：玩過，愛過，得過，敗過，錯過。人生得一過便算精彩，葉氏呢？

六姨太太生五子女：十四子克捷（袁巨勳）、十七子克有、九女福禎、十一女奇禎、十二女瑞禎。

七姨太死後才轉正

七姨太張氏，河南人，無出，因病早死。克文對「七庶母」的介紹是姓邵，字惕，山東人。遇災走他鄉，賣為官宦人家女婢，後轉入袁家做大姨太的女婢。因工作認真，深得頂頭上司大姨太的歡心，待她如己出。命自己的繼兒克文教她識文斷字。雖然她不是絕頂聰明，然學習刻苦，後也能看個信寫點字什麼的。袁世凱看了很欣賞，讓她做了候補姨太太。後跟隨袁退隱到衛輝，二十歲的她便早早過世。袁世凱認為她賢慧，給了她一個「享受」姨太太級的待遇，葬在安陽南城外。另一說來自徐正倫：「七妾姓氏不詳。據袁家人說，袁退居河南洹上村時，七妾與花園工人談話，為袁所見而逼令服毒自殺。」

袁克文的「八姨太烈女傳」

老年的八姨太郭氏照

八姨太郭氏。袁克文在《洹上私乘》「諸庶母傳」中濃墨重彩地寫了一段：「八庶母」浙江歸安縣人也。母親為南潯某富室妾，後被人炒了魷魚。帶著小女兒八姨太到天津入了風塵。八姨太長大也操此業，改名叫「寶仙」。但是八姨太不喜青樓之事，應酬客人心不情願，後來她母親死，八姨太傷心至極，也想「身殉」，被人救下。其先進事蹟在天津精英階層廣為傳頌……克文遊天津，從相好的妓女蟾香處聽到此事，回洹上村後和大姨太說及。巧了，正好大姨媽看袁世凱退下來後心情鬱悶，立刻派人帶著錢去「贖庶母歸」。更加巧的是，天津那裏，八姨太為葬母借了2000元巨款，還有個弟弟相依為命。八姨太放出話來：誰出萬元，就嫁給他。有多位富商前來一試，「八庶母」不喜做商人婦，全「拒之」。聽到退休老幹部袁世凱來聘，欣然說：這才是「妾終身所也」，「我哪能要這麼多錢」。最後只拿下2000元還債，1000元給弟弟，跟著差人來了洹上村。袁世凱一見，非常高興，立為「偏室」，還讓她弟弟上學校讀書。八姨太感激袁世凱知遇之恩，行事溫順恭敬，一點兒也不像青樓裏出來的人。這就是克文筆下「八庶母」的烈女故事。

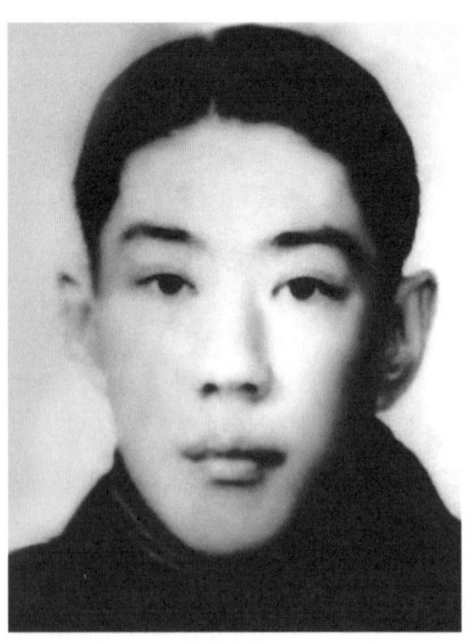
十五子克和

她生三子女：十三子克相、十五子克和、十四女祜禎。

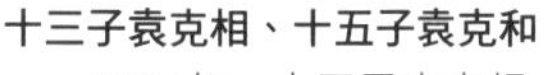

十三子袁克相、十五子袁克和

1934年，十三子袁克相、十五子袁克和畢業於天津工商大學時合影。

十四女袁祜禎，為八姨太所生

後嫁給民國總統曹錕的兒子曹士岳。婚後，感情尚佳，但不久，曹花天酒地，揮霍無度的脾性便暴露無遺。祜禎自恃金枝玉葉不肯俯就，倆人感情出現了裂痕。1938年2月22日，二人又因一點小事爭吵，互不相讓，祜禎拿起電話想向家裏搬救兵，曹情急之下掏出手槍就打了她一槍，正中袁祜禎右臂。袁祜禎住院後，袁家隨即向租界當局提起控訴，曹當即被拘捕。曹錕急忙派人四下活動，以求袁家諒解。

當時袁府當家的是「大太子」袁克定，他與曹錕本來就相交甚篤，今見曹錕對此事痛心疾首，便有意和平解決。無奈八姨太堅持要與曹對簿公堂。最後還是祜禎出來解圍，說不忍因夫妻瑣事鬧上法庭，辱及兩家門楣。最後雙方協議離婚，曹家賠償醫療費、贍養費、妝奩費共計63,000元，結婚時的陪嫁錢物也全部退還。祜禎後來去了美國。

袁世凱九姨太的住宅（王鳴鋒攝）此宅位於安陽市內。這是一套三進院落、九門相照布局的房子，院內有四棵高大的古木，樹齡都在百年以上，其中南面兩棵已經枯死，北面兩棵也已奄奄一息，用兩根木棍硬撐著。房屋瀕臨倒塌，院內雜草叢生。不過目前正在修復。

九姨太睡在外面

九姨太劉氏。原是五姨太太楊氏的丫頭，成年後為袁「臨幸」。克文說，當她聽到袁世凱死訊後也要身殉，因為有孕，被眾人勸下。九姨太據說信佛吃素。袁世凱在城裏給她造了一套三進院落、九門相照布局的房子，此房位於安陽最熱鬧的商業中心區域，我去時正在翻新整修。我納悶了，問，為什麼丈夫要給自己年輕老婆在遠離自己的地方造個「繡樓」。看大門的老漢說：這房子，這事兒都有待專家給個說法。王碧岑說是為了找個乾淨素淨的地方吃素念佛。

九姨太生一子一女，十六子克藩（早亡），十三女儀禎。

袁世凱一死，二分之一吸起了鴉片

從有限的資料中，我發現一個有趣的事情。這些姨太太們都是人精，袁世凱在的時候，姨太太們和眾子女大多中規中矩，作淑女乖孩子狀。袁世凱的轎夫班頭馮培德說：「全家有30多口，他們都嚴守封建禮教，家法很嚴，每當逢年過節或袁世凱生日都要隆重慶賀，全家人按輩分長幼順序行禮。袁的妻妾子女生日，也分不同規格慶賀一番。每當此舉，都給男女僕人一些賞賜。袁世凱的夫妻生活為定時輪流使妾，妾到袁房時都要帶去自己的老媽子、傭人，以便侍候一切。」

袁世凱病危時，除袁克定外，曾單給每個兒子15萬元。當時五姨太楊氏、六姨太葉氏和八姨太郭氏、九姨太劉氏都已懷孕，因為不知是男是女，就另留出60萬元交克定保管，如生男就照前例付給，生女則留作公費，以備日後補助各房。後來除六姨太葉氏生遺腹子克有、九姨太劉氏生遺腹子克藩外，五姨太、八姨太2人都生女。

等到袁世凱一死，大家作鳥獸散。我們聽到的故事又是一個版本：「袁世凱的姨太太及子女，吸鴉片煙的人占二分之一。廚房灶火日夜不熄。下午3點鐘以後哪位起來，就哪時開飯，陸續不斷，這項費用廚房管事另外開賬，不在規定的伙食費之內。下午4點鐘以後，西餐館的茶役推車帶著各式各樣的點心、小吃和葷素菜肴到袁公館，還有一批好生意。每日三餐，雖然照例準時開飯，這些人卻大多不吃，男女僕人盡可食用。太太、少爺、小姐們飯後，有吸鴉片煙的，有打麻將的。晚上9點左右，就又分別去妓院、戲院、舞場等處玩樂，夜裏12點鐘還經常在法租界的北安利、顯記、紫竹林等南方飯店吃夜宵，至兩三點鐘才紛紛回家睡覺。每天出門回家，衣服、鞋襪、帽子都是男女僕人給穿給脫給摘戴，他們只是抬抬胳膊，伸伸腿腳，向來不自己動手。少爺、小姐的化妝品，每人各有一個五屜櫃裝著，裏邊擺滿了各式各樣的香水，香水的瓶子有傘式的、人形的、獸形的、蟲形的和飛禽形的，千奇百怪，以法國的居多。」（徐正倫語）

徐正倫還說了五子袁克權的故事。「克權娶端方三女陶雍為妻，嫁奩豐厚，婚後一對夫婦都吸鴉片。他長期患著心臟病。他的岳母跟著女兒住在袁家，鴉片煙癮更大，終年不出屋。她帶到女兒家的財產有很多名貴古玩，我看到過一件宮裝披肩，上邊滿鑲著珠鑽。她手上帶的一個翡翠戒指，後來賣了5萬元。還有一個長2尺、寬1尺半、高約3尺的小銅桌，綠鏽斑爛，上有篆字。端方的妻子曾對我說:『這是一件古物，是大人（指端方）自陝西長安買來，生前最喜愛的。』民國13年，袁家把它出售給外國人，得價12萬元。」

這就是中國當年富二代的德性。那個年代個個一桿槍，把自己早早地抽到陰間地府去了。袁克定不管怎麼說，活得比他的弟妹們像個人！

這還是袁府的上人，至於那些下人更加怵目驚心：「代他（袁克定）經辦財務的僕從，對他多方欺騙，他也無從察覺，就他家購買日用物品而言，號房、管事人等暗中都有30%的回扣。我給他家看病，二節結算診費，付款的時候，門房也要30%的回扣。」（徐正倫）

袁世凱家庭

- **四姨太太吳氏**（朝鮮人）
  - 七女復禎（嫁陸軍大臣蔭昌之子）
  - 四女（早亡）
  - 次女仲禎（嫁兩江總督端方之侄）
  - 四子克端（娶天津鹽商何仲璟之女何慎基）
- **三姨太太金氏**（朝鮮人）
  - 十女思禎（嫁偽北京憲兵司令鄒文凱）
  - 八女（早亡）
  - 三女叔禎（嫁直隸總督楊士驤之侄楊毓珣）
  - 三子克良（娶郵傳部尚書張百熙之女）
  - 次子克文（娶天津候補道劉尚文之女劉梅真）
- **二姨太太李氏**（朝鮮人）
  - 六女籙禎（嫁民國總理孫寶琦之子）
  - 十二子克度（娶天津富商羅雲章之女）
  - 十子克堅（娶民國陝西督軍陸建章之女）
  - 七子克齊（娶民國總理孫寶琦之女）
  - 五子克權（娶清兩江總督端方之女陶雍）
  - 長女伯禎（嫁清兩江總首張人駿之子張允亮）
- **大姨太太沈氏**
  - 次子克文（過繼）
- **元配于氏**
  - 長子克定（娶湖南巡撫吳大澂之女）

袁世凱子女的配偶，大多出自豪門、名門。三女袁靜雪說，父親往往一兩句閒話間就決定了兒女的終身大事，有時很明顯是從政治利益出發，像決定袁克權娶端方之女的同時，將二女兒許配端方的侄子，盡管女兒很不稱心。袁還險些把袁靜雪許給遜帝溥儀。

譜系圖

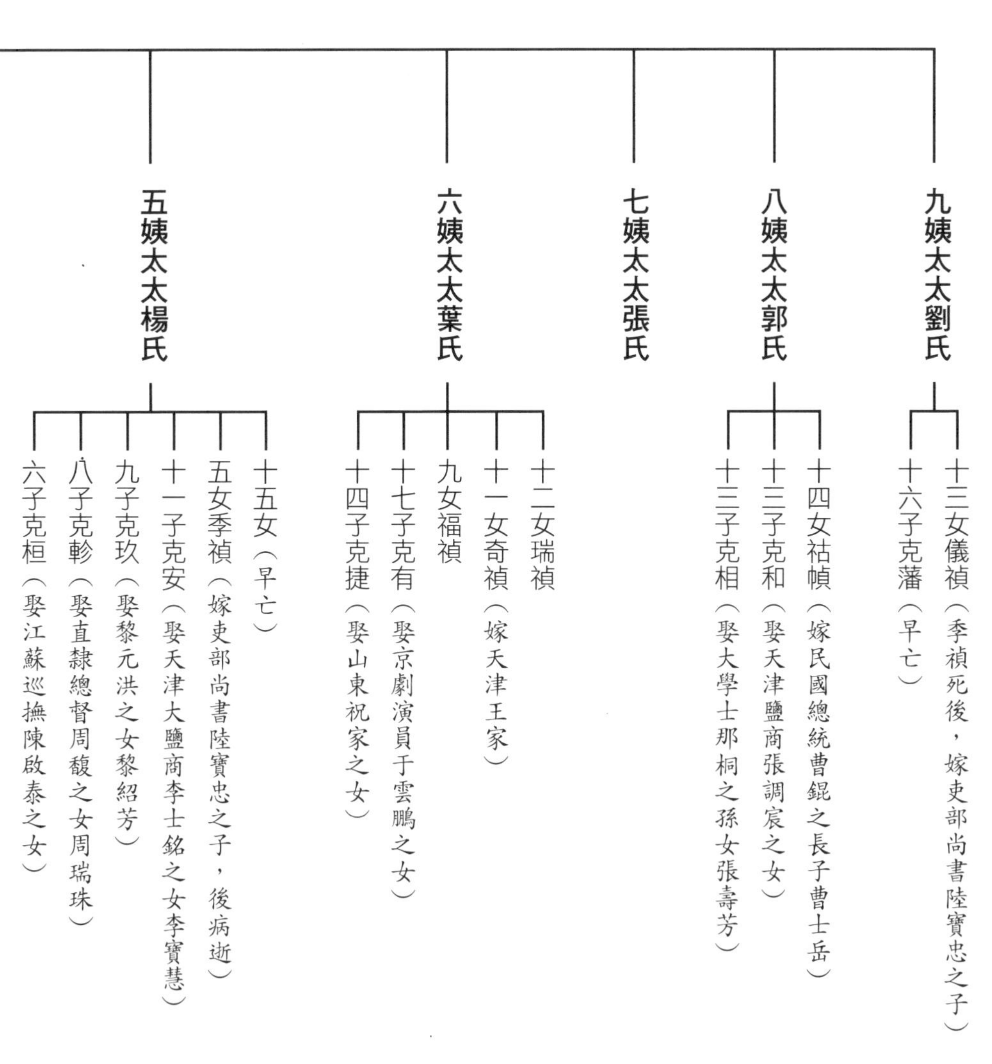

這種門當戶對的指婚一直延續到袁世凱身後，影響到第三代人。袁克定的長子袁家融，留美回國後娶了湖北督軍王占元的女兒，袁克定的二女袁家第嫁的是蘇州三大文人之一費樹蔚的公子費鞏；袁克文的長子袁家嘏娶的是揚州才子方地山的女兒方初觀；袁世凱生前還將侄兒袁家鼐與段祺瑞的三小姐段式巽聯在一起。隨著袁家的失勢，也有過對方悔婚的情況，譬如徐世昌就沒肯把女兒嫁給袁克堅。

袁世凱的重孫輩大多與平民聯姻。

第四章
袁世凱出山

千呼萬喚始出來，袁世凱出山了！

這一次，袁世凱證明了一句名言：盛名之下其實難副。

袁世凱大事記（1911～1912）

1911年	10年11日，洹上村張燈結綵，大宴賓客，袁世凱在養壽園裡高調為自己辦生日慶宴，這天是他的五十二歲壽辰。 當日的晚宴是在祥和隨意的氣氛中進行的，賓主邊吃過看《龍鳳呈祥》。 突然，電報房人送來驚天消息：武昌新軍鬧事了。「客座相顧失色」，袁世凱也頗感晦氣，立刻下令「劇宴皆止」。 12日，他經過冷靜思考，意識到「此亂非洪楊可比」，期待已久的出山時機已經到來。
清廷啟用袁世凱過程回放：	14日，御史史履晉奏請啟用在家賦閒的袁世凱，載灃雖極不情願，但也別無他法。當日，清廷即任命袁世凱為湖廣總督。 同日，袁世凱前幕僚阮忠樞持奕劻親筆函由北京前來，勸袁世凱出任湖廣總督。 同日，楊度也由北京抵達，勸他不要應命。期間王錫彤問袁世凱：「公之出山為救國也，清廷親貴用事，賄賂公行，即無鄂禍，國能救乎？」 袁：「不能，天之所廢，誰能興之！」 王：「然則公何以受命？」 袁：「託孤受命，鞠躬盡瘁。」 王：「專制之國不容有大臣功高震主，家族且不保，前朝例甚多。同是漢族已不能免，況非一族。」 袁勃然變色，大聲說：「余不能作革命黨，余且不願子孫作革命黨。」 15日，蔭昌過彰德，晤袁世凱。同日袁以「舊患足疾，迄今尚未大癒」為辭覆奏，表示不能應命。 18日，清廷促袁世凱力疾就道。 19日，清廷命長江一帶水陸各軍均歸袁世凱節制調遣。

袁世凱大事記（1911～1912）

	20日，徐世昌奉奕劻之命，自北京微服到彰德晤袁世凱。袁世凱通過徐世昌向清廷提出六項要求：1.開國會，2.組織責任內閣，3.寬容武昌事變人員，4.解除黨禁，5.總攬兵權，6.寬予軍費。 21日，清廷從袁世凱奏，令招募壯丁12,500人，作為湖北巡防軍，命度支部撥款400萬兩。 22日，湖南獨立。 23日，陝西獨立。 24日，清廷又從袁世凱奏，命撥江寧新軍管帶快炮36尊及全數子彈解赴信陽。 26日，清廷命奉天、直隸協撥袁世凱快槍13,000桿，炮54尊。 27日，命馮國璋總統第一軍，段祺瑞總統第二軍，均歸袁世凱節制調遣。 29日，太原新軍起義，成立山西軍政府，閻錫山任都督。 30日，雲南獨立。袁世凱自彰德南下赴任。 31日，南昌新軍起義，江西全省獨立。 11月1日，上海光復。袁世凱抵達湖北蕭家港。奕劻內閣辭職。任命袁世凱為內閣總理大臣，讓他趕快進京，組織責任內閣，前線軍隊仍然歸袁指揮調遣。 4日，貴州、浙江獨立。 5日，江蘇獨立。 6日，廣西獨立。 7日，革命黨人、新軍第六鎮統制吳祿貞被暗殺於河北石家莊，華北新軍起義計劃遭破壞。 8日，安徽獨立。資政院開會，正式選舉袁世凱為內閣總理大臣。 9日，廣東、福建獨立。 13日，袁世凱到北京。山東巡撫孫寶琦宣告獨立。

袁世凱大事記（1911～1912）

1911年	24日，孫取消獨立。 16日，袁世凱就任內閣總理大臣，組織責任內閣。 17日，寧夏會黨起義。 21日，寧夏軍政府成立。 22日，重慶獨立。 27日，清軍佔領漢陽。四川獨立。 12月1日，湖北軍政府與袁世凱簽訂停戰協議。 3日，各省代表會議通過《中華民國臨時政府組織大綱》，並決定如袁世凱反正，當推為臨時大總統。 6日，載灃辭去監國攝政王。 18日，南北議和開始，南北代表伍廷芳、唐紹儀在上海英租界舉行首次會議。 28日，袁世凱覲見隆裕太后等皇室成員，談清室優待條件的談判細節。 30日，載灃下罪己詔，解散皇族內閣。 2月12日，宣統皇帝宣告退位，清朝268年統治結束。 13日，袁世凱通電贊成共和，孫中山辭職並推薦袁為臨時大總統。 15日，南京臨時參議院選袁世凱為臨時大總統。 1912年 2月25日，袁任民國臨時大總統。 3月10日，袁世凱在北京就任臨時大總統。 13日，任命唐紹儀為國務總理。 8月，袁邀請孫中山、黃興來京，並與孫會談13次。

袁世凱出山

歷來史書說到袁世凱出山時，極盡諷刺挖苦之能事，說他陽奉陰違，實施「拖」字訣。查上表不盡然。

武昌起義於1911年10月10日打響，朝廷開始並沒有重視，到14日才正式向袁世凱發函徵召。袁第二天回信婉拒。

觀袁世凱一生，這「婉拒」是他從中國士大夫文化學來的臭毛病，好事壞事都要「謙虛」一回。每到關鍵時候，他都要如此這般一番。實在為筆者蔑視。

從上表的字裏行間，我們看到，軍人袁世凱還是有職業道德的。這期間他一邊熟悉情況，一邊根據經驗已經在給中央打報告，支招。

20日，袁世凱提出了「袁六條」。細看這六條，發現袁似乎在為天下所有「被壓迫者」說話。

開國會和組織責任內閣，是為當時勢力最大，也最為我等後人忽略的各地「諮議局」和立憲派說話。

各地大大小小的「諮議局」，其實就是各地大大小小「鄉紳」的大本營。哈佛大學的費正清特別看重這撥人，認為中國歷來文官體系裏最閃光的地方就是官僚體系到縣一級為止，下面的事情交給宗族和鄉紳「免費代理」管理。他老先生認為誰贏得這群人的擁護誰就得天下。

太平天國從南到北一路得罪了多少「鄉紳」，最後被鄉紳出身的曾國藩、李鴻章率領的團練給消滅了。

寬容武昌事變人員和解除黨禁是為激進派立言。袁世凱在當時算是老體系中人，但是他也知道「統一戰線」是一大法寶。他將自己定位為中間偏左人士，團結左派和極左派，最大限度地孤立極右派。

最後的總攬兵權和寬予軍費才是老袁利之所在。誰都知道談權和錢最易傷感情，但是沒有權和錢是萬萬不行的。所以老袁將這兩條放到最後，給人以「先天下之憂而憂，後天下之樂而樂」之感。

這回清廷特爽快，第二天便默認了「袁六條」。於是老袁不停地上奏，不停地支招，清廷不停地「從袁之奏」。其實袁已經漸漸地參與指揮了。時

間最早可以推到清廷正式要求其出山的第二天。

《泰晤士報》駐京首席記者莫理循10月27日從北京發給倫敦的電報如下：

軍隊將領和國防大臣禁止參與任何相關決議，軍隊一切事務都由袁世凱一人調配，在與起義軍交涉過程中他擁有指揮軍隊的絕對權力。在朝廷執政期間類似的事件只發生在曾國藩時期，當時慈禧太后授予曾國藩絕對權力以平定太平天國叛亂。

朝廷至少開始吐出它所囤積的財產。有一道詔書的內容表明隆裕太后從她私人的金庫中調撥了一百萬兩白銀作為軍餉以應付湖北境內的緊急需要。

第二天！這還算慢嗎？

清廷正式徵召的第12天，袁世凱變間接指揮為直接指揮，出發上前線了。袁的轎夫班頭馮培德說：

他於九月初九由安陽動身，當天到鄭州，第二天駐信陽，第三天到孝感，第四天到達目的地。袁世凱先到醫院慰問傷患，分賞給傷患每人一些銀子，還叮嚀醫方好生醫護，搞好生活。隨袁同往的姨太太還向傷患贈送果品，深表慰問。袁的此舉，士兵頗受感動。

攝政王載灃、皇太后隆裕和幼帝溥儀

一個第二天，一個第十二天，何來個「慢」字？這對一個離休已經三年，完全脫離軍隊體系的「老幹部」來說不容易了，說明老袁做到了政治及格、軍事過硬、作風優良、紀律嚴明。無可指摘！

莫理循 澳大利亞人。1897年，以倫敦《泰晤士報》記者的身分來到北京。由於他總能在第一時間報導獨家新聞，使《泰晤士報》成了報導中國消息當之無愧的權威。出於對袁世凱本人政治才能的欣賞，莫理循曾拍電安慰因「足疾」下野的袁，使袁深受感動。

1912年，莫理循被袁世凱聘為政治顧問。他本人也極力輔佐袁世凱，四處遊說，為袁世凱辯護，稱讚袁世凱的領導才能，襄助袁世凱及其政府盡可能得到國際社會的支持。然而當袁世凱稱帝前後，莫理循公開對袁表現出失望和厭惡。袁世凱死後，莫理循仍在為黎元洪、徐世昌等領導的中央政府效力。

不久，袁世凱闊別三年後又回到北京，莫理循在給倫敦的新聞中這樣描寫北京「歡迎，歡迎，熱烈歡迎！」的場面：

北京，1911年11月13日——袁世凱，皇位的覬覦者，抵達了三年前自己被罷官的北京。今天他由2000名士兵護衛，並被政府熱情地接待。為了歡迎他的到來，政府發布了公告稱京城附近的軍隊都由其掌控。

……有一群安靜並且秩序井然的人從火車站到他的居所夾道歡迎他的到來。

袁世凱看上去很強壯，最近有報導稱他的身體狀況不是很好，這也成了他一再推遲應滿清政府之邀到北京的藉口。

政府繼續在北京集合滿族的軍隊，但是很快就無法再支出軍餉。人們不認為中國人能夠在北京地區集合到一支足夠人數的軍隊來抵抗進攻，但是可以確定的是因為政府無力從各個省得到收入，因此北京遲早會被攻佔。

攝政王載灃是12月6日才辭職的。從《紐約時報》當天的報導可以讀到一些細節：

北京，12月6日——皇太后今天發布了一份宣布年幼的皇帝的父親載灃辭去攝政王一職的布告，簽字者為內閣的成員。指出目前的政府不受人民歡迎，並且一個立憲的政府仍然沒有被建立起來。

布告也解釋了由於複雜的局勢，人民很傷心，國家也陷入混亂中。布告中說攝政王覺得他的遺憾來得太晚了，並感覺如果他繼續在此職位上，他的命令很快就沒人會聽從。

布告繼續說：他哭求辭去攝政王一職，同時也表達了他最真誠的放棄政治的願望。「我，皇太后，居住在皇宮中，是不知道國家的事務的，但是我知道存在反叛，爭鬥也在繼續，這引起了災難，而我們的商業也受到了惡劣的影響。」雖然攝政王有自己的雄心，但是他是誠實的。由於被誤導，他危害到了人民。因此他的辭職被接受。

退休的攝政王每年將從皇室得到一筆總數為50，000兩（大約30，000美元）的補貼。

載灃對政治沒有興趣，做攝政王對他來說是一個沉重而毫無樂趣的負擔。

載灃要生在百姓家就是駱駝祥子：訥於言詞，說話甚少，與親友兄弟們在一起時，總是一位沉默的旁聽者。他一般不輕易留飯，留飯照例是淡漠敷衍的。即使是對待自己親戚本族的婚喪大事，他也只是露露面，寒暄幾句，便趕忙起身告辭，留下其他人哭笑不得收拾殘局。

他不是崇禎帝，當攝政王當到國破，他還一臉輕鬆地對福晉瓜爾佳氏說：「從今天起，可以回家抱孩子了！」

慈禧真是看走眼了，偏讓這麼個單薄身子的駱駝祥子，拉這麼重的帝國老破車。大清能不亡嗎？

好在他死於1952年，看到了一個「新中國站起來了」。

醜媳婦怕見公婆，袁世凱是1911年12月28日才覲見皇室，談清室優待條件的談判細節。

《每日電訊報》駐北平記者第二天報導說：

根據新聞，昨天袁世凱、太后和親王們會談。在皇宮中出現了戲劇性辛酸場景。一些王公大臣哭道：臣罪該萬死，隆裕太后再次昏迷，整個皇宮中充滿悲戚。

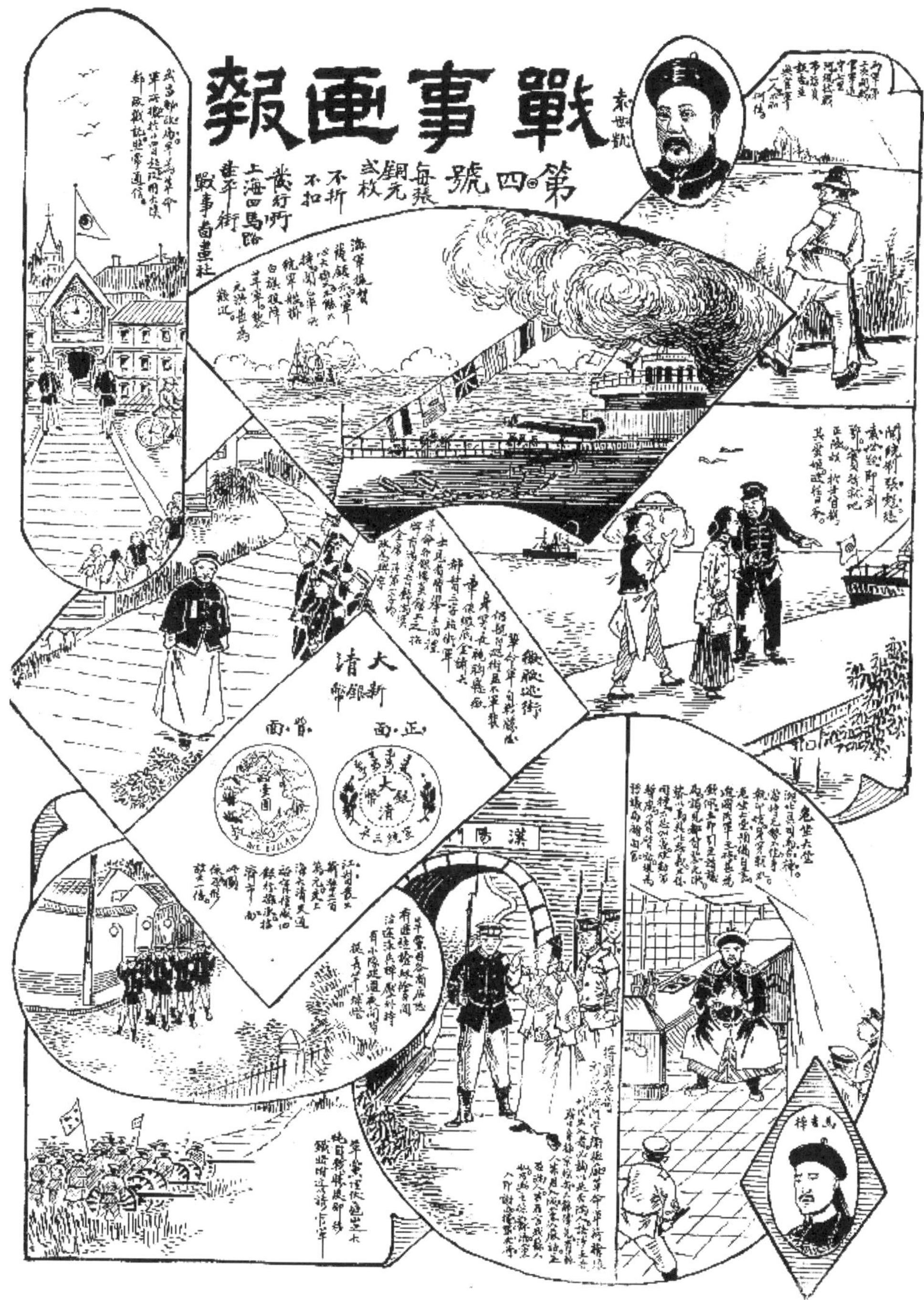

1911年上海發行的一份專門報導武昌起義的《戰事畫報》 圖中有「聞統制張彪恐袁世凱即日到鄂，實行就地正法，於28日攜真愛姬逃往日本」。「海軍提督薩鎮冰之軍心大變，不能持久。聞已率所統軍艦，掛白旗投降革命。黎元洪甚為歡迎」。「武昌郵政局早為革命軍所據，於24日起改用大漢郵記，照常通信。」從所記事件看，發表時間當為1911年11月11日左右，時袁世凱正在漢口，畫報右上方為袁世凱像。

在漢口身披大氅的革命軍士兵，平添三分威風。

孝感，正在通過浮橋的清軍步兵隊伍。

1911湖北前線舊影

革命軍準備出發。可見其左臂纏的用於識別的白毛巾，同時，部隊中人員頗有沒有剪辮子的，較真實地反映了起義之後的歷史情境。

漢口，戰鬥間隙的清軍士兵。

大總統沒有安全感

淮河邊，捻軍馬蹄下長大的袁世凱，一輩子沒有安全感。

袁世凱當上大清國的直隸總督後，行動謹小慎微，並且總是隨身帶著雙膠鞋。（《紐約時報》語）

還在直隸總督位子上時，他就為「君臣之險」擔心，曾寫信給哥哥袁世勳，說了心中的怕：弟這次做直隸總督，全仰賴太后的眷寵。但太后已老，一旦生病，皇上獨斷朝政，「豈肯忘懷昔日之仇」，到那時弟也就難保了。太后一死，弟只能辭官歸隱。古有明訓，弟已經爛熟於胸！

後來果然讓攝政王罷了官。好容易出山做事，全家又聽說革命黨要對其下手。女兒袁靜雪說：

在他出發以後，有一天，我們家裏忽然得到一個驚人的消息，說是第六鎮統制吳祿貞要派人殺害我們全家。這時候，全家上下驚慌萬分，毫無辦法。我們小姐妹更被嚇得手足無措。二姐曾天真地對我說：「要是真來殺我們，我們就頂著花盆藏到花園的池子裏去，他們自然就找不到我們了。」

吳祿貞

這雖然是虛驚一場，袁世凱卻考慮到，今後全家如果還住在彰德，未必不再發生同樣事件，就讓大家分批搬到天津。當時全家在天津是分別住在幾個地方的：

我娘和大哥住在德租界，大姨太太和二哥住在義租界，其餘的二、三、五、六、八、九6個姨太太和我們小兄弟姐妹們都住在英租界小白樓「礦物局」。住下不久，全家又按我父親的指示，分批搬到北京，住在石大人胡同外務部（民國時期改名為外交部，石大人胡同也改名為外交部街）內。（袁靜雪語）

可是當了內閣總理大臣還是不安全，因為是清廷的首相，革命黨中的極端派將之列為暗殺的頭號對象。

《紐約時報》報導了光天化日之下的一次血淋淋的刺袁行動：

北京，（1912年）1月16日。——今天早晨，當總理大臣袁世凱在前往皇宮的路上，有人向袁世凱的馬車扔了炸彈，當即兩人斃命，並且傷及十七人。

其中被炸彈金屬外殼碎片擊中的有八到十人，這些人有可能死亡。屬於

莫理循記者公館大門 1912年1月16日，大門前發生了一起刺殺袁世凱的爆炸案。

護衛隊的多匹馬，以及袁的馬，都已死亡。

袁的馬車開著窗戶，由騎兵護衛隊跟隨，沿途五碼遠有士兵和員警。

當袁世凱的馬車到達莫理循記者公館對面時，攻擊者已經在公館角落觀察了很久，一枚炸彈猛投出去，來不及等著看他們行為的結果，刺客便奔向附近一間茶室。摩肩接踵的士兵和員警將其拘捕，疑犯也被拘捕。

總理大臣的攻擊者是三位穿戴講究的漢人，據說是著名的革命者。當馬車距離出事地點大約30碼時，他們站立，其中一位朝馬車方向扔出一枚炸彈。但是，它沒有命中目標，投射物在距離馬車20碼的地方爆炸了。馬車咯吱作響且搖晃，但是袁世凱未受傷地逃離了。很快，馬車附近的員警、士兵和兩匹馬受打擊而死。爆炸力如此之大，數百碼遠的很多房屋從上到下整個都被震動了。

當天，各方包括公使館傳來的道賀聲，一齊湧向袁世凱。攻擊總理大臣顯然已經消除了滿族人思想上關於袁世凱忠誠度的疑慮。

位於石大人胡同（今外交部街）的袁世凱總統府大門（攝於2010年3月20日）

對於這段報導，我們可以通過閱讀袁靜雪的文字補充某些細節：

忽然有人從當時有名的飯館「東興樓」的樓上扔下3顆炸彈。其中的兩顆當時爆炸，除了我父親的頂馬袁振標當場被炸死以外，還有另一頂馬杜保和雙套馬車的兩馬，都被炸成了重傷。

杜的傷勢很重，過了不久就死去了。另外一顆炸彈扔到「東興樓」下便道上自來水龍頭旁邊的水坑裏去了，沒有爆炸。

那兩匹馬被炸傷以後便如飛地奔馳起來，車上的馬夫雖然緊緊地勒韁繩，也勒它們不住，只得任著這兩匹傷馬飛快地跑，一直到它們回到石大人胡同外務部門口方才站住。這兩匹馬因為受傷過重，終於死去了。

我父親僥倖，當場既沒有受傷，又平平安安地回到官邸。因此，他在見我們之後，只簡單地說了一下當時的情況，接著便哈哈地笑了起來。

據跟隨我父親出去的男傭人事後談起，「當時那兩匹馬都被炸傷了肚子，傷勢很重，如果立時都死在『東興樓』門前，宮保的性命是會發生危險的。」

第二天，又有人在外務部的門口扔了一顆炸彈，當場並沒有炸傷什麼人，只是我父親辦公室窗戶上的玻璃受爆炸聲浪的衝擊，形成了許許多多的小紋。

他為了避免發生危險，此後就聽從家裏人的勸告，搬到地窖子裏辦公去了。

一個泱泱大國的總理大臣，被幾顆炸彈炸回到「穴居時代」，也是前所未聞，說明老袁還是缺乏安全感。

自此，袁世凱再沒上過朝，做了大總統後，他是活著進了中南海，自死都沒有走出新華門。為甚？大總統沒有安全感！

這裏說的是肉身安全，還有精神上的安全呢。

前清時，袁世凱最大的欲望就是當一個責任內閣總理大臣，是那種在皇帝的詔書上有附署權的內閣總理大臣。爭取了十多年的責任內閣制，是不是有袁世凱的個人考量？他的換帖兄弟徐世昌說有：

項城自小站練兵，即樹立北洋根基。戊戌政變後，以至入直軍機，其廣布勢力，無非爭取政治地位，充其量不過欲為一權臣而已。在君主專制下，稍萌異志，輒有殺身之禍。以項城之精明穩練，寧肯出此！

是啊，伴君如伴虎，歷來帝王之術就是在群臣中搞恐怖平衡，慈禧喜怒無常更是歷朝之最。袁位極人臣時，慈禧每天都能收到御史的一籮筐奏本，每一項參奏都可以讓袁死十次。想想都汗啊！

在其大總統任上，府院之爭，府會之鬥，新老衝突，南北爭鬥，日俄的虎視眈眈，在袁看來都是亂象，全是不安定因素。想到傷心處，袁世凱都想遠走高飛，做寓公去。《紐約時報》1915年12月12日有篇報導說：

自從他當選為總統後，因為很多人試圖奪取他的性命，他幾乎完全過著與世隔絕的生活。據幾個月前的報導，他在英格蘭買下了大片的莊園以防他哪天被迫從皇帝的位上退下來時做他自己、他的眾多妻子們和他三十一個孩子的避難所。

七子袁克齊也告訴我們一個《二百萬法郎》的故事：

我父親做總統後，看到中國政局變幻不安，考慮退路，曾在法國銀行存過二百萬法郎，準備做旅居法國的經費。當時約定：他生前支取，除本人簽字外，須有徐世昌、孫寶琦副署；死後由我大哥袁克定簽字支領。父親死後，我兄弟們問到這筆錢，大哥說不知道；問徐世昌、孫寶琦，他們也支吾其辭。結果這筆錢，始終沒有領回，被法帝吞沒了。

打倒法帝國主義！

不過且慢，為什麼當事人都支支吾吾？好吧，就當老袁交了安全保險費。咱們大總統能睡個好覺，就是我們做子民的最大幸福。

民國初年，政局動盪，亂象橫生，當上大總統的袁世凱也沒有安全感，他曾讓人在英格蘭買下大片莊園，在法國銀行存過二百萬法郎，給自己預做退路。

想當年「竊國大盜」是「救世主」

又是一個百思不得其解！

為什麼1911年辛亥革命前後，「竊國大盜」袁世凱那麼受歡迎？

1909年到1912年，袁世凱在國人心目中的地位是與日俱增。辛亥革命前，袁世凱還在洹上村時，便有人觀察到袁開始漸成香餑餑：「是時，袁公去位已將二載，天下之仰望之者愈眾。舊日僚屬亦明目張膽復來趨附，不似從前之藏頭露尾矣。」

所以費正清說：「他一度於1909年被清廷革職還鄉，這事反使他增加了聲望。」

總結一下，大約有六種人對其有好感。

第一種人當然是以北洋軍人為主的軍方。請看1912年2月2日《紐約時報》的一個報導：

昨天袁世凱的軍隊散發了傳單，威脅說如果袁世凱少了一根頭髮，士兵們會殺掉所有應該負責的人。

瞧瞧，這時的清廷還未宣布退位，袁世凱的軍隊已經公開打出「只認袁世凱」的旗號，讓宗社黨人心寒。

第二種人，清廷中的改革派，也就是立憲派。袁世凱就是他們的代言人。立憲派的首領是張謇，成員大多為封疆大吏和各地的「諮議局」議員。

第三種人是漢人。1909年袁世凱開缺回老家彰德府後，漢人把這看成是滿人打壓漢人的證據。袁出不出山，被很多漢人看成是滿清「落實民族政策」的一項指標。「當時我們認為漢族人做官，再有權也是靠不住的，因此就對自己的前途也有些擔心。」（唐在禮語）

第四種人是革命黨人。他們將袁看成是革命的同路人。這可以從孫中山1911年寫給倫敦金融家，要求英國「風險資金」投資革命時的一段話看出：

北京周圍的七個師是由直隸總督袁世凱創立的。因為他新近被北京政府

降級，所以，這些部隊對北京政府的忠誠度被大大打了折扣。雖然在他們與我們之間並未達成任何約定，但我們堅信他們不會為滿清政府賣命。……實際上也將保持中立。

隆裕太后畫像

看到了嗎，袁世凱還被孫中山作為投資籌碼開給了老外。

第五種人是全國的老百姓，特別是京城裏的百姓。辛亥革命後，他們天天擔心南北戰爭。

北京的旗人怕革命黨來革他們的命，大夥兒日日盼著袁世凱來操這個和局的盤。當清退位詔書發布後，唐在禮是這樣形容京城百姓的高興勁兒的：

第二天，北京城各家報紙就把詔書的全文發表出來。老百姓歡天喜地地拱手相告：「換了朝代了，這是共和的天下了，這樣就用不著打仗了！」

瞧，不動傢伙，過和平的日子，這對老百姓來說是硬道理。像鐵良等宗社黨死硬分子們這樣「拿起武器，準備戰鬥」的，畢竟是少數。

第六種是外國勢力。經過一百多年的打打鬧鬧，各大國在華都有了自己的勢力範圍。「民主」、「平等」這些詞敵不過各國實實在在的在華利益。

庚子事變證明，袁世凱是保護洋人利益的最恰當人選。英國公使朱爾典聲稱：「沒有人比他更適於充當漢人與滿清皇室之間的調停人角色了，他是漢人中最受人信任的代表人物。」

美國駐華公使嘉樂恒說：「還沒有比袁世凱更強的人出現。」「未來的所有希望都集中於袁世凱一人。」

法國也將袁世凱看成是「能使中國避免出現一個混亂時期的唯一力量」。

德國駐華大使認為：「如果人們置袁世凱政府命運於不顧，讓可以引導

到一個混亂局面上去的一些未成熟的或超出這個目標的政治企圖自由發展，則其危險將會更大。」

英國《泰晤士報》記者莫理循告訴上海的共和領袖們，指望對中國國情一無所知的孫逸仙去爭取列強對中國的盡早承認，是癡心妄想。他說，只有袁世凱才能得到外國信任。革命黨的領導人向莫保證，他們一定擁戴袁為首屆總統。

實際上連當家的隆裕太后也少不了袁世凱，甚至將袁開缺回籍的攝政王載灃這回也眼巴巴地盼著袁世凱來收拾殘局。

張國淦在《洪憲遺聞》中記載了袁世凱把兄弟徐世昌親聞的一段話：

辛亥武昌起義，清廷岌岌自危。先是，內閣那桐辭職，曾舉袁自代，未果，至此重提起用袁氏，奕劻、徐世昌皆袒袁者，故有武昌督師之命。有人詰那桐：此舉豈非速清亡耶？那桐言：「大勢今已如此，不用袁指日可亡，如用袁，復亡尚希稍遲，或可不亡。」此皆餘之所親聞者。

那桐的話代表了清貴的心聲。

那桐（1856－1925），滿族葉赫那拉氏。舉人出身，頗有才學，擅詩文歌賦，好金石書畫，而且思想和行為既新潮又時尚，與滿清那些頑固派絕然不同，與榮慶、端方並稱為「京城三才子」。

袁世凱有心結交這些思想開明的晚清貴族，便讓十三子袁克相娶了那桐大孫女張壽芳，和那桐結成兒女親家與政治同盟。載灃企圖殺袁之時，他也是鐵杆「保袁派」，並與慶親王一起以辭官為要挾迫使載灃讓步。其在光緒、宣統年間先後充任戶部尚書、外務部尚書、總理衙門大臣、軍機大臣、內閣協理大臣等重要職務，對晚清政局影響不小。

從全國範圍來說，這時候袁世凱的執政基礎可說是空前的廣泛。真可謂萬千寵愛集一身。

為什麼？

因為舉目遠望，袁世凱渾身確實有諸多好條件：

1. 漢人（革命黨主張驅除韃虜，袁世凱逼清帝退位，於革命有功）
2. 帶過一支最好的軍隊（穩定因素的保證）
3. 官僚隊伍中的改革派（各省諮議局議員喜歡）
4. 和清廷有千絲萬縷的聯繫（清貴指著他得到退位優厚待遇）
5. 列強的不二人選（能保護人家在華利益）
6. 能幹（工作經驗豐富）
7. 受過不公正對待（為漢人受過）
8. 人緣好（為他說好話的人多）
9. 不極端，不保守，各方都能接受（最大公約數）

《大公報》創辦人之一胡政之說：「中國人辦事，兩人共事必鬧意見，三人共事必生黨派。」可是令人想不到的是，歷來不團結的中國人，那會兒要求袁世凱出山的呼聲，可以說是百年難見的意見統一。

這種情況我只在1979年見過，那是國民經濟瀕臨崩潰邊緣後，舉國一致要求把經濟搞上去的焦急心情。

歷史有時是簡單的重複。

不了解這個基本事實，會真相信孫中山傻，將大好河山拱手讓給老袁。記住，天下沒有免費的午餐！

媒體惡炒袁世凱

晚清的報紙平時風花雪月，武俠小說居多，但是受甲午戰爭和戊戌變法的刺激，普遍開始議論時政。

對1894年11月至1895年11月的上海主要的中文報紙論說進行統計：這一年中，《申報》有256篇論說與時政有關，……《新聞報》有185篇論說與時

政有關，……《字林滬報》的議政熱情也同樣高漲，有207篇論說與時政有關。（《晚清上海報紙的政治空間》）

1901年清廷推行新政後，報紙又是一波政治時評熱，說的話比現在網上的論壇還開放。《新聞報》以罵官場、罵官員為能事。比如，1903年的一篇時論說：朝廷「何以割一次不圖自強，又割一次仍不圖自強，且各國愈割中國愈客氣，一割再割，三割四割，以至於割之不已」。這樣辛辣的時評只在現在罵中國足協的報紙上可以見到，讀來比琉璃廠的鼻煙壺還提氣。

《時報》以精闢的「時評」代替冗長沉悶的長篇大論，居然把當時還是小學生的胡適給吸引過來。胡適後來回憶：

我現在回想我們當時那些少年人，何以這樣愛戀《時報》呢？……《時報》的短評，在當日是一種創體；做的人也聚精會神地大膽說話，故能引起許多人的注意，故能在讀者的腦筋裏發生有力的影響。

那時候辦報不要什麼刊號，幾個文人找一個有外國背景的，或者乾脆辦到租界裏去便「膽大妄為」了。租界沒有新聞檢查，辦報紙幾乎不存在任何門檻。《大公報》就辦在天津租界，《大江報》辦在漢口的租界。然後出口轉內銷，再流入京城。

王公貴族上班看「紅頭文件」，下班後都好這口。連孫中山的《民報》也能深入北京的深宮內院。

大總統袁世凱在中南海裏就愛看日本人辦的《順天時報》，說：這報能說點兒真話。

辛亥革命前後，媒體像打了雞血一樣，又興奮了一回，這回大家惡炒了次「袁世凱出山」的新聞。南北報章大造「收拾大局非袁莫屬」，《大陸報》說：「除非清朝政府再次召用袁世凱參與國事，沒有任何行動能使清朝取得國內外的信任。」

「據對天津《大公報》與奉天《盛京時報》報導的統計，三年多時間，關於袁世凱各種活動的消息有106條，其中涉及『出山』的有64條之多……」

新聞媒體的消息還反映了一個趨向：袁世凱出山的呼聲愈來愈高，給的官職也越來越大，對袁的倚重也越來越迫切。最初，還是各方親袁樞臣為袁緩頰，請清廷給袁一個效忠的機會，而到1911年春夏以後，已逐漸改變為「勸駕」、「勸令出山」、「親赴衛輝極力勸駕」，也就是乞求他重出。據說：載灃亦懇請隆裕太后准予起用他。外務部尚書鄒嘉來晉見時請起用袁，載灃明白表示：「本監國已擬起用」，「將來另有位置」。總之，到辛亥革命前夕，從朝野到皇室，從親信到政敵，都在營造著一個袁世凱復出的氛圍。（劉路生著《袁世凱隱居彰德韜光養晦》）

人可能是沒進化好，就喜歡「隨大流」，上海叫這是「哄大卵」，有點北京人「抽風」和「瞎起哄」的意思。

只要媒體天天說，就有人信，然後出現了一種叫「輿論」的東西，皇帝見了都怕。此事古來有之，至少打老袁出山開始，中國人就被實實地「輿論」了一回。結果，大夥兒就像盼星星盼月亮一樣盼老袁出來。

北京的茶館是另一種媒體：三兩二鍋頭，一盤花生米下肚，旗人的嘴就是「報刊早讀」，今天宮保如此如此，明天袁大帥這般這般，既顯擺了自己消息靈通，和宮保有一腿，又免費為「宮保」做了活廣告。

呵！旗人的那張嘴啊，您是知道的，老媽子都能被他說成是黃花閨女。

袁世凱還是那個袁世凱。可憐昨天離京時三兩人應景相送，還有旗人打老遠追上來朝他「呸」！

如今人還在彰德府，大夥兒已經準備萬人空巷，要「歡迎，歡迎，熱烈歡迎！」了。

半新半舊最受歡迎

歷史有時就是簡單的重複。

袁世凱（1859年生）就是個清末的50後，和孫中山（1866年生）這個「美籍華人」60後不同，袁世凱接受了全套的儒家應試教育。

清末50後見證了甲午戰敗、庚子之亂和日俄戰爭，有求變求新、要求立

憲的一面。但是對共和的支持一直是不完全的，他們習慣了的領導方式是獨斷專行、個人至上。

辛亥革命後，清末50後正處在風華正茂期，不似70後的強調專業精神，80後的海歸革命黨，袁世凱的「舊瓶裝新酒」，或曰「新瓶裝舊酒」特別適合當時的大眾口味。

說到底，袁是一個「亦新亦舊，半新半舊，可新可舊」的人物。

對於突變時代，面臨「三千年未有之大變局」的芸芸眾生來說，沒有比找一個熟悉的人當這個亂世的「家」，更讓大夥兒睡得香了。

政治也是一種買賣，是買賣就得服從做買賣的規律。一個好的商品只有在正確時間、正確地點、正確場合推出才會得到消費者認可。

袁世凱就是在正確時間、正確地點、正確場合重返歷史舞臺的「好商品」，而且是既陌生又熟悉，讓人有點兒小別賽新婚的刺激。

對這位袁同志，您說他新，人家的確是清廷這個「傻瓜二代」裏改良升級過的新產品。您說他舊，他也的確是舊，說話辦事讓老同志都能明白。

然而，他最具殺手鐧的是，市場適應性強，「可新可舊」。

袁開始發誓說：「某為大清總理大臣，焉能贊成共和！欲使余欺侮孤兒寡婦，為萬世所唾罵，余不為也！」

這時的他頑固地堅持兩個基本原則：堅持大清帝國的領導，堅持大清帝國領導下的君主立憲制。

武昌起義一月後，袁世凱親筆手書往見黎元洪，宣稱:「如能承認君主立憲，兩軍即可息戰，否則仍以武力解決。」

但是形勢比人強，南方數省相繼獨立，革命形勢呈燎原之勢。「變色龍」袁世凱聞到了，他及時地調整了自己的思路，改變了說法:「余甚穩健，對於革命黨決不虐視。」（王錫彤《辛亥記事》）又開始了「言撫進而言和」。（張國淦《辛亥革命史料》）

武夫馮國璋不能深刻領會領導的新思路。一個月後，袁世凱派識大體並了解他心意的段祺瑞接任第一軍統領。段到了武昌，「一反國璋所為，與鄂軍府時通款曲，信使往返不絕於道。」（《黎副總統歷史》）

最後，袁世凱正式委派唐紹儀為全權代表，南下上海，與民軍先後五次談判，最終也達成了「定以共和政體為鵠的」，但「南方須舉袁世凱為總

統」的協議。（趙尊岳《惜陰堂辛亥革命記》）

短短半年不到，從與革命黨人勢不兩立到引為同志，這個彎子，北洋一大批青壯年下屬都轉不過來，一口一個「老夫」的老首長轉得既爽氣又利索。

這就是「可新可舊」的袁世凱。難怪袁的同鄉、天津啟新洋灰公司董事長王錫彤曾指出：袁世凱「一生得力處在乘機以立功」。

袁世凱還是一個「亦新亦舊」的人物。

說他新亦新：辦洋學，唱洋歌，抽洋雪茄，讓妻妾學洋文，讓兒子去洋夷首善之地的倫敦求洋學，自己編練洋式軍隊，厭惡太監制度，參與廢除科舉制度，興辦新式實業，廢除士兵見上級要下跪的陋習；就連基督教，袁世

1911年12月，南北議和代表唐紹儀（左二）、伍廷芳（左四）在上海會見。

1881年，唐紹儀從美國留學回國，後作為朝鮮海關幫辦、前駐天津德國領事穆麟德的秘書被派往朝鮮。1884年甲申政變中，袁世凱前往穆府探望朝鮮受傷高官，正好22歲的唐紹儀持槍意氣凜然守立門口，給25歲的袁世凱留下深刻印象。從此，二人結為知交。甲午戰爭之前，日本人密謀刺殺袁世凱，為協助袁撤離，唐紹儀親自帶雙槍雙刀雙馬，連夜護送袁到英國軍艦上。袁回國任山東巡撫、直隸總督期間，唐入北洋，直至袁當大總統後出任第一屆內閣總理。但因唐主張民主共和，試圖制約總統權力，與袁漸生矛盾，最後被迫離職。袁稱帝之前，唐紹儀發電要求袁辭職以謝天下，袁世凱捧讀後竟「氣呃不語者多時」。

凱都曾對紐約時報的記者說，他有很大的興趣；死後還要求墓穴採美國總統格蘭特的瀕河廬墓形制修成。

說他舊亦舊：認為娶妻妾多少是男人有無本領的標誌，喜歡女子裹小腳，想當皇帝，骨子裏不喜共和，「仇視農民起義」，「在他身上也有混跡官場必不能少的一些傳統惡習」。（《紐約時報》語）最能證明他「舊」的是在他生命走向終點時所演的三場「老戲」。

顧維鈞對袁的結論是：「他完全屬於舊派。和頑固的保守派相比，他似乎相當維新，甚至有些自由主義的思想，但對事物的看法則是舊派人物那一套。」

費正清主編的《劍橋中華民國史》中對袁的新舊是這樣說的：

他有一打以上的妻妾和眾多子女。他除在正式場合穿西式軍服外，都穿中式服裝。他不懂外語，從來沒有出國到比朝鮮更遠的地方旅行過。他雖然在科舉考試中失利，但受到儒家課本的教育，並相信其道德上的功效。

另一方面，他是作為沿著西方和日本的路子進行官方改革的領袖而在清朝贏得赫赫聲名。他招募了許多受過外國教育或有外國經歷的隨從，他精心培養了一些有朝一日用得著的外國人，他派遣了幾個兒子到國外去受教育。看來，他是在不斷追求新舊的融合，相信這個混合體最適合中國國情。

袁大總統演的三場「老戲」

第一場：1913年，他動過念頭，棄共和而行君主立憲制。為此他想推出孔子的後代，孔子七十六代嫡孫，衍聖公孔令貽（1872—1919）。《紐約時報》寫道：

他深知這位孔子的後裔可以使中國的各個政黨團結起來並使世界接受，這些政黨以前相互爭鬥致使立法等根本無法進行。……

袁世凱把孔令貽推上皇位後，打算辭去總統一職並結束他的獨裁統治，成為首相兼皇帝的助理，成為政權的領導者和建議者。總之，他就是皇帝背

後的皇帝。（《紐約時報》1913年9月7日）

第二場戲：袁大總統提出的祭天尊孔議案。《紐約時報》報導了袁世凱天壇祭天的活動：

北京，12月23日——袁世凱大總統今天在日出時出現在了天壇，並恢復了在冬至日進行祭天的活動，這一傳統自從1911年清朝滅亡後就被忽略了。

昨天的祭天是對這一提案的執行。大總統接受了關於這些宗教場合相關知識的指導，其中之一是穿著西元前1022年周朝時的袍子。這意味著中國古代的儀式被恢復了，同時儒教也成為了國家的宗教。

對袁世凱的這種仿古行為，《每日電訊》記者說：

恢復所有的舊禮教、立孔教為國教、使歷史的鐘擺回到1911年之前的狀態等等做法可能被認為是理所當然的。最令人驚異的一點是，人們在這次爭

1914年9月28日，袁世凱率文武百官到孔廟祭孔。

論中嚴肅地引用了許多在三四千年前占統治地位的典章，相形之下，最古老的歐洲文明也恍如剛剛誕生於昨日。

第三場戲就是登基做皇帝。

什麼時候新什麼時候舊，哪個場合新哪個場合舊，袁世凱拿捏得很好。

這就是袁世凱，一路像泥鰍一樣滑過來的官場老手，終於走到了他的輝煌。

倒是袁世凱磨磨蹭蹭

大家要他挑頭的呼聲很高，倒是袁世凱磨磨蹭蹭的，特別不爽快。

以前慈禧太后在的時候，老袁開口一句袁家「世受隆恩」，閉口一個「肝腦塗地」。現在要他把不稱職的董事長換了，這個彎老袁一下子轉不過來，就是轉過來也是猶抱琵琶半遮面。

說到底老袁還是沒有陳伯達說得那麼無可救藥。唐德剛分析說：

古人說無毒不丈夫，搞流血政變，把寡婦孤兒和滿朝親貴一舉而誅之，幹這種事的人，要心狠手辣。將人比人，袁氏那時就顯得婆婆媽媽，心不夠狠，手不夠辣。他多少還有點婦人之仁，對寡婦孤兒不忍下手。他多少還有點東方儒、佛兩家的恕道。他的恕道，和他的婆婆媽媽的行為，累得革命黨對他失去了耐性，他自己因此也丟掉了金牌。

什麼金牌？

金牌就是讓革命黨人在南京不打招呼地先期成立了中華民國，讓當時那位剛從美國丹佛打工回來的孫中山當上了大總統。關於這件事，唐德剛說：

據一些私人記述，中山此時日常生活都很難維持。武昌起義期間，他正在科羅拉多州典華城（Denver亦譯但維爾或敦復）一家盧姓（指盧瑞連，此人是不是孫原配盧夫人的娘家親戚？作者注）唐餐館中打工，當「企台」

（粵語茶房）。他原先對「武昌暴動」的消息，並未有太強烈的反應。因為同樣的起義他已領導過十次了，何況這次的發動者和他並無直接關係呢！可是一天他正手捧餐盤自廚房出來為客人上茶時，忽然有一同事向他大叫一聲說：「老孫，你有份『電報』。」說著，那同事便把那份來電丟到「老孫」的餐盤中去。中山拆閱來電，不禁喜出望外。原來那電報（顯然是黃興打來的）是要他立刻束裝回國。因為革命情勢發展迅速，「中華民國」可能即將成立；一旦成立了，則首任「大總統」，實非君莫屬也。

老袁，你也別不服氣，誰叫你磨磨蹭蹭，婆婆媽媽的。「首任大總統」沒你的份也是你自討的。南方那裏和你暗戀多時了，就等著你乾脆俐落地離婚再婚，你卻一再要求給點時間，給點時間……

徐世昌說：

袁本想在清帝退位後，自為總統，故清帝退位詔中有「由袁世凱以全權組織臨時共和政府，與民軍協商統一辦法」之語。不料南京選舉孫中山為總統，項城之總統且由中山推薦，此非項城之所逆料也。

說來說去，內閣總理大臣袁世凱慢了半拍。

徐世昌說袁世凱

1911年，袁世凱心裏到底怎麼想，後人無從得知。但是老辣的袁世凱將這台1912年的好戲演成了「也是沒法子」的被動挨打戲。

誰說的，最好的導演就是看上去沒導。「袁世凱在1912」就沒有袁大導演導過的痕跡。

暗地裏，袁世凱的導演腳本寫得可細呢。徐世昌這個「水晶狐狸」，袁世凱叫他大哥，其對袁世凱的老底最了解。可是袁世凱活著，他一句不說，過了些年，到底憋不住了，藉「以正視聽」為名，授權袁世凱身邊的大紅人、總統府秘書長張國淦了說出來。

徐世昌身著洪憲帝制特種朝服 袁世凱稱帝後，大肆冊封，發表嵩山四友申令，免其稱臣跪拜，賞穿特種朝服。「嵩山四友」為徐世昌、趙爾巽、李經義、張謇。徐世昌雖被封為「嵩山四友」之一，卻拒絕領銜勸進，早早即稱病辭官。

徐世昌自從跟對了人，就一直官運亨通。庚子賠款後，清朝實行新政，在袁世凱的保舉下，徐世昌先後任巡警部尚書、郵傳部尚書、東三省總督。即使在兩宮去世，袁世凱出局的情況下，徐世昌仍得以保全，在後來的皇族內閣中擔任僅有的兩個協理大臣（副總理）。圖為任東三省總督兼署奉天巡撫的徐世昌（前排中）與同僚梁如浩（前排右二）、張錫鑾（前排左二）、朱啟鈐（第二排右二）等人合影。

卻原來「辛亥革命時，清廷起用項城，督師武漢，未幾，擢為內閣總理，其權勢之重，一時無與抗衡者。當時，其左右親昵之人，即有勸袁利用機會取清廷而代之之議」。

是啊，這麼好的機會，這麼多人的進言，袁世凱，袁項城就不想？想！但是袁世凱不敢。

內閣總理大臣，而且是責任內閣。大權獨攬，他還怕什麼？

徐世昌給出的道理應該是最權威的，「然而項城之所以不出此者：（一）袁氏世受清室恩遇，不肯從孤兒寡婦手中取得天下，為後民所詬病；（二）清廷舊臣尚多，如張人駿、趙爾巽、李經義等，均具有相當勢力；（三）北洋舊部握有軍權者，如姜桂題、馮國璋等尚未灌輸此種思想；（四）北洋軍力未能達到長江以南，即令帝制自為，亦是北洋半壁，南方尚須用兵；（五）南方人心向背，尚未可知。」

徐世昌的分析，由於是內線消息，所以刀刀見血。

這些人是地方大員，封疆大吏，手上有點軍隊。

不過老袁過慮了，這些人幾個月後大多走的走散的散。趙爾巽、李經義這兩位後來還被袁世凱拉進「嵩山四友」。

什麼是「嵩山四友」？想想吧，那封號比親王還封得少，只有四位。見到我們的洪憲大帝可不稱臣，不跪拜。也就是說書裏的「千歲爺」。

可是徐世昌得了「嵩山四友」，卻苦笑說：「所謂嵩山四友，即永不敘用之意。」

這個「水晶狐狸」和袁世凱拜了把子，說話做事從不死心塌地，總是若即若離，立場曖昧，永遠讓人摸不透。

「嵩山四友」的待遇是：每人每年兩萬元年金；賞乘朝輿，穿特種朝服；臨朝時，得設矮几以坐。

此外袁還有「故人勿稱臣」之命，「故人」共七人：黎元洪、奕劻（慶親王）、世續（前軍機大臣）、載灃（醇親王、前攝政王）、那桐（前軍機大臣）、錫良（前東三省總督）、周馥（前兩廣總督）。

袁世凱剪辮子

1912年2月16日下午3時15分，袁世凱大總統在外務部大樓剪了辮子。

腦後一條大辮子是大清國臣民的招牌形象。據說阿根廷小孩直到上世紀80年代，畫中國人時都有條大辮子，說明流毒有多深。

這個用了200多年的招牌，一下子去了，很多遺老遺少著實有點捨不得。但是美國大使芮恩施在他的《一個美國外交官使華記》中說袁世凱沒覺得有什麼捨不得：

清朝的重臣袁世凱要就任中華民國的大總統了。他問他的海軍將軍蔡廷幹：當他進入一個新時代之際，是否需要在外表上也表示一下，把頭上的辮子剪掉。蔡廷幹說明了自己的意見，於是袁氏叫人拿來了一把大剪刀，對他說：這是你的主張，你來實行這個主張吧。蔡將軍用力一剪，就把袁世凱變成了一個現代人。但是袁世凱的內心並沒有從此發生很大的變化。

看起來，袁世凱對跟了自己50多年的這根「父精母血」並不留戀，棄之如廢物。且慢，袁世凱剪辮子不只有美國大使一種版本。據莫理循說：

蔡剛才來看我談關於我在今天下午五點鐘去見袁世凱的事。他說袁世凱討厭至極，他連辮子都不肯剪掉。兩天之後，蔡終於說服了袁，十六日他寫信告訴莫理循說：「他們同意讓我去剪掉總理（大總統）的辮子，而不是叫理髮師，因為他感到相當難為情。」

莫理循的話有點兒像袁世凱了。他一口一個「世受隆恩」，在剪辮子這個當口，怎麼著也要做出三思而後行的樣子。再說老官僚袁世凱的審美觀一定是「前清的」，沒辮子的確有點兒「難為情」。

袁大總統剪去辮子，這應該是報紙的頭條。應該不止兩個版本，果然還有第三個，那便是袁的軍事秘書唐在禮的版本：

當天晚上，袁世凱就在外交大樓裏剪了髮辮。在剪的時候袁自己不斷哈哈大笑，談話中顯出異乎尋常的高興。袁的這種情況很難見到，後來也未曾見到過。當晚在袁周圍的人也很興奮。「袁宮保剪辮子」這件事，很快地就轟動了整個北京城的軍政上層，不少人也剪了。儘管如此，還是有不少的人遲遲不剪。有科舉功名的，尤其是翰林公們剪辮子的比較少，像江朝宗、陳寶琛、華世奎等簡直不理這件事。

第二天的天津《大公報》報導，袁世凱剪去辮髮，「以為各界之倡」。

袁世凱剪辮當天《紐約時報》就有話要說：

Le Petit Journal

ADMINISTRATION

Les manuscrits ne sont pas rendus

5 CENT. SUPPLÉMENT ILLUSTRÉ 5 CENT.

Année —◆— Numéro 1111

DIMANCHE 3 MARS 1912

ABONNEMENTS

YUAN-SHI-KAI FAIT COUPER SA NATTE

Le Petit 雜誌封面畫「袁世凱剪掉了辮子」

1912年2月16日下午3時15分，在外務部大樓，由蔡廷幹為袁世凱剪去了辮子。當時在場的有他的兒子（可能是袁克定）和副官唐在禮。這一場景帶有象徵意義，受到世界媒體的矚目。法國畫師據此繪製的油畫成為法國Le Petit雜誌1912年3月刊的封面圖片。

北京，2月16日——袁世凱今天剪掉了他的辮子，這也意味著他扔掉了自己作為清朝臣民的標誌，而即使是在他安排清帝退位時，也一直戴著這個標誌。

都說當時北方比南方保守，可是你可曾想到，在辛亥革命前1904年起，新軍官兵、員警剪辮子的越來越多。因為實在難以阻擋，所以進入1910年，軍諮大臣載濤乾脆決定不再禁止禁衛軍剪辮，准其自由。

在英國《泰晤士報》駐華記者莫理循留下的照片中，可以看到那個時代新軍腦後沒有辮子的真實留影。更早幾年，隨同五大臣出洋考察憲政的40多個隨員中，剪辮子的居半，其中有翰林，有道府，有武員，都是有功名的。

北方的辮子是自覺自願剪的，南方革命黨人的地盤上，剪辮子就不是那麼溫良恭儉讓了。

孫中山就任臨時大總統的前一天，臨時政府在南京市裏下令強迫剪髮。剪辮子的平頭百姓覺悟當然沒有我們大總統高，所以什麼樣的情況都會發生：一路上，只見剪髮隊絡繹不絕，街道上、火車中、江岸邊，遇有垂辮者，無不立予剪去，尤其是乘船上岸的人，上一個，剪一個，其間有不願割愛的，多跪地求免，也有手提斷髮垂淚而歸的，也有摸著頭頂長歎的，或者大笑的，面對辮子的消失表現各不相同。下關街上一路望去，已盡是光頭。

和革命黨人短暫的「愛情」

俗話說不打不成交，袁世凱與革命黨人的那點「愛情」是在政府軍和民軍武昌的槍林彈雨中，上海的唇槍舌劍南北和談中建立的。

黃興曾指揮過漢陽保衛戰，和馮國璋等北洋軍隊打過仗。他認為革命軍沒有一舉擊敗北洋軍的實力，主張：「袁世凱是一個奸黠狡詐、敢作敢為的人，如能滿足其欲望，他對清室是無所顧惜的；否則，他可以像曾國藩替清室出力把太平天國搞垮一樣來搞垮革命。」

和黃興一同帶兵打仗的李書城仔細地算了筆賬：「當時南方除少數從正規軍擴編的軍隊尚有戰鬥力外，大部分新編入伍的士兵多是城市失業民眾，

尚未受過軍事訓練。各部隊形式上雖具備軍、師、旅、團、營、連、排的編制，實係烏合之眾。從漢口、漢陽失敗的經驗看來，想仰仗這種軍隊去衝鋒陷陣，一直打到北京，是靠不住的。」

打不了就和吧！

南北議和時，伍廷芳與唐紹儀的公開談判只是走形式，真正的政治交易，是經張謇居中安排，由唐紹儀和黃興等在老官僚趙鳳昌上海寓所「惜陰堂」中進行的。

最後，雙方約定，只要袁世凱逼迫清帝退位，即推他為民國大總統。交易既成，張謇電告袁：「甲日滿退，乙日擁公，東南諸公，一切通過。」

袁世凱不是革命黨人，也不是民軍的一個山頭老大，甚至都不是革命黨人的同路人，這次卻和革命黨人玩起了老鼠和貓的「愛情」。

如同今天「網戀」一般，袁世凱和孫中山沒見面時，書信已經來往了一大堆。同盟會第二號人物、民軍總司令黃興致信袁世凱說：「中華民國大總統一位斷舉項城無疑。」（《時報》，1911年12月18日）。

民國元年二月孫中山辭去中華民國臨時大總統後致電袁世凱時說：「查世界歷史，選舉大總統，滿場一致者只有華盛頓一人，公為再現。同人深幸公為世界之第二華盛頓，我中華民國第一華盛頓。」

《紐約時報》援引袁的話：「袁世凱說他非常欽佩孫中山先生，因為孫先生已經證明自己是一個真正的愛國者。」

兩方好話說了一大堆，卻各打自己的算盤。孫中山於南京宣誓就職後，曾對胡漢民、廖仲愷等人說：「袁世凱誠然不可信，但利用他推翻260餘年的滿族貴族專制則強於用兵十萬。縱使袁世凱繼行專制體制，其基礎也遠不如清朝，推翻他要容易得多。今日可首先推翻清朝，成一圓滿之段落。」

張謇

袁世凱搞定民國總統職位後說：

「他們來（指孫中山進京），我們是歡迎之不暇的，但是要在我這個圈兒裏。」

1912年8月24日後，孫中山、黃興、陳其美先後在京受到了袁世凱的隆重招待。

待人接物、禮數和出手，是袁世凱的強項。在會面時袁世凱稱他們為「革命元勳」。在歡迎宴會上，袁世凱甚至站起來高呼「孫中山萬歲」。很多細節我們可以從袁世凱的親信、具體接待人唐在禮的回憶中體會到：

孫中山和夫人盧慕貞到達北京之日，政府迎接的人很多。袁世凱在事先命令對孫中山的接待儀式要十分隆重，供奉要十分豐盛，完全與大總統同等待遇。館舍選擇在石大人胡同原來的總統府，那裏建築既寬敞軒朗，鋪陳亦富麗堂皇，而且便於警衛。

袁世凱為接孫中山來京，籌畫甚久，用心很深。他故意把原總統府騰讓出來，加以修繕讓給孫中山住，自己卻搬到鐵獅子胡同國務院去辦公。

孫中山到京後，按「行客拜坐客」的老規矩，先拜訪了袁世凱。袁世凱也恭敬如儀地作了回拜。一時石大人胡同車水馬龍，前往謁見孫中山的人很多，有新舊政客，有廣東同鄉，有日本人，還有不少新聞記者。袁世凱為了表示竭誠招待，指派我和大禮官黃開文在石大人胡同孫中山的行邸照料。我們並派有侍從多人聽從孫中山等支派使喚。孫中山如公出，即為安排車馬，預洽休憩餐膳之所，否則即在行邸備膳陪座。

黃興後孫中山半個月到了北京，陳其美也陪黃興同來。總統府舉行了歡迎孫中山、黃興的公宴，袁世凱親自到場主持。

袁世凱、孫中山之間，兩位夫人之間，都表現得很親熱。宴會場中最活躍的要算徐世昌、段芝貴、梁士詒和我夫婦了。孫中山等在京逗留前後約兩三個星期，其後即由孔祥熙陪同，往山西去和閻錫山會面。

1912年8月24至9月16日孫文與袁世凱在北京會談十三次。

9月25日，《政府公報》第149號公布了這些會談的主要成果之一：袁世凱、孫文、黃興、黎元洪《協商訂定內政大綱八條》。

見面後，孫中山對老袁的感覺還不錯：「袁世凱真能辦事，氣度也不

凡；雖然習慣於玩權術使詐，但也是迫於時事，不得不這樣。」

到京後的第四天，1912年8月28日《亞細亞日報》記者問孫中山：「先生既不欲重當政局，第二期總統恐難得其人。」

孫中山則答道：「仍以現總統袁公為宜。依我所見，現在時局各方面皆要應付，袁公經驗豐富，足以當此困境，故吾謂第二期總統非袁公不可。且袁公以練兵著名，假以事權，軍事必有可觀。」

第五天，29日，孫中山致電黃興說：

到京以後，項城接談兩次。關於實業各節，彼亦向有計劃，大致不甚相遠。至國防、外交，所見亦略同。以弟所見，項城實陷於可悲之境遇，絕無可疑之餘地。張振武一案，實迫於黎之急電，不能不照辦，中央處於危疑之境，非將順無以副黎之望，則南北更難統一，致一時不察，竟以至此。自弟到此以來，大消北方之意見。兄當速到，則南方風潮亦止息，統一當有圓滿之結果。千萬先來此一行，然後赴湘。

今日之中國，惟有交項城治理。

黃興見了袁世凱亦相談甚歡。話一投機，黃興和孫中山還勸袁世凱加入國民黨，以國民黨為後援，「建設強有力之政府」。袁表示：加入政黨誠然不錯，然「今則非其時也」。事後他對別人說：

入甲黨，則乙黨為敵，入乙黨，則丙黨為敵，實不敢以一己之便安，而起國中之紛擾。昔英國有女王終身不嫁，人問之，則曰：吾以英國為夫。鄙人今日亦曰：以中華民國為黨。四海之內，皆吾兄弟，三人同行，厥有吾師。俟將來政黨真正穩固，或不能終守不黨主義。

瞧，老袁一套一套的，誰說他城府深，不輕易表態？

政治就是政治，好話後面就歸利益了。

《洪憲遺聞》中張國淦轉述徐世昌的一段話：

猶記民國初元，項城常與余談及中山坦白，克強憨直，頗思與國民黨提

攜，乃宋教仁堅持政黨內閣，國會評論員如張耀曾、谷鍾秀等亦事事挾持政府，項城終覺國民黨不能合作，於是改變態度，與國民黨為敵，而有贛寧之役。

袁世凱和孫、黃的友誼是短暫的，與黎元洪的交情雖然不甜蜜卻斷斷續續維持到袁死也沒相互撕破臉。

與人不爭一時一地之利的「黎（泥）菩薩」黎元洪是民軍中的穩健派，無論從意識形態和為人，他一定不吝嗇說袁的好話：

公果能歸來乎？與吾徒共扶大義，將見四百兆之人，皆皈心於公，將來民國總統選舉時，第一任中華共和大總統固然不難從容獵取也。

黎元洪是個有名的「不沾鍋」，與誰都保持一定的距離。距離產生美，所以他和誰都能客客氣氣，唯獨容不下辛亥革命首功者張振武。張說話大大咧咧，瞧不起黎元洪。黎用計調張去北京為官，然後黎自武昌給袁世凱一封密電：

張振武雖為有功，乃怙權結黨，桀驁自恣。赴滬購槍，吞蝕巨款。……近更蠱惑軍士，勾結土匪，破壞共和，倡謀不軌，狼子野心，愈接愈厲。冒政黨之名義以遂其影射之謀，藉報館之揄揚以掩其兇橫之跡。排解之使困於道途，防禦之士疲於夜，風聲鶴唳，……元洪愛既不能，忍又不敢，迴腸盪氣，仁智俱窮，伏乞將張振武立予正法，其隨行方維繫屬同惡共濟，並乞一律處決，以昭炯戒。

當晚，袁世凱收到黎密電時，當時不知密電內容關於何事，即親取保險櫃鎖匙找密電碼本。取到密電碼本，自行譯校。校畢神色緊張，立命梁士詒通知趙秉鈞、馮國璋、段祺瑞三人來府，秘密商量對黎電如何處理？對張振武是否下手？梁士詒主張再去一電詢黎，是否確屬黎本人意思。隔天得武昌覆電，稱前日電確屬黎本人主意，於是袁世凱才決定逮捕張、方兩人，立予正法。

THE ILLUSTRATED LONDON NEWS, April 20, 1912.—600

CHINA, THE REPUBLIC: THE PRESIDENT AND THE PRESIDENTIAL HOME

Photographs by Illustrations Bureau.

1. WHERE YUAN-SHI-KAI WAS FORMALLY INSTALLED PROVISIONAL PRESIDENT OF THE REPUBLIC OF CHINA: THE NEW WAI-WU-PU (FOREIGN OFFICE), PEKING, IN USE FOR THE TIME BEING AS THE PRESIDENTIAL RESIDENCE.

2. AT WORK WITH HIS SECRETARY: YUAN SHI-KAI, PROVISIONAL PRESIDENT OF THE REPUBLIC OF CHINA.

It will be recalled that Yuan-Shi-Kai was formally installed Provisional President of the Republic of China on Sunday, March 10 last. The ceremony took place in the new Wai-wu-pu (Foreign Office) building, temporarily in use as the Presidential residence. The President, who wore general's uniform, took the oath of fidelity to the Republic in the grand reception-room, in the presence of many dignitaries, military, civil, and religious. After he had heard a reply and had made answer to this, two Grand Lamas presented golden Buddhas, covered with the ceremonial cloth hats. This, and scarves, the President took and placed round the Lamas' necks, thus showing himself their sovereign. Ceremonial salutations from the dignitaries followed. On April 2 it was reported that the Nanking Assembly had agreed to the transfer of the Provisional Government to Peking.

《倫敦新聞畫報》1912年4月20日發表的大總統袁世凱與大總統府影像 1912年3月10日下午3時，袁世凱在北京石大人胡同前請外務部公署宣誓就職臨時大總統，就職後，此處改為臨時大總統府。

張振武被殺事件，使湖北旅京人士大為激憤，大家同赴總統府質問。袁世凱親自出見，他說：這件事我很抱歉，但經過情形諸君當已明瞭，我是根據黎副總統的來電辦理，我明知道對不住湖北人，天下人必會罵我，但我無法救他的命。袁的語氣把這事完全推到黎身上，孫武等也知道這是黎的主意，所以只好憤憤退出總統府。

經此一事，黎元洪矮了半截，不得不跟袁世凱走近點兒。

黎元洪確實值得袁世凱爭取。他是武昌首義的元老，但又並非孫文、黃興一夥。對於剿滅南方的二次革命也沒有發什麼雜音。

宋教仁被刺一案，使孫袁過早地結束了「蜜月期」。忍了很久的黃興撰寫的一副輓宋聯說得最明白：

前年殺吳祿貞，去年殺張振武，今年又殺宋教仁；
你說是應桂馨，他說是洪述祖，我說確是袁世凱。

於是，孫中山號召「二次革命」。

宋教仁其人

宋是一位愛國者，一位有為有守的君子，並非可怕之人。只是他少年氣盛，精力過人，心比天高，自命不凡，又生個倔強的個性和毫無顧忌的大嘴巴。做起演説來，聽眾掌聲如潮，歡聲雷動，使政敵聽來，就真以為他是拔毛成兵的齊天大聖了。

宋教仁不是個有心計的人。相反，正因為他搞政治鋒芒太露，不特黨內黨外都樹敵太多，招忌太甚，縱是一般國人、黨人，對他也不太心悦誠服，甚或同黨相妒呢！

——唐德剛

1913年1月宋教仁到南方各省發表演説，批評袁世凱政府一年來的政策。宋在湖北黃州的演説詞「甚激烈」，袁閲後，極為不滿地説：「其口鋒何必如此尖刻！」譚人鳳一語道破：「國民黨中人物，袁之最忌者惟宋教仁」。

當時任參議院議長的國民黨人張繼晚年回憶説：「民國二年三月二十九日，偕程仲漁（克）訪趙治安（秉鈞）。王奇裁（治馨）亦在。王云：洪述祖於南行之先，見總統一次，説：國事艱難，不過是二三反對人所致，如能設法剪除，豈不甚好？袁曰：一面搗亂尚不了，況兩面搗亂乎？」

宋有兩次被人扇耳光。第一次是1912年。一天，有人提議，黃興帶兵北上，消滅北洋軍。宋不贊成。話音剛落，同盟會元老馬君武伸手就是一巴掌。大罵宋是在給袁作説客，打得他左眼流血不止。第二次係「巾幗英雄」唐群英所為。宋在國民黨新黨章中，規定不接收女黨員。唐不能接受，衝上主席台，揪住宋，結結實實地打了他一記耳光。

1912年8月在宋教仁領導下，一個以同盟會為核心吸收了四個小黨的新黨國民黨成立了。新生的國民黨顯然是個妥協的產物，它的政策明顯不如同盟會激進：孫中山關於地租和地權的政策不提了，綱領中刪除了「男女平權」的主張，「力謀國際平等」的提法被軟化為「維持國際和平」。一個革命性質的黨經過宋的改頭換面，變成了代表廣泛社會輿論的議會黨。這在很多同盟會老革命看來是退步的、保守的，甚至是反動的。

宋教仁北上之前，陳其美（英士），應夔丞（桂馨）等人曾設宴餞行。宴席進行中間，陳其美詢問宋教仁組織國民黨政黨內閣的辦法，宋教仁表示説：「我只有大公無黨一個辦法！」

陳其美聽了沒有説話。應夔丞在一邊罵道：「你這樣做簡單就是叛黨，我一定要給你一點顏色看看。」他一邊説話，一邊從懷裏掏手槍。在場的其他人勸住了他。宋教仁説：「死無懼，志不可奪。」大家只好不歡而散。

時黨人沈翔雲曾説：「國民黨內的許多人都痛恨宋教仁，陳其美、應夔丞（應桂馨）尤其痛恨他。這幾天他們兩個人整天都在商議這件事情，即使像我這樣的親近之人，也不能夠參與機密。偶然聽到他們之間的幾句議論，也是關於宋教仁的，而且他們説話的神情語氣都很不好看。」

第五章
最後的袁世凱

最後的袁世凱知道自己輸在哪裡。而袁的死也讓所有的人鬆了口氣。蔡鍔說，「項城退，萬難都解」。莫理循說，「袁世凱的死最理想地解決了他的引退難題」。只有五姨太楊氏有點恨：「都怨大爺（袁克定），他把老爺害苦了。」

袁世凱大事記（1913～1916）

1913年	54歲	7月至9月，鎮壓了國民黨發動的「二次革命」，把北洋軍勢力伸向長江流域及南方各省。10月6日，任正式大總統。 11月4日，袁解散國民黨，取消國民黨議員資格。
1914年	55歲	1月10日，下令解散國會，停止議員職務。2月，又下令解散各級地方自治會和各省省會。5月，下令廢除《臨時約法》，公布《中華民國約法》。之後再修改總統選舉法，使總統可無限期連任，新任總統亦由在任總統指派。成立參政院，設立政事堂。
1915年	56歲	1月，袁接受「二十一條」。12月12日發布接受帝位申令。13日，接受百官朝賀，15日，封爵加官。31日，下令改民國五年為「洪憲」元年，改總統府為「新華宮」。 12月25日，蔡鍔在雲南組織護國軍討袁。
1916年	57歲	3月22日，袁宣布取消帝制，恢復「中華民國」年號，5月下旬憂憤成疾。 6月6日，袁世凱因尿毒症病死。 8月24日，正式歸葬於河南安陽。

袁世凱和日本

日本人從來不相信袁世凱，甚至有點兒憎惡。

袁世凱是有名的親英美派，加上西方各國競相擁袁，日本認為袁一旦得志，日本在中國將無立足之地，於是乃有「二十一條」的提出。

日本當時正處於蒸蒸日上的階段，無奈老祖宗留給它的戰略空間不大。朝西看，亞洲大陸最大最好的一塊土地是被稱為「東亞病夫」的大清國。

要命的是，日本當時還不是數一數二的頭等國，而那些頭等國大多已經和清政府建立了穩定持久的關係，在華列強之間也已經形成了勢力範圍和利益平衡。

日本在等機會，日本只能等機會。

這個機會終於等到了。1914年開始，一戰爆發，整個歐洲大打出手，各方幾乎是傾巢而出。遠東的大清國成了真空地帶。

1914年8月，日本元老井上馨向大隈內閣提出一份《對華問題解決意見書》指出，大戰「對日本國運發展乃大正年代之天保」，主張趁此機會「確立日本對東洋之利權」，日本和中國政府須「用一切方法訂立包含秘密條款的防禦同盟」。日本總理大臣聽進去了，於是乘機提出了「二十一條」。

「二十一條」，有一個直接相關的背景，即此時的中國在國際社會孤立無援。英國、法國和德國完全置身於歐洲戰事，沒有時間也沒有力量來關心亞洲的事。由於協約國在歐洲吃緊，英國日漸感覺到，它需要日本的援助，因而默許日本對中國施加壓力。俄國也正策劃自己對中國的滲透，因此對日本的行動也不加反對。只有尚未捲入歐戰的美國，對中國表示了些許同情。然而，就連美國也不願因為中國問題而同日本發生對立，它關心的首要事情仍然是歐戰。結果，北洋政府無法期望得到任何一個西方國家的幫助。這是日本人手中的一張很有力量的「國際牌」。

相對於蓄勢待發的日本，此時的中國政局動盪，國力貧弱。

在1914年春天的幾個月裏，「沒有一省能免於匪患、未遂的叛亂、游兵散勇的騷擾和地方性的暴動。湖北、河南兩省由於白朗匪幫的活動，情況最為嚴重」，國內革命黨人的活動更是袁世凱的心腹大患。政府為了維持龐大的軍費

開支，大量舉借外債，更增加了對列強的依附性。而對與日本有千絲萬縷聯繫的革命黨人的支持與否，成為日本對袁世凱進行威脅利誘的一張「國內牌」。

在這種情況下，當時的中國是無力和日本進行一場必勝的戰爭的，通過戰爭來拒絕「二十一條」是不可行的。北洋政府的外交處於極端不利的境況。

話說，這個「二十一條」是由日本駐華公使日置益在面見袁世凱時提出的，這種方式於外交場合極不尋常。據老袁身邊的張國淦說：

日置益辭出後，項城極憤怒，當即疾聲令余，所有關於帝制之事一概停止。「我要做皇帝，也不做日本的皇帝。」

過後，袁將條約文本留下細讀，感到茲事體大。

「翌晨，即召集外長孫寶琦，秘書長梁士詒，政事堂左丞楊士琦，及余（曹汝霖）四人到府面諭。總統說，日本這次提出的覺書，意義很深，他們趁歐戰方酣，各國無暇東顧，見我國是已定，隱懷疑忌，故提此覺書，意在控制我國，不可輕視。至覺書第五項，意以朝鮮視我國，萬萬不可與他商議。又說容我細閱後再交部。各人唯唯聽命而散。」（曹汝霖語）

「二十一條」到了袁大總統手上後的第二天，曹汝霖說：「袁逐條用朱筆批示，極其詳細，現只能記其大意，並囑開議時，應逐項逐條商議，不可籠統並商。對第一條批，此本於前清中俄協定東三省會議時，已允繼續俄國未滿之年限，由日本展續滿期，今又要重新更定。但將來若能收回，對於年限沒有多大關係，此條不必爭論。」（曹說的第一項指「關於旅大南滿鐵路展限問題」，作者注。）

袁世凱同國務院參議兼大總統府秘書曾叔度說：

滿洲外的要求，我盡量全部駁回。滿洲內的要求，多少答應幾點，而這幾點答應了，我有辦法要他等於不答應。不但如此，我還要殺他個回馬槍！

曹筆下的袁朱批還有：「對承認德國利益問題批，應雙方合議，何能由日本議定，由我承認，這是將來之事，不必先行商議，可從緩議。

「對於合辦礦業批，可答應一二處，須照礦業條例辦理，愈少愈好，可

留與國人自辦。

「對於建造鐵路批，須與他國借款造路相同，鐵路行政權，須由中國人自行管理，日本只可允以管理借款之會計審核權，惟須斟酌慎重。

「對於開商埠批，須用自開辦法，並應限制，免日本人充斥而來，反客為主。

「對漢冶萍鐵礦廠批，這是商辦公司，政府不能代謀。

「對浙閩鐵路批，須查卷，似與英國有關。

「對福建讓與批，荒唐荒唐，領土怎能讓與第三國。

「對內地雜居批，治外法權沒收回之前，不能允以雜居。

「至第五項批，此項限制我國主權，簡直似以朝鮮視我，這種條件豈平等國所應提出，實堪痛恨。日本自己亦覺不妥，故注希望條件，不理可也，萬萬不可開議，切記切記（兩句加朱筆密圈）等語。」

這就是曹汝霖筆下的袁朱批。對照天津市歷史檔案館存有的袁世凱對「二十一條」說帖的朱批：

對於「日本國臣民得在南滿洲及東部內蒙古任便居住往來，並經營商工業等各項生意」，袁世凱批道：漫無限制，各國援引，尤不可行。

關於日本提出的「合辦員警」、整頓福建海口等事，袁世凱也加了重筆，不予認可。

關於日本政府提出的有關東部內蒙古借款、課稅、開埠、合辦農工業等方面的要求，袁世凱批道：「辦不到。」

在「二十一條」最後，袁世凱批道：「各條內多有干涉內政侵犯主權之處，實難同意。」

袁世凱還另文批示說：「歐戰相持不下，法比各有失地，將來大會支配，殊難預計，膠澳能否由強人讓交，此時尚無十分把握，訂此預約，尤足招強人之惡，他西人亦未必同意，殊屬吾謂縱能預交日人交還青島，亦是空人情。」

從以後的實質談判中可以感覺到，袁的朱批，日本人一無所知，這似乎間接地證明，參與人員中無「日諜」。

進入實質談判很艱苦。對袁來說，這無異於一次凌遲。

這不是一次同等級別的較量：軍事上打不過人家，金錢上還要仰仗人家的貸款，同時對方還有一些大大小小的同盟軍遍布中國。

第五號譯漢文

一、在中國中央政府、須聘用有力之日本人、充為政治財政軍事等各顧問、

二、所有在中國內地所設日本病院寺院學校等、概允其土地所有權、

三、向來日中兩國屢起警察案件、以致釀成轇轕之事不少、因此須將必要地方之警察、作為日中合辦、或在此等地方之警察官署、須聘用多數日本人、以資一面籌畫改良中國警察

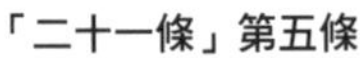
「二十一條」第五條

第三款　中國政府允准、日本國建造由煙台、或龍口接連膠濟路線之鐵路、

第四款　中國政府允諾、為外國人居住貿易

袁世凱對「二十一條」所做批示

君不見各路反袁大軍裏或多或少的都有日本的影子。賣給一二個國家，拉虎皮做大旗。這是我們近百年來政治鬥爭的一種常態。

袁世凱唯一期盼的是西線無戰事，英美能騰出手來「拉兄弟我一把」。為了這個子虛烏有的「可能」，老袁和日本玩起了他慣用的那一套，曰「拖」。

想拖就要王顧左右而言他。當時的外交總長孫寶琦老實，第一次和日本大使談判就進入實質內容，逐一「指摘，加以評論」。

筆記呈總統，袁大總統閱後大不以為然：「我已囑咐不要籠統商議，慕韓（孫字）何以如此糊塗，初次見面即逐條指摘，發議論，以後何能繼續商議。慕韓荒唐，太粗率，不能當此任，當晚即囑楊杏城（政事堂左丞）徵得陸子興（時陸任政府高等顧問）同意，翌日，即令陸徵祥任外交總長，孫調稅務處督辦。」（《曹汝霖回憶錄：我的一生回憶》）

據此，老袁的雷厲風行可見一斑。

老袁找對了人了，陸徵祥這人，一輩子就沒有乾脆過，性格使然。他將老袁的拖字訣發揮到極致。

當日方提出每週開談五次時，陸說：「每週五次，我身體素弱，且部中每週須接見公使團一次，改為每週三次如何？」

日使即表同意。

顧維鈞是親歷者，他有個段子寫老陸的「拖功」，比較絕：

每次會議都在下午三時至五時召開，但陸總長使用了一些手法來拖延。當會議開始時，他的客套話會長達十分、十五分甚至二十分鐘。然後侍者清理桌面，擺上茶點，又需中斷三十到四十五分鐘。爾後在討論中，一切必須由日文翻譯成中文，及由中文翻譯成日文。陸總長習慣於講究講究辭藻，出言文雅，輕言慢語，譯員施履本有時聽不清陸總長言語，又需請他複述一遍。遇有困難時，陸總長即向日方提出：「我將就此報告大總統，下次會議時給貴方答覆。」

最令日本人氣憤的是秘密會談的細節，美、英報界都有公開的披露。實際上，這裏會議結束，那裏就有袁世凱的英文秘書顧維鈞和專辦秘密外交的蔡廷幹用英語直接告之英美人士。顧維鈞回憶：

我每次在外交部開完會後，如不是當天下午，至晚在第二天便去見美國公使芮恩施和英國公使朱爾典。當日本駐華盛頓大使電詢政府二十一條的詳情，尤其是第五號時，東京開始焦急不安，顯然東京並未將二十一條的性質及談判進展等詳情通報其駐外使館。

談判在最關鍵的第五條上陷入了僵局。讓日本人進入自己的領導層，這就等於臥榻之側，容一他人鼾睡。

袁世凱堅決不答應，但是又怕引起戰爭。這時候老奸巨猾的袁走了一次後門。

這時候，有賀長雄正在做袁的顧問，此人在日本不但作為學者地位很高，而且和日本高層人士交往密切。袁請他回國向日本「有關人士」疏通，有賀長雄居然答應了。

不久有賀長雄見到了松方正義侯爵。這松方正義是革命老前輩，佔據日

本財政中樞長達22年之久。去世時日本政府為他舉行國葬。

不久，有賀返回北京，向來接他的國務院參議兼大總統府秘書曾叔度說：「這件事真相已明。我見了松方侯爵，哪裏知道，侯爵實不知其內容。如此大事，並未經過御前會議，松方只知道大隈要與中國解決懸案，不知其他。我乃將二十一條內容告之松方，並言日本公使直接向駐在國元首提出要求，有失國際間通行禮貌。」

松方說：「大隈重信言大而誇，你快回華告訴袁世凱，滿洲係我帝國臣民以血肉性命從俄國人手裏奪過來的，應當予帝國以發展的機會。至於滿洲以外中國領土上的主權及一切，帝國毫無侵犯的意思。大隈的要求，是他大隈重信的要求，帝國臣民不見得都支持他的要求。」

曾叔度將松方的話回報項城，項城大喜：「得要領了，得要領了。滿洲以外的要求，當然半個字也不能答應他。就是滿洲，俄國所搶去的，他日本都拿去了，他還想要發展，你發展了，我卻癟了。」

情急之下，加藤外相對華下了最後通牒。百般脅迫的同時，又將第五條

1915年5月25日「二十一條」簽字現場。左起：（中國）外交次長曹汝霖、外交總長陸徵祥、秘書施履本，（日本）參贊小幡酉吉、駐華公使日置益、書記官參贊高尾亨。

在最後通牒裏「暫時脫離，容後再議」，對袁世凱來說這就等於日方自行撤回了第五條。

據曹汝霖描述，袁世凱在簽約前的內閣會議上有一番說明：

日本此次提出之覺書，附了第五項各條，真是亡國條件。今外部歷時四月開會卅餘次，盡了最大之力，避重就輕，廿一條中議決者不滿十條，且堅拒開議第五項，外部當局，恪守我的指示，堅拒到底，已能盡其責任。使日本最後通牒中，已將第五項自行撤回，挽救不少。惟最後通牒之答覆，只有諾與否兩字，我受國民付託之重，度德量力，不敢冒昧從事，願聽諸君之意見。

……

大隈重信

從1915年2月2日日本提出「二十一條」，到5月7日日本發出限48小時答覆的最後通牒，歷時105天，談判20多次。

5月25日，陸徵祥與日本正式簽訂討價還價後的「二十一條」，實際上是「十二條」。

袁世凱知道史家不會放過他，於是讓人撰寫了一本書，叫《中日交涉失敗史》，印刷了五萬冊，密存山東模範監獄中。袁對左右說：「勾踐不忘會稽之恥，最後終於打敗了吳國，那些咄咄逼人的人終有肉袒牽羊之一日。到那時，此書就可問世啦。」

1916年6月，袁世凱死前為自己寫下了一幅耐人尋味的輓聯：

為日本去一大敵，看中國再造共和。

日置益 1915年1月18日，日置益向袁世凱遞交日本政府提出的滅亡中國的「二十一條」，蠻橫地提出，「本國政府此次要求，極為正當，必欲達到目的而後可。」後以全權代表身分參與「二十一條」的談判。

有賀長雄（前）與莫理循（右二）等外國顧問合影

1913年3月，由於國民議員的反對，袁世凱交議的《編擬憲法草案委員會大綱案》在參議院審議時變成廢案，心有不甘的袁氏聘請日本人有賀長雄和美國人古德諾為總統的憲法及法制顧問。

有賀長雄能擔當此任的一個重要原因是他作為日本早稻田大學、法政大學教授，即將在參議院和眾議院佔有席位的議員中有相當一部分人是他以前的學生。有賀長雄名義上是中國國家元首聘請的憲法顏問，實際上卻扮演了一個居心叵測的「陰謀政治家」角色。民初參與反袁鬥爭的國民黨籍國會議員王葆真憤怒地譴責說：「外國顧問中，日人有賀長雄最為奸狡毒辣。」因為他能夠刻意迎合袁世凱的意圖，深得袁的信任。同時，他又扮演著日本間諜的角色。有賀長雄的助手，有的是日本參謀本部派來的高級間諜，如青柳篤恒。他們利用能夠接近中國政府核心人物的機會，不斷刺探中國的政情、軍情，為日本侵略政策服務。

陸徵祥 在談判中，陸容顏和氣，時常發些模棱兩可的意見對某些條款作出妥協，但在某些方面，仍態度堅決，不肯讓步。如此反覆，這樣，中日「二十一條」交涉，自2月2日正式開始談判，至4月26日日本提出最後修正案止，歷時84天。前後會議25次，會外折衝不下20餘次。從談判時間之長，我們即可看出交涉之艱辛。

1945年曾有中國記者採訪陸徵祥，陸曾對未來國情提出簡短而著名之警語：「弱國無公義，弱國無外交。」

曹汝霖

1915年5月9日，陸徵祥、曹汝霖、施履本三人將「二十一條」親自送往日本公使館。曹回憶這次經過，「余心慈淒涼，若有親遞降表之感。」陸徵祥跟他説起以前「隨節俄館」時，俄財長維德為租借旅大問題跟楊儒談判，磋商不洽，竟將條約擺在公案上令楊簽字。楊答以未奉我皇命令，不能簽字。維德拍案咆哮，出言不遜，驕橫無禮。楊氣憤填胸，年事又高，出門時在石階上滑跌，遂至不起。曹由是感嘆：「弱國外交，言之可嘆。」

一蟹不如一蟹

清朝和民國哪個好？章太炎說「一蟹不如一蟹」。

大眾本以為革命了，共和了，驅除了韃虜，學來了富國強民的真經，日子會好。

沒想到亂象橫生，社會動盪不安。原來大家就有九斤老太的心態，一看如此，更是怨聲載道。有罵袁世凱當國不當的，有罵社會墮落的，還有罵國民黨搗亂的。那是一個任誰都可以扯開嗓子罵人的時代，罵人惹了禍還可以躲進租界。

李宗仁晚年曾經告訴人們：他在清末上陸軍小學時，但見朝野一片朝氣；辛亥革命成功之後，則朝氣全失，全國上下但覺一片腐爛敗壞。

嚴復抱怨：「（袁世凱）就職五年，民不見德，不幸又值歐戰發生，工商交困，百貨曹騰，而國用日煩，一切賦稅有加無減，社會侈糜成風，人懷怨望。」

美國公使芮恩施說：「中央政府收到各省上繳來的稅款總數估計沒有超過1912年前清政府預算的十分之一。」

孫中山感到委屈：「你不承認十二年的禍亂是革命黨造成的麼？民意大多數都承認是這樣的。」

俄國的列寧也出來批判中國的袁世凱：

他是愈來愈擺出一副獨裁者架勢的中國立憲民主黨人。

袁世凱的行徑和立憲民主黨人一模一樣，昨天他是一個保皇派，今天革命民主派勝利了，他成了一個共和派，明天他又打算當復辟後的君主制國家的首腦，也就是打算出賣共和制。（列寧《中國各黨派的鬥爭》1913年）

對於這些批判，袁世凱感到委屈。當美國記者採訪他時，袁告訴美國記者：他每天清晨5點鐘起床工作，一直到晚上9點鐘才休息，期間只有短暫的用餐和休息時間，除非偶爾有別的任務讓他離開日常工作。袁自己似乎並不以為苦，倒更像是樂在其中。女兒說：

他做大總統的時候，經常是晚間九時上樓，到了這個時候，卻深夜還在辦公和會客，以致我倆姐妹雖和他同住一個樓上，可是常常很晚了還不見他上來。因此，他那逗我們說笑玩耍的事情，就成為很少有的了。

《每日電訊報》駐北京的通訊記者描述袁世凱已經幾天沒刮鬍子也沒有睡覺了。

對於忙，袁世凱給記者的回答是這樣的：

我的頭腦中已經有了一個新中國。我知道我的任務並不簡單，有時在我虛弱的時刻，我感覺到昏厥感並試圖告訴我自己我幹得夠多了。但是每次這樣的不平衡的想法都使我感到羞愧，我捶打我的胸和臉，我知道這有點傻；所有對於這個國家和人民的愛向我湧來，於是我繼續更加努力地工作。

雖然話說得有點兒肉麻，有一點是肯定的，他的野心被大大地煽起來了，在前清縮手縮腳20多年之後，如今有這麼一個做事比較爽的空間，任何人都會亢奮。

民國任過總理的顏惠慶，當時任外交部次長，他常去袁的辦公地，他形容袁很忙，早上七點就召集人去辦公室，邀請人一起邊吃早餐一邊辦公，桌上堆滿米粥、鹹菜、大饅頭，邊吃邊談各種問題。

中南海裏的袁世凱

搬進中南海，他選擇了臨湖的歐洲風格的海晏堂為辦公地點，並改名為居仁堂。

他的辦公室，設在居仁堂樓下東頭的一間大房間裏。樓下的西部，是他會客、開會以及吃飯的所在。另外，在居仁堂的前院，還有一處叫做「大圓鏡中」的房子，也是他會客的地方。他什麼地方會什麼樣的客，是按著來客的身分以及跟他的關係來區別對待的。例如，一般生客在「大圓鏡中」，熟客在居仁堂樓下西部，最熟的就在辦公室內會見了。如果來客比較有身分，那麼，會見的地方也可能有所改變。（袁靜雪語）

袁世凱的吃喝拉撒幾乎都在居仁堂裏：

我父親的臥室，是居仁堂樓上的東頭一個大房間。他最喜歡二姐和我，就讓我倆住在樓上西頭的一個房間裏。我家其他人的住處，也是經過他安排指定的。大致的情況是：我娘于氏是和二姨太太、大哥夫婦，還有大哥的姨奶奶和他的孩子們以及四哥夫婦都住在福祿居；大姨太太、三姨太太和二哥夫婦三哥夫婦，還有一部分小弟妹們，住在字廊後邊的4個院子裏；五、六、八、九4個姨太太和她們的孩子們都住在居仁堂後邊的一所樓上。這個樓和居仁堂的樓上，是有天橋可通的。（袁靜雪語）

居仁堂裏古玩多，但是「袁世凱不好古玩，他經常掛在嘴邊的一句話是：『古玩有什麼稀罕，將來我用的東西都是古玩。』」（袁克齊語）居仁堂1949年後只短暫地做了會兒中央軍委的辦公室，1960年代還是讓拆了。

袁世凱是個大胃王，而且吃飯很香。曹汝霖一次被留下：

同進晚膳，見他有兼人之量，碗大的饅頭，吃了兩個，還佐以肉類，我

南海居仁堂 （左頁圖、下圖）前身是慈禧下令仿照圓明園海晏堂修建的西苑海晏堂。都有十二生肖銅首裝飾，不過圓明園的獸首是噴泉，西苑海晏堂的十二生肖則手捧電燈。上圖為1918年徐世昌就任總統典禮結束後與其他官員在居仁堂的合影。

只能吃四分之一。他說你不慣麵食吧，叫侍者拿米飯來。我說不是不慣麵食，實在已飽了，不能再吃飯了。

聽說他早餐可以吃十幾個水煮蛋，食量是常人的三倍！

這個好胃口遺傳給了他的十七子袁克有，克有「每餐飯後必有一道小菜，就是讓十五嫂炒16個雞蛋，就像餐後的茶點一樣必不可少」。

袁世凱的食譜裏，不是鴨子就是肉，他還特別愛吃鴨肫、鴨肝之類的動物內臟。還有人說他愛吃滋補品，常常一把一把地將人參、鹿茸放在嘴裏嚼著吃。

他的早死，別人以為是家族遺傳，在我看來是蛋白質、膽固醇攝入量超標。袁的體重嚴重超標，生活習慣又不好，加上後期精神憂鬱，儼然就是「三高」患者。

1930年代的新華門

1916年新年伊始，袁世凱為實現帝制，改元為「洪憲」元年，改總統府為新華宮。圖為新華宮袁世凱接見外賓處。

袁世凱當上大總統後，把中南海闢為大總統府，於1913年把寶月樓改建為總統府的正門，取名新華門。下圖為新華門改建後外國明信片上的寫真畫。可見當時新華門外尚有歐式風格的柵欄圍牆。

每日公餘到晚間，袁率全家人口逛花園，進晚餐，與在洹上村時情形相同。總統府花園設於中海西岸演武廳前。（楊景震語）

後來袁世凱在南面開了個口子，將孤零零的寶月樓改為面對長安街的新華門。

袁世凱在這裏住了五年多，他是「活著進的新華門，直到死後才被抬著出了這個門」。（袁靜雪語）

終究想當皇帝

死後被抬出新華門，說的是袁世凱稱帝失敗之後的事。

人們常常渲染這樣一個情節，說袁世凱稱帝失敗，臨死前大叫「我被人騙了」。

這種帝王犯錯就「清君側」，將所有的錯全賴到周圍的所謂亂臣賊子的思維模式，在咱們中國人身上真正是根深蒂固。

誰騙得了他這麼個精怪老辣的大總統？我看這完全是自欺欺人。

他一向認為，只要把決定國體、公眾選舉自己做皇帝的事籌辦得嚴密妥善，使剛剛離開帝制不遠的軍、政、官、紳們一體贊成恢復帝制，前途一帆風順就很有條件，並且安排就緒得愈早條件就愈好。他認為老百姓是沒有問題的，還是盼望真命天子出現的占多數，立意要造反的並沒幾個。只要執法從嚴，什麼亂子都可以壓得下去。軍隊方面，他肯定更沒問題，北洋士兵哪一個不給袁世凱燒香磕頭。況且他一直認為如果真能實行前清昭示已久而未能實現的君主立憲制將是個大得人心的舉動。（唐在禮語）

舉國一致的擁護，那是他讓段芝貴拍電報給催逼出來的假擁戴；各國所謂的贊成，那是外交部傳遞的假消息（老外評價說：如果民初有什麼成績值得誇耀，那就是外交部的非凡工作）；1914年海市蜃樓式的財政收支平衡，那是因為袁世凱減縮了開支，停掉了幾乎所有的建設項目。

稱帝完全是袁世凱自己主導的。他1916年前後說：「這事兒想了幾年。」

還說：「中國老百姓不開化，不懂什麼民主自由，非帝制不能加以統治。」

在他身邊做事的唐在禮早已經看出了一個稱帝的先兆：

袁世凱在天津任直隸總督北洋大臣時，所有奏摺和重要公事幾乎完全出於阮忠樞的手筆。……到民國成立以後，公文程序為之一變，新辭、時議皆非阮忠樞之所長，他就在不知不覺中很快地坐了冷板凳，幾乎什麼事袁世凱都不請他參加。直到把總統府秘書廳改為內史廳，袁世凱才調阮忠樞出來任內史監。那時袁世凱籌備做皇帝的苗頭已為我們所共知，我們很能看出袁世凱這一著是有所準備的。因為他一旦做了皇帝，就要重新用「奉天承運」「皇帝詔曰」這一套筆墨，當然這就非阮忠樞莫屬了。

瞧，馬腳已經露出來了。

至於我們見到的拖拖拉拉、陳腐冗長的稱帝過程，那是袁世凱這個經驗老道的官場老辣慣用的馭術。用現在的話說，這叫「不打無準備之仗」。

開始是權衡，這大約起於1913年後，因為這之前他這個總統根基是不牢靠的。按實力，他的鐵杆省份只有直隸省、河南省和山東省。半鐵杆的最多加上東三省和西北諸省，長江以南根本不是他的勢力範圍。

論軍事，他也只有北洋10萬之眾可指揮調用。其他的軍隊，他只是名義上的司令，比八路軍和中央軍的關係還遠。這些勢力雖然在地理上、政治上是分散的，合在一起卻至少是他的三倍。

這就是我們看到在「二次革命」前，他極能善待社會上的各種人，和革命黨人稱兄道弟，把黎元洪捧到天上的原因。結果呢？

袁政府初期，中央財政收入被地方截留，庫空如洗，幾乎完全依靠外債，地方財政為龐大的軍費所累，普遍入不敷出。以出賣國家主權得到的大量外國借款，幾乎全部用於填補純消耗的軍政開支。資產階級渴望的建設投資、整頓幣制和裁撤厘金等均未能進行。（《劍橋中華民國史》）

屁股決定腦袋。作為大總統的袁世凱看到這種縣截留省的錢，省截留中央的錢的狀況，能不痛心嗎？當然痛心。

分權的、自由主義的環境，民國的社會鬆散，以及在實踐中對他的中央政府施加的過分限制，使他感到生氣。（《劍橋中華民國史》）

這種情況不獨袁世凱一人碰到。連「中山號稱是獨立各省擁戴的大總統，但沒有一個省給他一分錢。連政府的開張費用，都是那個當了狀元不做官的張謇借來的」。（唐德剛語）只是他沒做幾天總統，少受了不少罪。

中國政治，從來沒有協商的餘地。妥協在歷史書上就是投降、「賣國」的代名詞。另外就是協商了，定了規矩，大多也沒有按契約精神去遵守的習慣。唯有用武力說話最靈。

袁世凱、蔣介石，開局不好，就是因為他倆辦的這個民國公司，是通過談判協商和合併小公司開起來的。後來怎麼樣？十多年幾十年都在解決早期的「合併後遺症」。1949年後，就不存在這個問題了。

袁世凱也知道這個道理，所以他乘各地割據勢力沉浸在小富即安的美夢中時，便早早地布局，偷偷地布線。

袁這個人行事如貓科動物，接近，接近，再接近，不到獵物驚跑，絕不主動出擊。民國初的這一年半，表面看他一事無成，其實他都在準備。他用的招是大家熟悉的「統一戰線」和「集中優勢兵力打殲滅戰」。

當時的中國只要擺平三個地方就能贏得天下。這就是北京、武漢、南京，因為國內最精銳的軍事力量大多集中在這三地，北京的北洋最強，其他兩地次之。

袁世凱首先和黎元洪拉關係，幫他殺了眼中釘張振武、方維。然後於1913年4月初，袁利用便利的江漢鐵路，秘密接受黎的邀請，從北京派少量部隊進駐湖北。5月他們取消了保密，駐紮在湖北長江沿岸的北洋軍人數達到了一萬以上。至此袁三分得其二。

打仗打的是糧草。袁本指望民國後能做到全國財政統一，但是自從清滅了以後，各地誰都不想受此約束。袁知道不靠武力就收不到錢，要動武就得花錢。錢呢？此時唯一可以求助的就是外國貸款。膽大的袁世凱於1913年4月

27日凌晨簽訂了「善後大借款」。

「善後大借款」，這是袁借的印子錢啊！是拿中國的鹽稅做抵押的！袁世凱不顧，一切只為贏！

一切準備妥當時，宋教仁案發生了，雖然後來史料顯示此事非袁直接所為。吊詭的是袁就是不多做解釋，任其發酵。他暗暗地等著孫大炮主動開炮。

兩個月後，孫中山發起的「二次革命」失敗了。

這是一次典型的「袁氏戰」實例：不惜一切代價借款，然後用現金支付一切：收買叛變的國民黨國會議員，收買自治軍隊的指揮官，為自己的參戰部隊發足額，使士氣大增。唐在禮揭露：

> 有時密謀分化對方的軍力，一經與對方中下級軍官接洽妥貼，把他們收買過來之後，就要從優供給他們調度費和開拔費。例如在收買二次革命的民軍時，運動取消安徽、江西各省和廣州、南京各地的獨立，就花了大洋幾百萬元。

更絕的是，袁的十年外交儲備也成了「袁氏戰」的一部分。他的20年好友、英國公使朱爾典要求英國作出特別違反常理的安排，直接向在上海的海軍軍艦撥發「善後大借款」的現款，以保證他們擁護袁。匯款是如此的及時，第二天革命黨人對上海軍火庫的進攻，即被上海海軍戰艦的炮火所挫敗。

北洋軍人的團結比照國民黨人的渙散，英美的支持比照孫中山的日本朋友的三心二意。（此時日本政府還不願意公開放棄它在中國同英國的合作，未向革命黨人提供重大援助。其最大的幫助是日本在華海軍護送許多落敗的領導人到達安全地點，最後到達日本的避難所。）

「二次革命」的天時地利人和都在袁的一邊，3年後袁稱帝就沒有這麼好的運氣了。

「二次革命」後，袁才真正地做了總統。人事任命權和財權相對地集中到了他的手裏。

閒不住的勝利者開始想著下一步的棋子。

當袁世凱總統通盤考慮獨裁統治的成果時，他定會思考這樣的問題：還缺少什麼呢？國家行政既然已經統一，為什麼他拍手而老百姓不雀躍；他召喚而老百姓不集合？當初設想的隨著中央集權制而來的力量在哪裏？中國為什麼在外國列強面前依然這麼衰弱？袁任總統期間的外交危機一概以中國的退卻而告終。外蒙古和西藏基本上仍然淪於歐洲的保護之下。無論他1913年和1915年同俄國就外蒙古問題簽訂了協定，無論他在1914年關於西藏問題的西姆拉會議後，拒不同英國簽訂協定，他都沒有能使這些地方得到光復。同時，外國人已插手鹽務管理，鐵路修築權擴大了，外國列強拒不重開關稅談判。最屈辱的後果來自1915年1月開始的中日談判，5月，袁在日本著名的「二十一條要求」最後修訂文本面前投降。袁把這些機能不全症狀的疾病盲目地診斷為帝國營養不良症：缺少的是皇帝。（《劍橋中華民國史》）

袁是如何判斷民意的？

劉成禺的《世載堂雜憶》有一段引自於梁士詒筆錄的「袁與英國公使朱爾典的談話」，這裏摘取其中袁的部分言論：

朱爾典：大總統實行君主立憲的日子一定不遠啦！

袁世凱：近年來各省將軍、巡按使，還有文武各官，都說不實行君主立憲不能鞏固國基。到了今天，全國都贊成了，我只有順從民意。

我現在是百分責任，自擔八十分，而各部門將在一起共擔二十分，按理而論，各部應擔八十分。

我考慮帝制的事情，不過就在這幾年，只是與我的子孫，甚有關係。中國歷史，王子王孫，年深日久，到頭來沒有不弱之理，這也是可憂慮的。

當初提出創立共和制的人，根本不知共和是什麼東西；今天主張立憲君主，也不知立憲君主是什麼東西。多數人民，腦海中存留的不過是漢、唐、明、清的專制君主。至於我要實行的這個立憲君主制，他們恐怕做夢也猜不出是什麼東西……

誰說猜不出，時人說到洪憲的好處時早就總結了三點：「洪憲新國究不是前清王朝的複製，有三點不同於清朝，一立憲，一永廢跪拜禮，一永不用

大典籌備處主要成員

大典籌備處將太和殿更名為承運殿（取奉天承運之意）袁世凱打算在這個曾就任中華民國大總統的地方再次就任中華帝國皇帝。

閹宦。」

對民意的判斷，袁世凱得出一個結論「多數人民，不過有漢、唐、明、清之專制君主，印於腦中」。這個判斷不能說不對，甚至可以說相當準確。不信請看如下的言論：

我們有時到鄉下去，高年父老都向我們說：「現在真命天子不出，中國決不能太平。要是中國統計學發達，將真正民意綜合起來分析一下，一定復辟的人占三萬萬九千萬多。」

這是誰的話？孫中山！這是他1923年8月15日在廣州全國學生評議會的演說中透露出來的信息。為此孫中山後來還不無傷心地說：

我們革命黨推翻滿清，把人民由奴隸的地位超度到了主人的地位；現在做了主人，不但不來感激，因為暫受目前的痛苦，反要來謾罵。常有人說：「我們從前是很安樂的，自革命之後，國亂民窮，要有真命天子出世，或者清朝復辟才好，民國真是沒有用呵！」（見1923年12月30日《在廣州對國民黨員的演說》）

孫中山畢竟是偉人，還敢於說真話！

你想，真要是四萬萬人民一片叫罵聲，老奸巨猾的袁世凱不會傻到冒天下之大不韙，去當這個權力還不一定有他這個大總統大的皇帝。

在袁世凱的眼裏，革命黨的那些個議會選舉，根本不代表民意。這也不能說沒有道理。宋教仁是在這樣的選舉規則下獲勝的：年滿21歲的男子（女子排除在外），具有小學同等學歷或擁有財產並按規定標準納稅（標準雖低，但足以把大多數成年男子排除在外）。選舉是間接的，即投票人選代表，這些代表在晚些時候通過開會選出真正的議員。

據此，最後有選民資格的人數遠低於1%。

中國歷代以士大夫鄉紳代表最下層85%的人立言，所以袁世凱眼裏的民意其實就是上百位封疆大吏的態度，最多考慮些讀書人的感受（京官他已經搞定了）。除此之外，他非常在意的是與中國有利益關係的外國民意，特別

是日本。

但是，這一次的稱帝，他失敗了。

敗在沒做好新老幹部交替

歷史上的強人從來就沒有解決好新老幹部交替的問題，袁世凱也是在這個坎兒上絆了一跤。

話說時間到了1913年後，袁大帥的北洋系統已經是一個垂垂老矣的20歲老狗。系統越來越龐大，越來越複雜，原來在小站能叫出名的人後面又出現了很多新面孔。

人到中老年的北洋老班頭，早期的軍旅生活已經讓給兒侄輩去勞苦，自己成了方面大員：個個妻妾成群，腰纏萬貫，理想都到了理想國，眼裏的天下只有「權錢」二字。

為此袁世凱見人就大發牢騷：「你看看，我們北洋的人都成了什麼樣子！芝泉（段祺瑞的字）不到部裏去辦公，華甫（馮國璋的字）身為地方大員，每天睡到中午十二點才起床！這像什麼樣子！」唐德剛先生說得好：

袁的江山是槍桿打下的。當年幫他打天下的功臣段祺瑞、馮國璋、張勳等人如今都自成方面。仰望黃袍，各有私心。慢說他想做皇帝，就是維持個總統大位，也要時時看他們臉色。

袁世凱遇到的這個病是古今天下「能人」、「強人」、「偉人」的通病。袁世凱看到了系統的毛病，也感受到了自己的軀體似乎在慢慢的衰老。他急了，想做點什麼，安排「百年大事」。

這時候他血液裏的那些個小農思想占了上風。他首先想到的是家族榮耀的延續，而這一切讓其共患難的哥兒們看出來了。

袁的死期不遠了。

中國官場中人的政治敏感何來？謂聞氣味。袁世凱從沒說過傳位長子袁克定，但是大家都認準了第二梯隊非袁克定莫屬，嘩啦一下子，一大撥人，

1914年袁世凱祭天

1914年冬至，袁世凱在天壇舉行隆重的祭天儀式，為他策劃中的登基稱帝做了一次彩排。這組照片是一個叫John D. Zumbrum的美國攝影師拍攝的，他曾是末代皇帝溥儀的御用攝影師。圖為楊度（左）和朱啟鈐（右）參加祭天儀式著祭服的留影。

黎明，身穿制服的袁世凱乘坐總統專車，在騎兵護送下來到圜丘圍牆的大門外，然後被八抬大轎送到牆內臨時搭建的帳篷裏，而非皇帝的更衣殿，在那兒換上了長袍。儀式持續了一個小時。

擊鼓奏樂，接著祭祀官念頌禱文，樂聲中有人翩翩起舞，袁世凱則舉酒敬天。

祭天時的袁世凱穿著圓領祭服充袍，前衣身有3個十二紋章。

每篇禱文讀完袁世凱就朝祭壇磕四個頭，文武百官也跟著一起磕頭。

像段芝貴、袁乃寬等排隊去買袁克定這個原始股，使得段股、馮股、徐股等北洋老股跌破了3000點。

為給「太子」開路，也是給自己解套，袁世凱進行了一系列眼花繚亂的變動，這些變動我們暫且叫它改革吧。

什麼廢督，什麼虛省設道，什麼文官政治，甚至包括設立將帥團，統統都是衝地方的大小軍閥去的。然而，這種與虎謀皮的舉措，具體實行起來，不用說是障礙重重，推行得好是艱難。在這時候，顯然袁世凱想起了當年在大清國的情景，皇帝的權威之重，即使像他這樣權傾朝野、盤根錯節的人物，想要拿掉，一紙詔書也就搞定。（唐德剛語）

關於成立混成模範團，倒要為老袁說兩句公道話。我們不能只看團長、團附以下的軍官都是與袁克定有關係的人，就認為這事兒百分之百是針對北洋老軍人的。

其實袁世凱後期的很多軍事改革除了要打造「太子軍」外，主要還是為了改善當時軍備落後的狀況。別看北洋軍隊中國第一，其實到了1913年後，它老化了，落後了，特別是從日本學來的那一套顯得陳舊了。

袁世凱與北洋軍軍官

這時候有個中國軍事史上的奇才，從日德留學歸來的蔣百里很受袁世凱的器重。

蔣百里主張改變小站練兵的老辦法，實行革新，擴大軍官學校，創辦中國士官學校。他主張不用日本軍事教育方法，完全採用德國方式。袁世凱對此表示贊成。……那時袁克定崇拜德國的思想是很突出的，對蔣的一套非常欣賞。（唐在禮語）

打敗共同敵人後，面對權和錢，袁世凱想改變業已形成的「大家拿」為「一家拿」。這樣做首先踢到的鐵板就是他緊密依靠的那千人規模的北洋精英團。

二次革命後，龍濟光、張勳、李純甚至袁世凱最得力的大將馮國璋，占了國民黨人的地盤之後，都不太聽招呼了。二次革命後，看起來大獲全勝的袁世凱，實際上面對的是一個五代十國的局面，連昔日言聽計從的北洋諸將，此時都成驕兵悍將，不僅不聽政令，甚至連上解款也日益含糊起來。（唐德剛語）

首先是段祺瑞。

段很傲很倔，有時脾氣上來，老袁也怕他三分。但是他有值得傲的籌碼。這麼說吧，除了不會做人，他哪樣都不輸給老袁。

袁世凱最依賴段祺瑞，幾乎將自己視為生命的軍隊都交給他經營和調度。恰恰就在這「視為生命」四字上，兩人都一個德性，慢慢地就有了意見和隔閡。

「水晶狐狸」徐世昌看得最清，他貌似公平地說：

項城思以軍政大權操之於己，於是在總統府設海陸軍統率辦事處，以移陸軍部之權，已為段所不快。起因是袁世凱要總攬軍隊的人事大權。段請旅長以上由大總統主持，團長以下交陸軍部辦理，其用心可以想見。（徐世昌語）

袁世凱組模範團，挑選各師旅之優秀將校為主幹。這在段看來全是因為袁克定指揮不動北洋老軍官，袁世凱為其「培植新勢力，此更予段以最深之刺激」。

徐世昌透露：袁克定「最忌段，段又毫不敷衍，即項城左右其他諸人，段亦皆盛氣凌之」。這樣一個比茅坑石還硬的老倔頭，項城一直在找機會讓其離得遠遠的。正好段最親近的徐樹錚被人參了一本。袁找到了機會，對段說：「你氣色不好，想是有病，應當休息休息……」段於是請假赴西山，託

辭養病，憤憤不平。

此三恨，多為袁克定而起，段祺瑞肯為袁世凱稱帝振臂一呼嗎？他巴不得袁克定倒楣，因為他心裏的氣還沒地方出呢。徐說：「段管軍事教育，又握軍政多年，亦有其普遍之潛勢力，然懾於項城之威勢，亦無可如何。」

據唐在禮說，還有一事讓老段和老袁結下了怨恨：「購買軍火的事，向來是陸軍部段和小徐（徐樹錚）經手的。袁在設立軍需處時，要把這件事抓過來自己辦，也屬一宗要務。無奈段、徐始終不肯放手，我們又沒有內行人，所以事實上無如之何。」

搶預算，這樣的事情就是在今天也會讓兩個朋友反目為仇，何況「萬惡的舊社會」。

1916年，老袁倒楣的時候，由段組閣。段準備任命自己的心腹徐樹錚為國務院秘書長時，袁世凱以「徐是軍人，秘書長不宜再是軍人」的理由加以反對，事後段祺瑞十分生氣，他把煙斗狠狠地摜在桌上，厲聲道：「到今日還是如此！」

這話您聽出來了嗎？「原來我一直讓著你，你現在倒楣了，還想做我的主。」就這「到今日還是如此！」已經讓風燭殘年的老袁為之一寒。

其實老段素質沒這麼差，會為那點兒雞毛蒜皮的私事和老袁鬧？

他認為自己是民國人，吃共和的飯就要為共和謀。

他對局勢早已洞察清晰，深知帝制不得人心。他曾經對徐樹錚、曾毓雋說：「我當年曾發採取共和之電，如今又擁項城登基，國人其謂我何？且恐二十四史中亦再找不出此等人物！」

在這裏，由段祺瑞親口告訴我們他反袁稱帝的過程和心路：

我知道有人製造復辟帝制的輿論後，余會見項城時，曾以試探的口氣詢問，而項城矢口否認，謂你不要聽信這些無稽的謠言。後來風聲漸緊，我又進言詳陳一切，袁雖仍然否認，可是態度神情已可看到其內心。我第三次約定時間往謁，不顧一切痛陳利害，言明此事關係國家安危及袁氏身家性命，萬不可做，萬不能做。袁態度始而緊張，繼而惱羞成怒，厲聲地告訴我說，這是克定與楊度等討論的問題，你何必大驚小怪地重視呢？我亦起立大聲地說，因為我是受總統數十年知遇，不敢不直言奉上，此時懸崖勒馬尚可挽

救，稍即逝，悔之晚矣。袁不答，我遂辭出。後兩次請見，袁竟以身體不適拒絕，而無法挽救。我苦思幾日夜，我受袁氏幾十年知遇，如潛出聲罪致討，衡之舊道德，我不能這樣做。

舊式軍官的段祺瑞畢竟要受他那個時代的思想束縛。當他見到反對無效，便決然退回家中以沉默方式作消極抗議。

1915年12月13日，袁世凱匆匆進行「登極」儀式，接受百官朝賀，段祺瑞並未參加。袁在文武百官的冊封名單裏也沒有段祺瑞的名字。

馮國璋是個財迷，他沒有主義，更沒有信仰，自認為袁的位子應該傳給他。他曾氣憤地對親信說：「我跟老頭子這麼多年，犧牲自己的主張，扶保他做元首，對我仍不說一句真話，鬧到結果，仍是帝制自為，傳子不傳賢，像這樣的曹丕（指袁克定），將來如何侍候得了。」

自1913年底到江蘇做都督，他頗為順利，儼然一個江南袁世凱。他在南京和南方的國民黨勢力眉來眼去，從袁的「征遠大將軍」成了「兩派中間人」。徐世昌說：「馮久駐南京，儼然藩鎮，漸漸不如當年之絕對服從。」（據《洪憲遺聞》轉述）

袁世凱是什麼人，早就看出這些蛛絲馬跡。老袁便採取了嚴密的防範措施，在馮國璋身邊安置王子銘等人監視其行動。馮從此與袁氏父子的關係逐漸疏遠，不肯再為袁世凱賣力。

舉行改變國體投票，馮暗示督軍署人員一律不當代表，不參加投票活動。在舉行投票那天，馮託病不去。後經勸請，他才勉強到場，然而呆坐在那裏，一言不發。

後馮國璋被任命為參謀總長，急電催促進京就職，馮乃託詞害病拒不進京。

軍頭馮國璋這個人完全把袁逼宮清廷的那一套學到了家，他學著袁的口氣對梁啟超和蔡鍔說：「我是他一手提拔起來而又比較親信的人，我的電報（指反帝制）對他是個重大打擊。我們之間，不可諱言是有知遇之感的。論私交我應該擁護他的，論為國家打算，又萬不能這樣做，做了也未必對他有好處，一旦國人群起而攻之，受禍更烈。所以，我剛才考慮的結果，決計發電勸袁退位。」

於是，他搖身一變成了雙方的調解人和對袁施壓者。

蔡鍔反袁後，袁世凱對馮特別有恨：「雲南貴州反，遠在邊地，還沒什麼要緊。浙江廣東之變，我也能控制住。馮乃我手下最有力量的人，他竟公然宣布叛言，才使各省動搖跟進，事情越來越棘手，令我進退兩難。」

馮的續弦夫人周砥原是袁家的女教師。周嫁馮後，將馮的一舉一動均通過婢女密報袁世凱。袁死前曾感慨道：「予豢養左右數十年，高官厚祿，一手提拔，事到今日，無一人不負予！不意一婦人，對我始終報恩，北方文武舊人，當愧死矣！」從中看到袁世凱是多麼地怨恨馮國璋啊！

一個獨裁者在權利移交期間，往往是最容易出意外的。偏偏「太子」袁克定不是李世民，起到的作用沒有加分反而減分。難怪偉大的物理學家、袁克文的兒子袁家騮教授後來歎息說：「實在是怪我的大伯父。」

總結以上的話，還是那句：新老幹部的交接沒做好。最後在段、馮等老帥的杯葛下，梁啟超檄文的召喚下，一個遠在邊陲帶兵不過萬員的蔡鍔把北洋這個神話，這張已經四面漏雨的窗戶紙給捅破了，以至於袁世凱想打無人跑腿，想和拉不下臉來。

四年前清廷的一幕又出現了，只不過這次是段和馮他們幾個代替了袁當年的角色。有人說這是報應，一點沒錯。

帝制輸在臨門一腳的日本人

這些年來，人們裝著忘記日本在反袁中的「偉大」作用。

袁世凱稱帝除了內部不滿外，還有一個外部的力量給他作梗，這就是日本。帝制輸在臨門一腳的日本人。

日本的對華策略正如「日本軍閥元老山縣有朋說：日本不想中國有一個強有力的皇帝，日本更不想那裏有一個成功的共和國，日本想要的是一個軟弱無能的中國，一個受日本影響的弱皇帝統治下的弱中國才是理想國家」。（《中華民國史》）

英國和日本當時是盟國，但是在中國卻暗鬥得厲害。英國手中有袁世凱，日本手中有革命黨和反袁勢力。

袁世凱屈辱地簽下「二十一條」就是為了日人手上的這張王牌。「二十一條」簽訂後，英日間一場沒有硝煙的戰爭圍繞著袁世凱展開了。

山縣有朋

話說1915年秋冬之交，英國公使朱爾典藉巡視各地英領事館之名，去了上海。在上海對唐紹儀說：「中日最後修改條約前，袁還將一些秘密告我。簽字後，袁和日本人在東京還訂有密件。」

「自此袁便銳意辦帝制，我乃不得參與秘密，不知密件裏寫了些什麼？想來一定是寫些支持袁世凱稱帝的交換條件。」

「據我觀察袁的行動，似乎袁依照密件行事。我們不得密件，不能做出決策。但是密件內容，不僅僅袁一口否認，就是問我們表面上的盟國，駐華日使，他也極力否認。……如得其真本，則證明日本挾此件以獨霸中國權利，自然無以對大家，更無以對英日同盟，大可為你們反對帝制助力。」

唐是反對帝制的，又是個出了名的親英派，聽了後躍躍欲試。

朱見了加溫道：「如果你們愛國，能盡力獲得此項密件簽字真本就好了。至於說到財力嘛，英國亦願相助。」

唐是文人，間諜一類的活兒不是其專長，便說：「容我想想辦法，一二日內，必告訴你。」朱爾典臨走時意味深長地說：「如有所獲，則袁氏帝制危也，這不是你們中國的福氣嗎！」

該著袁世凱倒楣，恰恰這個時候，他的大內管家袁乃寬之子袁不同來上海見唐。這個憤青對袁氏帝制，最為憤慨，對唐說：「我家與袁世凱同宗，袁世凱以我的父親為侄輩，總管新華宮內事，我反對帝制，故改名為『不同』，唐總理有何驅使，當竭力奉行，唐總理也和我父是老友也。」

唐乃觀察其能力，向他打聽新華宮的事兒。袁不同說：「新華宮我最熟

習，熟知所有的路徑。」唐乃詢問袁世凱藏密件的地方，袁不同說：「重要書函，藏公事台斗內，重要外國條約，則另藏一個大鐵箱中，鑰匙從不離袁身。內衛長句克明，負責司簽押房之事。」

唐問句為何人，袁不同說：「這個句克明為袁世凱與女僕所生子，和我關係最好。」唐恍然大悟：「我怎麼沒想到，克明的『克』不就是克定的『克』嗎。」

事情到了這個份兒上，唐便將想竊密件之事一五一十地告訴了袁不同。袁不同血氣方剛，一口答應下來。

第二天，朱爾典來唐府開出一百萬的價，讓唐主持辦理此事，臨走時說：「如果有求助於使館，我們會盡量幫忙。」

唐乃先交袁不同三十萬說：「能將密件偷出，交英使館看一看，再當場交現款七十萬，然後你再將原件帶回。」

袁不同回京，與句克明、沈祖憲商量辦法。沈祖憲原為唐一手提拔，後隨袁去過彰德洹上村，時任新華宮重要秘書。唐事先已經致函祖憲，讓他助袁不同。

句為內衛隊長，公事房、內書房各重要處，均由句嚴密守衛。他能隨時出入各處巡邏，他知道密件被秘密地存放在鐵箱中。當時苦於沒有鑰匙，於是到大街上盡搜外形相似的鑰匙，一一套過後發現都打不開鐵箱的鎖。英公使館知道後秘密派去各處代為尋求，最後找到了一把相似的鑰匙。

這夜，句趁袁世凱熟睡時，偷偷的套開此櫃。一翻，果然有一份厚厚的中日交涉全案。句高興得手都發抖了，一得意，不想文件袋掉在了椅子上。

袁驚醒後問：「怎麼啦？」

句答：「老爺的書掉地上了。」

連日來的帝制準備工作過於勞累，袁翻了個身又睡了。

句得了文件，飛快和袁不同上馬車外出，在城裏轉了好大一圈，最後進了英國公使館。

朱爾典打開一看，哈哈，卷宗首件即為密件，朱叫使館中的情報主任選了當中最重要的，照成相片。然後打開皮箱，付款七十萬，叫送客。

兩人見錢款全部兌現，高興異常。要知道那時候的百萬元，根據莫理循買房的價，可以買三四套整條王府井的房子。

朱爾典（1852－1925），即John Newell Jordan，約翰．紐厄爾．朱爾典爵士。朱爾典與袁世凱相識於朝鮮，甲午戰爭爆發前夕，日本人密謀暗殺袁世凱。唐紹儀知道後，遂通過稅務司柏卓安向朱爾典求助。朱爾典準備了英國兵艦，並將袁世凱送回天津。此後，袁世凱對朱爾典心存感激，兩人一直關係密切。

1911年辛亥革命爆發，朱爾典還親自出馬，多次拜訪清內閣總理大臣奕劻，呼籲清廷重新重用袁世凱。

特別是朱爾典在華任公使時期，極力幫助袁世凱，為袁謀取最高權力做了許多工作，袁世凱對朱爾典也是極其信賴。他也因此而成為袁世凱少有的幾個密友之一，成為袁世凱尊貴的座上客，甚至成為左右袁世凱政策乃至左右中國政局發展的關鍵人物之一。

兩人快步回府，將原件仍全數鎖回櫃中。回頭一看，天才剛剛發白。

第二天，朱爾典一面電唐，一面帶照片去見日本公使小幡。

英使問：「中日有密件嗎？」

日使：「沒這回事兒。」

英使：「沒有什麼瞞我們的？」

日使：「至少我沒見到過。」

朱爾典乃拿出密件照片：「這就是證據。」

日使紅著臉說：「有的話，也是在東京換文，未經我們公使館。我急電本國內閣，問明原委，再答覆貴使。」

為此日本內閣召開密會商議：顧全國家體面，決定一邊堅決否認，一邊反對袁世凱帝制。並密電有賀長雄轉告袁氏，說如此重要秘密文件，竟讓英國公使偷拍相片，英使從何處得來這個原件，致使日本政府，對同盟國喪失體面。為此日本政府再不能履行密件之諾言。一面急電中國外交部，不接待

周自齊訪日，表示反對帝制。

北京這裏，袁世凱全然不知，當日本表示反對帝制時，袁還得意地對大家說：「此為表面文章，我早有把握了。」所謂早有把握，指的就是密件。

等袁世凱聞知整個事情經過後，震怒。

他命令嚴厲拷問新華宮上下人等，乃將涉有嫌疑者如袁不同、句克明、沈祖憲等十多人，用柴車捆載，交九門提督江朝宗嚴刑審訊。

江朝宗不敢接受，又移送軍政執法處雷震春執行。震春大怒，摑江朝宗兩大耳光說：「這些人，我敢辦嗎！你想移禍於我，我要打死你。」

後來，此案也就這麼不了了之，只槍斃了程家檉、饒智元以搪塞。可憐這兩人與本案沒什麼重大關係，卻做了替死鬼。

據說反帝制成功後，唐紹儀指著袁不同說：這人就是恢復民國的有功之人。袁不同眉飛色舞，於是大侃特侃配鑰匙的艱難，偷件還箱的迅速。

這故事雖然說得有根有據，說者還告訴我們他親眼見到一干人等被捆在柴車上途經西單。但是將日本說成為此等突發事件翻臉，似乎小看了日本對華政策的長遠性。

與英國這些在華有既得利益的國家的求穩心態不同，日本這個後進者要的是一個「亂」字。它並不以支持袁世凱為中心，而是多方下手，製造中國內部的混亂，乘機漁利。

當袁稱帝消息傳出，接著我們看到：日本說他們希望袁切實延緩帝制，

周自齊（1871－1923），字子廙，山東單縣人。晚清時期出使海外，回國後創辦清華學堂（清華大學前身）。民國初歷任山東都督、中國銀行總裁、交通總長、陸軍總長、財政總長、農商總長、鹽務署督辦等要職。1922年任北洋政府國務總理兼教育總長，代行過民國大總統職務11天。

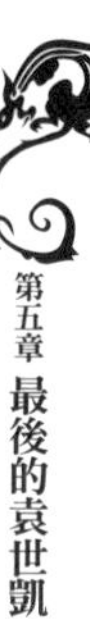

否則它將認雲南護國軍為交戰團體，並宣告袁妨害東亞和平，派兵「自由」進駐中國各要地。

與此同時，「日本極力鼓動中國各派政治勢力反袁，無論中華革命黨，還是西南護國軍，甚至以復辟清朝統治為宗旨的宗社黨，都或多或少得到過它的暗中支持」。（《中華民國史》）

1916年3月後，我們看到：

先後與中國各派反袁勢力達成借款協議的有大倉喜八郎、竹內維彥和久原房之助等人。大倉貸與前清肅親王、宗社黨頭目善耆一百萬元；久原接濟孫中山六十萬元，黃興、陳其美各十萬元；而竹內則與雲南軍政府代表岑春煊、張耀曾簽定了一百萬元的借款契約。（《六十年來中國與日本》）

此外，日本還不斷派專員對各派反袁勢力進行具體協助。在西南，它加派崛之和太田分任駐滇、駐肇慶領事，嘉悅大佐和今井嘉幸分任護國軍軍事、法律顧問。在山東，它派萱野長知為中華革命軍東北軍顧問，並以駐魯日軍為其後盾。在東北，它派土井市之進為總指揮，策應川島浪速和宗社黨人的所謂「第二次滿蒙獨立運動」。總之，日本除未直接出兵外，其他倒袁手段，無所不用其極。

徐世昌事後分析道：

日人素畏袁，袁即使如何遷就，終難厭其欲望，故忽而贊成（日本首相大隈重信談話，有日本為君主國體，中國若行帝制，則與日本為同一之國

周自齊與袁世凱

1915年，袁世凱擬委派周自齊任總統特使秘密去日本簽訂「二十一條」。周自齊探知消息後無計可施，無奈之下便稱病閉門於上海外灘周公館。當美國記者端納去探望他時，他巧妙地通過暗示的方法，將簽訂「二十一條」的消息透露出去。第二天，袁政府意欲簽訂喪權辱國的「二十一條」的消息便不脛而走，激起愛國人士的強烈反對，同時引起全世界的重視和英美俄法等國的干涉，使得日本這一滅亡中國的陰謀未能得逞。

但周自齊支持袁世凱復辟帝制，曾被委任為「大典籌備處」委員。袁死後，周自齊被列為帝制禍首之一，被黎元洪通緝。但因消息走漏，周幸運地亡命日本。1918年2月，馮國璋代理總統時，取消了對周自齊等人的通緝令，周才結束流亡生涯，從日本回國。

體，日本當然樂為贊助，且袁世凱氏事實上已總攬中國之統治權，改行帝制，尤與事實相合等語，見日本某報），忽而反對（日本曾單獨或聯同英、法、俄、意各國，對於袁變更國體事一再警告）。袁雖挾英為後援，而歐戰未了，英無力顧及東方，終不可恃。帝制失敗，就國際方面論，不可謂非日本之作祟也。

袁世凱最後的日子

進入1916年3月，隨著局勢的惡化，袁世凱身邊的周自齊發現：

大總統已經喪失了迅速作出決定的果斷力，他在面臨困難的抉擇時簡直不知所措。以前他對我提出的建議都立即回答「同意」或「不同意」。可現在呢，他反覆思考，猶豫不決，多次改變決定。（據芮恩施轉述）

想數月前，古德諾的一篇《共和與君主論》傾倒多少文人政客。

百日前帝制勸進者還在高呼「挽救人心不古的世風，挽救國家內憂外患的危險局面」。

還記得各省代表組成的「公民請願團」向參政院請願的鏗鏘步伐。

不曾忘記，在京的楊士琦、錢能訓、陸徵祥、朱啟鈐、章宗祥、梁士詒、周自齊、梁敦彥、貢桑諾爾布、阮忠樞、唐在禮、張鎮芳、雷震春、袁乃寬、張士鈺、傅良佐及京兆尹沈金鑒等文武官員紛紛上密呈給他袁世凱，懇請實行君主制。

好不熱鬧啊，當時連日本這個最難搞定的角色，也拿到了自己一份豐盛禮物，為帝制大開綠燈。

袁世凱不知道這是假象，或者知道了也裝著不知道。4年前他的這套把戲不是成功地瞞過了所有的人。

這的確是假象。為了帝制的順利進行，那個「公府秘書廳梁士詒每天起身很早，上午八時前已開始辦公，中午在公府包吃，與張仲仁形影不離，很晚才回家，辦事很緊張。」（唐在禮語）

袁世凱政府主要官員與外國顧問合影（1915年左右） 圖中人物有孫寶琦（長髯者），周自齊（二排左一），朱啟鈐（二排右三），莫理循（二排右二），陸徵祥（莫右上），曹汝霖（二排右一），梁士詒（孫後上方），章宗祥（前左一），韋貝羅（美國顧問）（前中），有賀長雄（日本顧問）（前右一），汪彬（待考）。

與此同時，同一個梁士詒已經和勸進最積極的周自齊在嘀咕：「袁氏一念之私，帝制自為，承諾帝位，改元洪憲，吾輩亦牽入猛火地獄中，內外亂象已成，尚不自悟。」

一系列的打擊來自於自己最信任的親信，而一年前這些人都信誓旦旦地發誓支持他稱帝。袁世凱憤憤地說「今之反對帝制者，當日亦多在贊成之列」。

於是我們看到熟悉的一幕，當形勢逆轉時，所有的人都將重新站隊。

12月，袁世凱宣布恢復中國的君主制，建立中華帝國，並改元洪憲。總統府改為新華宮。

25日，蔡鍔、唐繼堯等在雲南宣布起義，發動護國戰爭，討伐袁世凱。

27日，貴州都督劉顯世宣告獨立。

3月10日，馮國璋等5人聯合發電給袁世凱，迫其退位，取消帝制。

15日，廣西宣告獨立，並通電加入反袁行列。

22日，袁世凱被迫宣布取消帝制，恢復「中華民國」年號。

4月初，龍濟光在內外壓力之下，被迫宣告廣東獨立。

12日，浙江宣告獨立。

中旬，袁世凱決定任命段祺瑞為國務卿，由段組織新內閣。

5月8日，段祺瑞逼袁世凱交權。段、袁矛盾加深。

25日，陳宧宣布四川獨立。

29日，湖南將軍湯薌銘宣布獨立，湖南成為脫離袁世凱的第八個省。

這段時間，袁世凱內心有何想法，五姨太楊氏有一段回憶：

我清楚得記得那是民國五年（1916年）3月19日，老爺步履緩慢地進了我的房，那一天該是六姨娘。老爺坐下後說口渴，一連喝了兩杯。我站過去扶著他肩膀。他回頭用下巴蹭蹭我的手，說「完了，完了，龍、虎、狗都反了（指北洋三傑王士珍、段琪瑞、馮國璋聯合五省督軍通電全國要求取消帝制，懲辦禍首一事）。」

「昨天晚上，我在南海玉欄亭上觀天，看見有一顆巨星從天上掉下來，這是我生平所見的第二次。第一次文忠公（指李鴻章）死了，那顆星比這個小，這次大概輪到我了！」接著又自言自語：「真的癩蛤蟆難過端午節

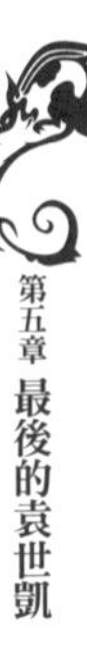

了。」（民間傳說袁世凱是癩蛤蟆托生）我見他十分沮喪，盡量讓他放鬆，老爺嘴裏一股氨味，我又懷上靜秀（袁十四女），便離他遠了些。

到了5月下旬，袁世凱已經不能吃也不能尿，尿毒已在全身蔓延開來。袁世凱最後的日子坊間版本很多，這裏引用的是親歷者唐在禮的回憶：

到了袁世凱事敗的那幾天，過去圍在身旁的人日益稀少，甚至進去看他的人也不多。只有徐世昌、段祺瑞對他關心些。

袁世凱病後，除「御醫」劉紹業、肖龍友為他用中藥滋補營養外，為他診療的還有一個他信任多年的法國醫生貝熙葉。

袁世凱最後患腰子病，就由貝熙葉替他局部麻醉，動手術，打針、抽水、抽血。袁世凱始終還是信任貝熙葉的，但抽過之後，身體馬上垮下來。

按照袁世凱的遺矚，1916年6月28日，袁世凱的靈柩從北京起運到河南彰德。圖為龐大的殯儀隊伍在去北京火車站的路上。

在抽水、抽血以後的幾天，我去見袁世凱，他精神已很不好。他死的前一天，我又去看他，那時已奄奄一息，但還是勉強要坐起來，想睜眼卻睜不開。我當時看出他將不久於人世，第二天他就死了。

袁世凱死以前，有好多天都由他最喜歡的兩個姨太太服侍，抽水、抽血也就由她們先作主張，經袁世凱自己作出決定的。

袁世凱臨死前留言：「扶柩回籍，葬我洹上。」

袁世凱死了，歷史記住這一刻是1916年6月6日上午10時40分。

袁世凱去世後，徐世昌、段祺瑞、王士珍、張鎮芳四人立即打開金匱石屋，找到了袁世凱留下的繼承者的提名，只見上面親筆寫著：黎元洪、段祺

金匱石屋 位於中海西岸，袁世凱執政時期建，坐北朝南，漢白玉石砌成，朱門金釘，內置建儲函冊金匱，匱中封袁世凱所寫3位總統候選人姓名。

瑞、徐世昌。

袁世凱的死訊被登在第二天的《紐約時報》上：

6月7日——袁世凱總統的臨終遺言表示自己後悔所進行的君主制行動。他說，這給中國帶來了災難，並且加速了他的統治走向結束。袁世凱把前國務卿徐世昌叫到他的床前，低聲地說：

「我沒想到會是這樣的結局。我沒有立志當皇帝。那些在我身邊的人說人民渴望一個君主並且讓我擔當君主。我相信了，這才被誤導了。」

然後袁世凱請求徐世昌保護他的妻子和孩子們。在陷入昏迷之前，總統表示希望黎元洪，也就是副總統，應該按照憲法來繼承他的位置。他命令移交行政權。今天，黎元洪宣誓就職總統。

國旗降半旗致哀，北京的報業今天套喪。他們頌揚袁世凱是中國最偉大的人之一。即使是反對他的報刊也稱讚他在從事君主制行動之前的生涯。

袁的死讓所有的人鬆了口氣。

蔡鍔說，「項城退，萬難都解。」

莫理循說，「袁世凱的死最理想地解決了他的引退難題。」

只有五姨太楊氏有點恨，她說：「都怨大爺（袁克定），他把老爺害苦了。」

歸去來兮袁林

這一次中國的權力場似乎真的進步了，新當政者按在職國家元首的規格為袁世凱治喪，替代了歷朝歷代的挖祖墳、鞭屍。

報紙暫停了對袁的批評，對手放下了手中的槍，一個讓梁啟超呼籲了20年的近代文明這一刻似乎出現了。

人死為大，從這一刻起，活著的人都樂意讓死去的袁世凱享受帝王級待遇。

袁生前一直和其保持距離的黎元洪大總統發布大總統令：除撥發五十

萬元治喪費用外，還通令全國文武機關下半旗二十七天，停止宴樂二十七天，民間娛樂也停止七天，文武官吏及駐京軍隊一律佩帶黑紗服喪，並由曹汝霖、王揖唐、周自齊三人承辦大典喪禮，在懷仁堂附近設立「恭辦喪禮處」。

袁的靈柩當時在彰德，於是北京方面急電彰德，命令立即送靈柩進京。

入殮時，人們看到袁世凱黃袍加身。

那件龍袍是紫紅色的，上繡有九條平金線金龍。龍眼上各嵌大珍珠一顆，龍頭各部鑲有小珍珠，龍鱗處綴有珊瑚斷片。這是怎麼回事兒？

據七子袁克齊回憶：

他死後，身體浮腫起來，家中所有的衣服都穿不上了。有人建議，衣庫中還存有龍袍一領，非常肥大，何不令人取出穿上。大哥說：「且慢，等和黎元洪、徐世昌、段祺瑞商量一下再說。」後經黎元洪、徐世昌、段祺瑞同意，就把那領龍袍給我父親穿上了。

袁林全景

袁世凱墓 位於洹水北岸，修建時花費了兩年的時間。當年的袁墳四周逐排栽種有楊樹、柏樹、槐樹，周圍還有大片的祭田。袁林的設計者是德國的工程師，它的建築「仿明陵而略小」，主體建築自南而北依次為照壁、糙石橋、清白石橋、牌樓門、望柱、石像生、碑亭、東西值房、堂院大門、大丹陛、東西配殿、景仁堂、墓台。

據袁克齊說，龍袍是在杭州訂製的。除袁世凱的一身龍袍外，妻妾各有一身鳳袍，十個兒子還各有一身小龍袍。這些龍鳳袍，袁死後，在紫光閣前統統燒了。

袁世凱生前早為自己找好了歸宿。墓地位於彰德府洹上村東北2里路左右的地方。1911年6月他說：我「衰病日增，行將就木。牛眠之區，去冬已卜取一段，志氣頹靡，此可概見，不足再言功名事業……」

袁這裏一過世，彰德府那裏便開始營造墓地。

營造帝王級的墓地是要花大錢的。據說當時民國政府庫銀匱乏，袁世凱的遺產也不多，所以安葬袁世凱之時，經費很成問題。於是，袁世凱舊屬們紛紛解囊，多者如徐世昌、段祺瑞、馮國璋、王士珍、張作霖、曹汝霖等，都是現幣1萬元，少者也沒低於兩三千元的。

袁林占地139畝，其特點是「中西合璧」。

施工中時由洹上村火車站修了一條通往塋地的臨時鐵路，將建材運到工地，歷時兩年竣工，耗銀75萬元。

1918年６月建成後，時任總統的徐世昌親臨察看。察看中，他突發一念，指示在京漢鐵路洹上村車站左邊，添建道碑一座，供官員景仰。

葬禮是舊式的。1916年6月28日，靈柩由懷仁堂南出新華門出殯，往東，過天安門，向南，過中華門，出正陽門（前門）到京漢路車站（即西車站，後稱前門車站），有2里多路。動用了80人為袁世凱抬棺。同時，北京城內各廟宇都被要求撞鐘101下。袁的靈柩經過之處，路上事前鋪上黃土，並潑清水淨街。

這些送葬的人加上送葬的官兵共有三五千人。因此，前頭的隊伍已到西車站，後面的大杠還在新華門門口……

靈車是京漢路局先前改裝的隆裕太后的靈車，還有花車一節，作為靈堂。

運載袁世凱靈柩的專車沿京漢鐵路南下，一路上專車不斷停車受祭。6月29日，專車到達彰德站。最後送入袁林的石屋，閉上石門。整個葬禮算完成了。

轉眼到了1952年，「一個舊貌換新顏的時代」，毛澤東來到袁陵，據記載，他邊吃水果邊說了如下的話：

1918年，河南安陽袁林，總統府秘書長張一麟前往景仁堂祭奠袁世凱。

袁世凱是河南項城人，善於耍兩面派手法，投靠到清政府大官僚榮祿的門下，掌握了北洋軍隊的大權，由於出賣戊戌變法，竊取了大總統的職位，但他還不滿足，又想當皇帝，只當了八十三天的洪憲皇帝，在全國人民的討伐聲中，就死去了……

報導接著說：

大家認為他是典型的兩面派、賣國賊，暗地告密，鎮壓康有為等維新派，對日本帝國主義屈膝投降，簽訂21條不平等條約等，應當把陵墓扒掉。主席說：「不要扒嘛，還要維護好，反面教材留下教育後代，有用。」

於是，袁林保住了。

去夏，我到安陽的袁林轉了轉，發現整個園區基本保存完好，沒遭受什

麼大破壞。由此在現場深深感歎領袖諄諄教導的偉大。

園區導遊反駁我說：墓地保存得好，是因為當時用了日本的高等級水泥和外國的鋼筋，文革時200多紅衛兵的大鐵錘硬是砸不開墓室。然後小將們說累了，歇歇再來。這一歇就沒再來過。

後　記

2010年2月25日下午1點10分，本書正文的最後一個字敲下。我吐了口惡氣說：收工！

十分鐘後，接三哥來電，94歲的老母「安靜地睡過去了」。

我呆看了會兒天空……想哭，卻悲傷不起來。

這些年親眼見證了一個忙裏忙外的鮮活生命體「被腦梗」了，然後分5個時段，一段段地，一寸寸地將姆媽折磨到最後衰竭而去。

「安靜地睡過去了」，難道不是一種解脫嗎？

而且是94歲高齡，無痛苦地「睡過去」，我以後會有這等福分嗎？

呆坐在椅子上想：

這個給了我一百六十多斤肉身的女性，其實也給了我這本八兩多重的書，給了我《絕版晚清系列》。

我本不愛歷史，合肥鄉下出生的母親就愛和我們「淘古」。

什麼李鴻章的大哥，其女兒嫁給了我爺爺的爺爺的老四。「四太爺大字不識一個，還裝模作樣地看聖人書，經常拿倒了也不知。」母親說，「人家李家發了，但是小時候定的娃娃親是不能反悔的。」

什麼袁世凱手下的段芝貴的軍需官是「我姨奶奶的丈夫」，「回老家時，其財產裝了18隻大船！」……「你外公就在他家做管家。」

外公這一做，做出了一個富農來，而且是不吃不喝苦到1946年才買了幾十畝土地的那一種。還沒等緩過氣來，「解放了」。害得我文革中小提琴拉得再好，就是過不了部隊文工團的「政審關」。

姆媽的李鴻章段子有十幾段，她反覆講了三十幾遍。

姆媽的袁世凱和段芝貴（姆媽叫他段香岩）也有十幾個段子，她老講了五十幾遍。

兒子我討厭聽這些陳芝麻爛穀子的段子，只是因為看了《讀者文摘》的一篇短文，知道和老人溝通一次少一次，才硬著頭皮聽的。

沒想到，聽著聽者，李鴻章，袁世凱……這些糟老頭子便大喇喇地闖入

了我的生活。

原來上帝漫不經心地給了你一位姆媽，也是精心策劃過的。

梳理下姆媽的事兒，近14年歷歷在目：

89歲時，她還天天燒飯買菜，有閒心關心劉備諸葛亮。

87歲時，她痛苦地放下老花鏡說：我已經完全看不清楚書上的字了。

85歲時，這位小時候生下一小時後，差點兒被其父扔到水裏淹死的「棄兒」，和我每天從1樓爬樓梯到14樓，不服老。

83歲時，我從大洋彼岸回來，十年未見，我發現她激動得臉都飛起來了。那一刻，我發誓要聽她講歷史讓她高興，每個字盡我所能地經過下大腦。

70歲時，大躍進時掃盲過三個月的姆媽宣布：去買歷史書來，我要自己讀。於是《上下五千年》她讀了20遍，《三國演義》讀了30遍。

姆媽讀書，地名人名大多有錯。可那是因為我。

我懶，母親問我字，我「秀才認字認半邊」應付一下了事。姆媽到老說的那些歷史段子裏，還有大量我早期的「誤導」。

這能怪我嗎？老祖宗將中國字8萬多留給我們，不採取少字生詞的巧辦法，卻採取了世界上最笨的無限制擴大字量的辦法。

一個30人的小村子有時也自不量力地擁有「世界上最偉大」文字庫裏的一個專用字。

此生最恨那位山西的外來妹武則天，她怕我們功課少，生生地造了17個怪字讓我們受累。

其結果是，人過五十的我，還有數萬字不認識。

後來，我想通了，與其花時間在這一生只打一次照面的冷僻字上，還不如望文生「字」。沒什麼大不了的，知識和思想不是一碼事兒。

《絕版袁世凱》一書的出版少不了袁世凱家族的後代、項城袁曉林先生的功勞，書中一些家族方面的照片大多是由他提供的。

另外項城博物館提供了項城袁寨的原始照片。

袁林裏的安陽博物館的各位為我們提供了寶貴意見。

上海的王鳴鐸先生為本書的策劃提供了有分量的幫助並親臨項城和安陽取景拍照。

北京大學的林先生和美國維斯康新大學麥迪森分校的Jacky Zhang先生為本書的外文資料翻譯提供了非常專業的支持。

上海金融學院的張傳啟先生為本書歷史照片的數位化處理提供了不可或缺的幫助。

安陽超越集團的孫清海先生為我寫作袁世凱在安陽的部分提供了寶貴的資料支持。

張社生　於北京朗琴園

二〇一〇年三月二十四日

大地好書推薦

書　　名：明朝那些事兒(壹)
作　　者：當年明月　著
定　　價：250 元

從朱元璋的出身開始寫起，到永樂大帝奪位的靖難之役結束為止，敘述了明朝最艱苦卓絕的開國過程，朱元璋PK陳友諒，誰堪問鼎天下？戰太平、太湖大決戰。臥榻之側埋惡虎，鏟除張士誠。徐達、常遇春等名將乘勝逐北，大破北元。更有明朝最大的謎團——永樂奪位，建文帝失蹤的靖難之役，高潮迭起，欲罷不能！

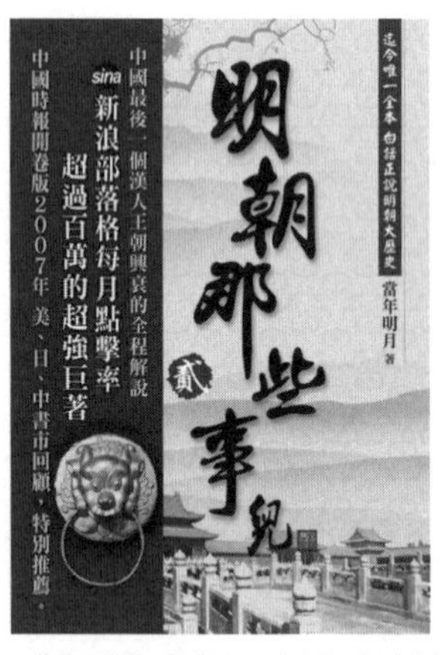

書　　名：明朝那些事兒(貳)
作　　者：當年明月　著
定　　價：250 元

《明朝那些事兒》，在第一冊朱元璋卷中，我們一直談到朱棣在驚濤駭浪中，終於排除萬難登上皇帝的寶座，史稱「靖難之役」，第二冊一開始的主角就是朱棣，也就是中國史上赫赫有名的明成祖—永樂大帝。

朱棣登基，一個輝煌絢麗的王朝就此揭開序幕，五度揮軍北上遠征蒙古，派鄭和下西洋足跡遠達非洲東岸，南下平定安南；編撰一部光耀史冊，留芳千古的偉大書籍—《永樂大典》，文治武功達到顛峰，明帝國進入空前盛世，朱棣後來於北伐蒙古歸來途中病逝。

明朝在經歷了比較清明的「仁宣之治」後開始近入一個動盪的時期，大宦官王振把持朝政胡作非為，導致二十萬精兵命喪土木堡，幸虧一代忠臣于謙力挽狂瀾，挽救了明帝國，但隨即在兩位皇帝爭奪皇位的「奪門之變」中被害身亡。 這一連串的事件和人物都精彩無比，可說是高潮迭起，讓人目不暇接，欲罷不能。

大地好書推薦

書　　名：明朝那些事兒(參)
作　　者：當年明月　著
定　　價：250 元

《明朝那些事兒》第三部接續上篇，從明英宗朱祁鎮成功復辟的「奪門之變」後寫起，敘述了忠奸不分的朱祁鎮聽信讒言，殺害曾救其於危難之際的大功臣于謙，而這也成為他繼「土木堡之變」後在歷史上留下的另一大污點。而在他病逝後，相繼繼位的兩位皇帝，憲宗和孝宗，一個懦弱不堪無所作為，一個心有餘而力不足，撂下的這副重擔落在了明代三百年中最能鬧的一個皇帝—「朱厚照」身上，寵八虎、建豹房、自封威武大將軍，朝廷中充斥著一幕幕荒唐的鬧劇，局勢更是動盪不安，也就在這種情勢之下，一位亙古罕有的文武奇才，踏上了歷史舞台中央，一生傳奇的經歷就此開始，他的光芒將冠絕當代，映照千古，他就是—「王守仁」，清剿盜寇，平定叛王，勇鬥奸宦，給後人留下許多近乎神話的不朽傳奇。

同時，本書本書中仍然不乏大量描寫精彩的權謀之術，戰爭之術，詭詐之術，相信必能一如既往般深深吸引您的目光。

書　　名：明朝那些事兒(肆)
作　　者：當年明月　著
定　　價：250 元

《明朝那些事兒》第四部，1521年正德皇帝朱厚照駕崩，無子嗣，兄終弟及，興獻王之子朱厚熜即位是為嘉靖皇帝，嘉靖皇帝借「議禮之爭」清除了一批前朝舊臣，總攬大權。此後他的生活日見腐化，一心想得道成仙，國家大事拋諸腦後，奸相嚴嵩因此得以長期把持朝政。同時大明王朝財政空虛，兵備廢弛，東南沿海的倭寇和北方的蒙古不時入侵成為明朝的心腹大患，抗倭名將戚繼光躍上歷史的舞台。本書主要講述嘉靖一朝，朝廷的權力鬥爭，和邊疆的抗倭戰爭，驚心動魄的歷史故事，波瀾壯闊的戰爭場面，值得您一讀再讀。

大地好書推薦

書　　名：明朝那些事兒(伍)
作　　者：當年明月　著
定　　價：280 元

《明朝那些事兒》第五冊內容包括兩大部分。第一部分是內爭。寫嚴嵩倒臺後徐階、高拱、張居正三個傑出的政治家各施手段，你方唱罷我登場。三人都是實幹家，為中興朝廷嘔心瀝血；同樣又都是陰謀家，剷除異己心狠手辣。而這兩點又均以張居正為最：一條鞭法和考成法的改革措施遺惠萬民、澤及百代；順我者昌，逆我者死，雖殺門生亦不眨眼。第二部分是外戰，亦即援朝抗日戰爭。從廟算到外交，從戰爭到和平，帷幄運籌神鬼莫測、驚心動魄。戰爭場面波瀾壯闊、殺聲震天。更描繪了一系列栩栩如生、呼之欲出的英雄人物，如「不世出之英雄」李如松，臨危受命、甘當大任的朝鮮名將李舜臣，誓死不退、以身殉國的老將鄧子龍等。本冊內爭部分寫盡爾虞我詐，波譎雲詭，讀來毛骨悚然；外戰部分極言金戈鐵馬，盪氣迴腸，讓你如臨其境。

書　　名：明朝那些事兒(陸)
作　　者：當年明月　著
定　　價：280 元

魏忠賢粉墨登場，東林黨高調出鏡，黨爭不休，是非何分？

探尋晚明三大著名疑案「打悶棍」、「妖書」及「紅丸」的歷史真相。

《明朝那些事兒》第六冊主要講述了晚明由「三大案」引發的黨爭，魏忠賢興起及袁崇煥之奮戰。

自張居正去世後，便無人敢管萬曆，為爭國本，萬曆與大臣們展開拉鋸戰，三十年不上朝。東林黨趁機興起，與齊、楚、浙三黨明爭暗鬥，藉國本之爭，扶持明光、熹二帝即位，成功掌握朝政。魏忠賢以貧民出身，利用熹宗昏愚，又傍上皇帝乳母客氏，與東林黨展開對決。

在外，援朝抗日戰爭後，明防禦線轉至遼東。沒落貴族之後李成梁打蒙古、滅女真，成為一代梟雄，卻養虎為患，努爾哈赤藉機興起，統一後金。為抗金、守城、奪失地，在帝師孫承宗的帶領下，袁崇煥從一介文人成長為邊疆大將，堅守孤城，最終擊敗努爾哈赤。

綿延半個世紀的文官爭鬥，見證輝煌帝國的由盛至衰，邊疆民族乘勢壯大，戍邊軍隊節節告退，說不盡的權謀之術、戰爭之策，道不盡的人性善與劣……

大地好書推薦

書　　名：明朝那些事兒(柒)
作　　者：當年明月　著
定　　價：280 元

明朝最後一位皇帝，自來有一些傳說。關於崇禎究竟是一個昏庸無能的皇帝，還是一個力圖奮起的人，一直眾說紛紜。不管怎麼說，這是一個殘酷的時代，也是一個精彩的時代。本書對這一段歷史進行了分析梳理，引人思索。

在這一時期，北方的後金勢力崛起，經過努爾哈赤的經營，勢力急劇壯大。努爾哈赤死後，皇太極即位。袁崇煥就在這一時期邁上了歷史的舞台。本文作者告訴我們，袁崇煥這個民族英雄，在歷史上不過是二流角色。為什麼這樣評價？因為我們所了解的歷史是遠遠不夠的，在這背後，還隱藏許多不為人知的祕密，關於袁崇煥的死因，更是與我們知道的歷史大不一樣：一場與他無關的爭權奪利，把他送上了死刑台。

大明的動亂此時才不過剛剛開始，隨後陝西等地爆發了各路義軍。也許你知道闖王高迎祥、闖將李自成、八大王張獻忠，但你知道「薛仁貴」、「曹操」和「劉備」也到明末來了麼？這絕對不是穿越小說裡的場景。而你又知道竟有義軍隊伍叫「逼上路」、「鞋底光」、「一塊雲」，甚至「三隻手」這樣的名字嗎？

本文作者當年明月一如既往的用詼諧的筆調，告訴你歷史的真相，以及糾纏在歷史背後那些洶湧澎湃的暗流。

近年來最暢銷的史學讀本

中國時報開卷版2007年美、日、中書市回顧，強力推薦。

榮獲「新浪圖書風雲榜」最佳圖書，

噹噹網「終身五星級最佳圖書」，

「卓越亞馬遜暢銷書大獎」，

暢銷600萬冊的最有閱讀價值讀物。

中國最後一個漢人王朝興衰的全程解說
原價1840　特價1499

絕版袁世凱 / 張社生著. -- 一版.-- 臺北市：大地,
2011.5
面： 公分. --（經典書架：17）

ISBN 978-986-6451-27-0（平裝）

1. 袁世凱 2.傳記

782.882 100007123

絕版袁世凱

經典書架 017

作　者	張社生
發行人	吳錫清
主　編	陳玟玟
出版者	大地出版社
社　址	114台北市內湖區瑞光路358巷38弄36號4樓之2
劃撥帳號	50031946（戶名　大地出版社有限公司）
電　話	02-26277749
傳　眞	02-26270895
E-mail	vastplai@ms45.hinet.net
網　址	www.vastplain.com.tw
美術設計	普林特斯資訊股份有限公司
印刷者	普林特斯資訊股份有限公司
一版一刷	2011年5月

大地

定　價：280元